当代大学生自我认同教育研究

余晓玲 著

中国社会科学出版社

图书在版编目（CIP）数据

当代大学生自我认同教育研究／余晓玲著．—北京：中国社会科学出版社，2023.6

ISBN 978-7-5227-1010-5

Ⅰ.①当⋯　Ⅱ.①余⋯　Ⅲ.①大学生—思想政治教育—研究—中国　Ⅳ.①G641

中国版本图书馆 CIP 数据核字（2022）第 214175 号

出 版 人	赵剑英
责任编辑	杨晓芳
责任校对	吴焕超
责任印制	王　超

出　　版	中国社会科学出版社
社　　址	北京鼓楼西大街甲 158 号
邮　　编	100720
网　　址	http://www.csspw.cn
发 行 部	010-84083685
门 市 部	010-84029450
经　　销	新华书店及其他书店

印刷装订	三河市华骏印务包装有限公司
版　　次	2023 年 6 月第 1 版
印　　次	2023 年 6 月第 1 次印刷

开　　本	710×1000　1/16
印　　张	16
插　　页	2
字　　数	231 千字
定　　价	88.00 元

凡购买中国社会科学出版社图书,如有质量问题请与本社营销中心联系调换
电话：010-84083683
版权所有　侵权必究

序　言

启蒙理性开创的资本主义现代性世界体系，潜伏着现代性矛盾的生发根源，在全球化时代昭彰为现代理性统辖的"虚假共同体"及抽象对立的价值体系。"虚假共同体"中的现代人生活状态愈发显露出"单向度的人"与"陌生人"社会之间的病态关系，现代性的危机在深层次上指向人类前途命运和人的生存危机。人类创造了现代性，但生活在"地球村"里的人们却处在一个由"陌生人"构成的迷失共同体中。随着传统社会关系的瓦解，个体的自我认同也趋于分崩离析。余晓玲在攻读博士学位期间就对全球现代性逻辑下人的发展困境和认同危机的相关议题非常感兴趣，她结合自身的工作经历和学科背景，选定"当代大学生自我认同教育"作为写作主题，历时三年完成写作，毕业后又投入几年时间加以充实和修改，现将交付出版。作为她的导师，我由衷地高兴，在她向我索序之际，欣然应允。

我国正向全面建成社会主义现代化强国的第二个百年奋斗目标迈进，进入"强起来"时代的中国特色社会主义将解决自身的现代性发展问题同应对全球现代性危机统筹起来进行考虑，如何坚定地走稳走好中国式现代化道路、在人类文明新形态中促进人的全面发展，无疑是一个值得思索的时代问题。余晓玲是我招收的思想政治教育专业博士，她的本科专业是历史学，硕士研究生专业是马克思主义基本原理，同时她具有丰富的思想政治教育工作实践经验，她以当代大学生的自我认同作为研究的切入点，发挥她跨学科的学习特点和历史研究法的长处，试图综合哲学、心理学与社会学等学科领域已有的研究成果，在此基础上探寻以马克思主义理论为指导、立足当代大学生自我认同教育现状的思想政治教育方案。

现代性发展的趋势并非具有同质性，不同国家、不同文化背景会产生不同的现代性。我们要清晰地认识到，对待与现代性主体意识紧密相连的自我认同问题，要区分所在的文化根基、社会历史发展阶段以及认同主体的群体特征。余晓玲博士在研究中注意到主体意识的差异性，用近一年的时间展开实证调研，对当代大学生的自我认同状态有较为系统的把握。在此基础上，她根据当下社会的时代条件，通过梳理自我认同构建的中西文化资源，从当代西方自我认同理论的发展中吸收经验，并汲取我国传统文化中的宝贵资源，将其创造性转化为自我认同构建的动力。不仅如此，她还从思想政治教育学科视角出发，认为自我认同教育既包括个体自我对自身的"反身性"理解、对现实自我的全面认知，还包括自我发展、自我实现的愿景与能力；既包括自我知识的认知以及道德、情感、价值观、意志的体验和感受识别，还包括对所在社会、共同体、他者的关系理解。

依循马克思历史唯物主义的基本观点，对现代社会的批判与超越不能停滞于观念上的方法论层面，而要深入人的生存状态与所处社会结构的关系中进行深刻考量。余晓玲博士在探索自我认同教育方案时提出只有坚持以马克思主义理论为指导，以人的全面自由发展为终极价值追求，才能从人的本质这一根本角度去理解和把握个体与自我、个体与自然、个体与社会的关系，避免在现实的教育实践中误入片面的、单向度的教育理念窠臼，避免与现实的人、生活世界、社会实践脱离，达到教育效果。在具体的实践路径方面，余晓玲博士强调自我认同的生成性特点，提出通过培育国家认同、树立马克思主义信仰、弘扬社会主义核心价值观、推进共同体建设和立体多维的自我探索来不断促进当代大学生自我认同的形成。

余晓玲博士的研究指出，思想政治教育有利于培育大学生良好的自我认同状态，确立自觉主体思维模式的精神世界，使他们勇于凭借自主、能动与开放的自觉性主体思维，来克服与超越被动、浮躁和狭隘的思维模式，彰显中国青年大学生的政治定力和主体自觉意识。从研究过程和研究成果来看，余晓玲博士对我国处于全面实现现代化转型时期的时代问题以及对思想政治教育学科在现代化人才培养方面的使命问题投入了很大的研究热情，本书可以说是她对这一主题研究的阶段性成果，其中的理论探讨具有一定的深度，对推进思想政治教育实践具有积极意义。当然，"现代性是一项未竟的事业"，相关的理论问题宏大而深远，还存在很大的探索空间。尽管如她自己所言该书还存在许多遗憾和缺陷，是在我的鼓励下才鼓起勇气在毕业后还能继续完善研究最终得以出版，然而，在我看来该书已经达到了最初确定的研究目的和标准。在该书即将付梓之际，我为余晓玲博士在学术道路上的努力和所取得的成绩感到欣慰，并期待她的学术生涯能够百尺竿头，更进一步！

是为序。

2022 年 10 月 于杭州

目 录

导 论 …………………………………………………… (1)
  一 自我认同:值得关注的现代性话题 ………………… (2)
  二 现代化转型:思想政治教育面临的时代境遇 ……… (6)
  三 现实需求:当代大学生自我迷失之困 ……………… (11)
  四 已有的研究 …………………………………………… (13)

第一章 理论阐析:自我认同的内涵及学科取向 ………… (31)
  第一节 历史流变:自我理解的现代转向 ……………… (31)
    一 古代世界个人嵌于整体的自我理解 ……………… (31)
    二 个人解放和自我实现的个人主义时代 …………… (33)
    三 现代个人主义的转型和异化 ……………………… (35)
  第二节 多重视角:自我认同研究的学科立场 ………… (39)
    一 哲学学科立场 ……………………………………… (39)
    二 心理学学科立场 …………………………………… (43)
    三 社会学学科立场 …………………………………… (46)
  第三节 马克思主义自我认同思想及其批判性意义 …… (49)
    一 马克思人学理论中的自我认同思想 ……………… (50)
    二 马克思自我认同思想的现代性批判意义 ………… (58)
    三 马克思主义自我认同思想的当代发展 …………… (61)

第二章　实证分析:当代大学生的自我认同现状 …………… (69)

第一节　研究设计 ………………………………………… (69)
一　基本思路与研究目的 ………………………………… (69)
二　研究内容与技术路线 ………………………………… (70)
三　研究工具和研究方法 ………………………………… (71)

第二节　当代大学生自我认同的量表选介和验证 ………… (73)
一　自我认同量表选介 …………………………………… (73)
二　自我认同量表的信度效度验证 ……………………… (78)
三　实证结果 ……………………………………………… (86)
四　研究结果的讨论 ……………………………………… (108)

第三节　叙事取向的自我认同团体辅导介入效果研究 …… (111)
一　团体辅导方案的理论依据和设计原则 …………… (111)
二　研究设计及团体设置 ……………………………… (112)
三　研究结果及讨论 …………………………………… (113)

第三章　整合与回归:思想政治教育中的自我认同构建审思 ……… (120)

第一节　当代大学生自我认同现状成因分析 …………… (121)
一　文化基因:传统思想的影响 ………………………… (121)
二　价值裂变:当代中国社会现代转型的冲击 ………… (124)
三　内在冲突:主体意识增强与自我认同构建能力不足 ……… (126)

第二节　当前大学生自我认同教育问题剖析 …………… (128)
一　个体缺失和个人主义:自我认同教育理念的极端倾向 …… (129)
二　理想化:自我认同教育目标对生活世界的忽视 …… (132)
三　工具化:自我认同教育内容与精神世界的疏远 …… (134)
四　滞后性:自我认同教育话语的失势 ………………… (138)

第三节　思想政治教育中自我认同的机理分析 ………… (140)
一　自我认同的机理分析:主观前提、客观条件和认同
　　体验获得 …………………………………………… (141)

二　自我认同教育的目标取向:自我认知、自我发展、
　　　　自我实现 …………………………………………………(145)
　　三　自我认同教育的价值追求:人的自由全面发展 ………(148)

第四章　创造性转化:自我认同构建的思想政治教育资源 ………(151)
　第一节　当代西方自我认同理论的发展与批判性吸收 ………(152)
　　一　社群主义的自我认同理论 ………………………………(152)
　　二　对社群主义自我认同理论的批判性思考 ………………(159)
　第二节　中国文化中自我观的发展与启示 ……………………(164)
　　一　儒家文化中的自我观转化 ………………………………(165)
　　二　新文化运动中的自我观变化 ……………………………(171)
　　三　改革开放以来的自我观的发展 …………………………(174)
　第三节　当代传媒景观中的自我认同资源 ……………………(176)
　　一　"晒文化"的自我构建与"圈层化"的认同寻求 …………(177)
　　二　短视频与直播的注意力生产 ……………………………(179)
　　三　网络流行语的符号共享意义 ……………………………(180)

第五章　自我认同构建的思想政治教育方案 …………………(184)
　第一节　大学生自我认同教育原则 ……………………………(184)
　　一　理论自觉:坚持马克思主义理论的指导 ………………(185)
　　二　主体间性原则:激发自我认同的内在动力机制 ………(187)
　　三　实践性原则:呈现自我认同的形成和效果 ……………(188)
　第二节　大学生自我认同教育理念创新 ………………………(190)
　　一　变革教育关系:自我认同教育的双主体培育 …………(190)
　　二　创新教育方法:言语、叙事中的自我认同力量 ………(202)
　　三　丰富教育载体:文化载体建设与媒介素养培育 ………(207)
　第三节　大学生自我认同教育的具体路径 ……………………(210)
　　一　定位清晰:在"四个自信"的国家认同中确认自我 ……(210)

二　意义澄明:通过马克思主义信仰教育升华自我 …………(214)
　　三　厘清标准:通过社会主义核心价值观教育
　　　　肯定自我 ……………………………………………(220)
　　四　共同体建设:在自我和他人的关系中理解自我 ………(223)
　　五　四维生涯:长度、广度、深度、温度中的自我探索 ………(225)

结　语 ……………………………………………………………(229)

参考文献 …………………………………………………………(234)

导　　论

　　马克思关于社会发展的三大形态理论以人的生存与发展状况来区分历史发展阶段，分别为人的依赖关系、以物的依赖性为基础的人的独立性、人的自由全面发展三个阶段，第二个阶段为第三个阶段创造条件。当今世界已卷入以市场经济为基础的现代化进程中，人们的普遍联系被物与物的关系解构，由此人们不可避免地陷入了"以物的依赖性为基础的人的独立性"的生存状态中。世界各国在现代化浪潮中面临着裹挟而来的现代性问题，它以各种形式呈现出来，构成了我们生活的真实情境，我们每个人都身处其中。其中最突出的问题就是经济的高速发展并没有带来人的全面发展，工业化、信息化过程中的科技进步极大地改善了人们的物质生活水平，但随之而来的理性失范、道德失序、自然失控促使人们向内追问"我是谁""我想成为谁""我如何成为更好的自己"，自我认同就是作为主体的人对这些问题的回答，是主体进行自我认识和自我创造的过程，"是每个人对其个人经历进行反身性理解而形成的自我概念"[1]，是自我变迁与社会变迁两者相连的反身性过程，既包含主体能动的社会现实活动，又包含作为他者对我自身行动及结果的评价。

---

[1] [英]安东尼·吉登斯：《现代性与自我认同：晚期现代中的自我与社会》，夏璐译，中国人民大学出版社2016年版，第49页。

一 自我认同：值得关注的现代性话题

自欧洲启蒙运动以来，基于个人自主性的现代文化使人们获得了一种全新的自我理解，强调个人权利和自由，这是现代性的重要成就，但同时也产生了一系列新问题，众多思想家对现代性及其形而上学理性的根基进行了分析和批判。他们的批判维度各不相同，但对于现代性危机最核心的内涵都作了本质剖析，也就是作为现代的主体性哲学不断扩张，把主体尊崇为存在之主（The lord of being）、思想规定、主宰存在，使个人与存在处于一种非本真的关系中。在这种非本真的关系中，人的主体性不断增强，物质生活不断改善，自由交往程度不断提高，却导致了人们精神世界的空虚：不断增强的主体性与日益严重的社会失控感的矛盾、物质占有的丰裕与精神失所的矛盾、个体交往的广泛与孤独感不断增强的矛盾等，使现代人承受着前所未有的孤独、焦虑和自我认同的迷失。

（一）现代社会中价值观核心的弥散

尼采曾对20世纪将要发生的事情作出了预言性警告，他认为19世纪的科学正在变成一座工厂，假如没有伦理学和自我理解方面的相应发展，未来人在科技中取得的飞跃式进步将会导致虚无主义。他写下"上帝之死"这个寓言，并不是要号召人们回到对上帝的传统信仰中去，而是在向人们指出当一个社会失去其核心价值观时将要发生的可怕之事。不幸的是，尼采的预言在20世纪科技大发展的浪潮中不断应验。20世纪初，以西方列强主导的近代世界经历了一段极速发展的时代，这一时期是工业革命的另一阶段，能源、材料、产品及交通工具都将这一个时代的生产力和相应的经济水平极大地提高了，也加剧了列强在全球范围内的扩张和瓜分。这一时期的人类文化是矛盾和冲突的，有各种极端的方向，历史学家汤因比将世界看作二十几种大小文化的冲突、融合和调节，也表明一个多元世界正在出现。随着现代科学技术的快速发展以及全球化带来的文化之间的激荡，所有宗教都面临着前所未有的危机，许多宗教信仰难以自圆其说，开始出现信徒抛弃信仰或者盲目依附于教条的现象。

这就使原先的价值观不再具有说服力，而新的核心价值观却在多元碰撞的混沌之中难以显现，这种情况在信息爆炸的当今时代愈演愈烈。

科学技术的进步和生产力的飞速发展极大地丰富了物质世界，然而人们在用丰硕的物质成果满足自身欲望的同时，也反过来不同程度地被"物化"了。马克思、恩格斯对资本主义现代性的批判中对"物化"的产生和本质做了深刻揭示，从"人"本身以及人与人的关系视角说明了资本主义现代性使个人单面化、物化，并导致了道德沦丧的本质。物质生产的"整个过程是客观地按其本身的性质分解为各个组成阶段，每个局部过程如何完成和各个局部过程如何结合的问题，由力学、化学等等在技术上的应用来解决"①，"活劳动只不过是死劳动的一个有意识的器官"②。科学技术、机器生产作为一种异己的力量反过来控制了人，"各个人的自主活动受到有局限性的生产工具和有局限性的交往的束缚，他们所占有的是这种有局限性的生产工具，因此他们只是达到了新的局限性"③。人在物欲的挥霍性消费中失去了人本的价值追求，对道德之善也充满了冷漠，在面对他者、社会、自然时责任感十分脆弱，人们惯常于以自身利益为标准进行价值选择，不再担当任何与自身利益背离的义务和责任，原有的道德判断和价值体系泯灭于自利之中。社会核心价值的丧失导致现实社会生活中出现了各种各样的问题，例如生态环境恶化、恐怖主义、金融危机、权力腐败、贫富两极分化、种族矛盾；原有作为社会基本单元的家庭也不再稳固，家庭成员离散，离婚率不断攀升；社会生活中人与人之间的信任度不断降低，社会中的犯罪现象有增无减。

中国自改革开放以来，经济迅速崛起，人们的物质需求得到了极大满足，但也不可避免地面临着同样的现代性问题。"我们似乎又处在了一个'礼崩乐坏'的时代……最根本的原因在于时代的核心价值

---

① 《马克思恩格斯全集》第23卷，人民出版社1972年版，第417页。
② 《马克思恩格斯全集》第47卷，人民出版社1979年版，第567页。
③ 《马克思恩格斯文集》第1卷，人民出版社2009年版，第581页。

的失落。"① 在传统道德伦理上的常理,如今变成了社会问题:扶不扶倒地老人成了问题、子女对父母的赡养问题成了官司……人们似乎已经失去了价值判断的标准。

(二) 自我感的丧失

随着全球化一起扩张的,除了经济和文化的交融,还有一种笼罩着不安与危机的风险社会。德国社会学家乌尔里希·贝克(Ulrich Beck)提出了"风险社会"理论,认为随着现代化的发展,人类已经进入了"风险社会"时代,无论是在生态、政治、经济等领域,还是在日常生活、技术等领域,无处不在的风险正威胁着人类的生存和发展。根据贝克的观点,现代化经历了两个阶段:第一次现代化是简单的现代化,产生了现代社会;第二次现代化是自反性现代化(reflective modernization),产生了世界风险社会。"风险社会不是一种可以选择或拒绝的选择。它产生于不考虑其后果的自发性现代化的势不可挡的运动中。"② 生活在风险社会意味着要承认人类活动并不遵循一种早已预设好的进程,来自各方面的不安全感使人感到焦虑,这种焦虑来自于自我感的丧失。

首先,消费主义浪潮对自我的淹没。生产力进步带来的丰裕的物质生活,并不能真正填满人们的欲望——人们总是在一个欲望满足之后又产生新的欲望,甚至要依赖外在的物质消费,例如名牌着装、高档美妆、流行电子产品等来体现自我价值;依赖于塑形、美容等技术手段改变外形来确证自我存在,大众媒体通过诱人的广告不断向消费者推销改变身体外形的商品、技术、手段,宣扬一套标准化的身体美学条件,煽动人们不断在消费中重新塑造一个理想的自我。人们的消费"主要不在于满足实用和生存的需要,也不仅仅在于享乐,而主要在于向人们炫耀自己的财力、地位和身份。因此,这种消费实则是向人们传达某种社会优越

---

① 吴励生:《思想中国——现代性民族国家重构的前沿问题》,商务印书馆2011年版,第1页。

② [荷]沃特·阿赫特贝格:《民主、正义与风险社会:生态民主政治的形态与意义》,《马克思主义与现实》2003年第3期。

感，以挑起人们的羡慕、尊敬和嫉妒"。① 在消费主义中，消费的商品被赋予了地位、身份等象征，人们通过消费来确定身份、获得认同，导致"物品不是用来为人服务的，相反，人却成了物品的奴隶，成了一个生产者和消费者"②。在这种氛围的蛊惑下，人们将消费作为生活的唯一追求，急于占有，从而漠视他人的利益和价值，对社会公共事务也毫不关心，马克思对这种消费异化的生活方式批判道："古代国家灭亡的标志不是生产过剩，而是达到骇人听闻和荒诞无稽的程度的消费过度和疯狂的消费。"③

其次，工具理性对价值理性的僭越。"在古希腊文明中，工具理性和价值理性一道佐证着人的有机存在。不仅在表现形式上与哲学、宗教、艺术集为一体，几乎每一位科学家同时亦是思想家和哲学家，更主要的是其在内容上与人的存在相统一，价值理性始终为工具理性所追求。"④ 自第二次工业革命以来，科技成了推动生产力飞速发展的主动力，人们谈论理性就必谈科学技术，科学技术几乎成了理性的代名词，工具理性与价值理性之间的关系发生了变化，工具理性反过来优先于价值理性成了人们争相追求的东西。科技进步成为衡量一切价值的尺度，在工具理性驱动下开始片面地追求功利、效果。诚然，工具理性推动了生产力和劳动效率的提高，但也带来了人的危机。正如马尔库塞在《单向度的人》中所阐述的，在工具理性时代，首先是人逐渐被异化为"单向度的人"，只追求科技，忽略了人性。在片面追求功利和效率最大化的劳动过程中，人受制于奴役性、枯燥性和强制性，人本身的价值反过来需要用工具理性去衡量，人在工具理性对价值理性的僭越中被遮蔽了。

---

① 王宁：《消费社会学》，社会科学文献出版社2001年版，第200页。
② 陈学民：《痛苦中的安乐：马尔库塞、弗洛姆论消费主义》，云南人民出版社1998年版，第31页。
③ 《马克思恩格斯全集》第30卷，人民出版社1995年版，第419页。
④ 张永青、李允华：《浅析工具理性和价值理性的分野与整合》，《东南大学学报（哲学社会科学版）》2008年第S2期。

二　现代化转型：思想政治教育面临的时代境遇

现代性问题虽然发轫于西方，但是随着全球化进程的推进，已经跨越了民族国家的界限成为一种世界现象，在不同国家从传统到现代的社会转型过程中以各种形式呈现出来，构成了我们生活的真实情境，思想政治教育工作也身处其中。社会转型需要现代化人才，思想政治教育作为一门以人为本的学科，在培养现代化人才方面责无旁贷。正如有学者所言："在社会转型大背景下，改革开放是思想政治教育现代转型直接的推动力量，思想政治教育科学化是思想政治教育现代转型的内部动力，思想政治教育现代转型的研究已经成为热点。"[①] 思想政治教育学科经过30多年的发展，取得了不少成绩，但是面对复杂的教育对象和多变的社会现实，仍有不少前沿问题和根本性问题有待深入研究。

（一）环境变迁：思想政治教育面临的新考验

作为社会巨系统的重要子系统，社会系统的经济形态、社会结构、社会制度等都对思想政治教育系统产生了重大影响，随着我国社会转型进程的加快，思想政治教育从其产生到现在所处的社会环境发生了巨大的变化，这些变化使思想政治教育工作的内容、方式、领域等都面临着新的考验。

第一，市场经济的发展孕育了新型的社会关系。传统的思想政治教育建立在"熟人社会"的社会关系基础之上，在城市体现为熟人性质的单位社会，单位往往包揽了一个人的一生；在农村是熟人性质的乡土社会，人们的活动范围有着地域上的限制。在互相熟悉的环境里，人们彼此了解、相互影响、相互依赖，人际交往凭借着情感、道德以及个人品行维持和谐的社会秩序。伴随着城市化与工业化的推进，社会成员的社会流动空前增加，传统熟人社会的静止、封闭状态被打破，进入了高度流动的"陌生人社会"。市场经济强调的契约精神也渗透进了人与人之间

[①] 孙其昂等：《思想政治教育现代转型研究》，学习出版社2015年版，第1页。

的交往中,而不再依靠情感与血缘等因素来调节。梅因将传统社会向现代社会的变迁视为一个身份社会向契约社会的转变:"所有进步社会的运动,到此处为止,是一个从身份到契约的运动。"① 传统社会是一个以家族为基本单位的身份社会,人们依据身份的不同而相对固定地享有不同的权利,到了现代社会,个人从整体性的社会结构中流动出来,每个成员都将成为个体化的自我,社会关系逐渐趋向个体化、功利化,社会成员的自主性逐渐增强。

第二,社会结构的变化带来了多元的社会空间。如何突破传统的思想政治教育各系统要素单一化、整体式、以政治场域为主的局限,而使思想政治教育进入社会公共空间,充分发挥思想政治教育公共性功能,也是思想政治教育领域面临的新挑战、新问题。传统的中国社会是一个家国同构的社会结构,家庭生活与国家生活一致,政治、经济、文化基本上处于一体化的状态;在社会的现代化转型中,社会结构逐步细化分离出政治领域、经济领域、文化领域、生态领域。社会结构的变化带来了社会空间的多元,"在国家和家庭之间,社会组织构成了一个市民空间,包括工会、农会、商会、学术团体、行业协会、环保组织、教育工会、慈善组织、宗教团体、同学会、家长协会、居民组织、职业团体、兴趣团队等,形成了巨大的参与网络"②。此外,随着信息技术的发展和自媒体时代的来临,网络作为虚拟的社会空间对思想政治教育作用的发挥有推动作用但同时也提出了新的挑战。

第三,政治制度对于思想政治教育的作用与影响是具有决定性的,随着政治体制改革的推进,思想政治教育需要面对新的政治环境。市场经济解放了人的思想观念,活跃了社会舆论氛围和社会文化环境,但也带来了不同社会思潮的涌现,致使人们在追求效率的同时忽视了公平,追求自由的同时忘记了责任,追求经济利益的同时淡漠了道德底线;政

---

① [英] 梅因:《古代法》,沈景一译,商务印书馆1997年版,第97页。
② 冯钢:《转型社会及其治理问题》,社会科学文献出版社2010年版,第36页。

治体制改革实现了政治权力下放,随着党政分开、党企分开,政府以处理公共行政事务为主,企业以生产经营活动为主,思想政治教育的受重视程度、作用方式、载体方法都发生了改变,全社会的思想政治教育被窄化为部分空间的思想政治教育,很多地方的思想政治教育被其他事务替代甚至变成一种虚设的形式。如何让具有意识形态性的活动进入社会系统当中,思想政治教育正面临着巨大考验。

(二)"空心"与焦虑:思想政治教育要对抗时代病

正如吉登斯所言:"在晚期现代性的大背景下,个人之无意义感——那种认为生活未能提供任何有价值的东西的感受——正逐渐成为根本性的心理问题。"[①] 北京大学徐凯文副教授在一次教育论坛上的演讲引起了广泛关注,这个演讲的题目是《时代空心病与焦虑经济学》,他认为这个时代的社会患了"空心病",在演讲中徐凯文谈到目前学生存在的核心问题是缺乏支撑其意义感和存在感的价值观,学生普遍"我不知道我为什么要学习,我不知道我为什么要活着。我现在活着只是按照别人的逻辑活下去而已",最极端的表现就是放弃自己。这篇演讲稿首发在中国教育网后引发了广泛的关注和讨论,特别是很多教育工作者和学生很有共鸣,根据《中国国民心理健康发展报告(2019—2020)》的调查数据,18.5%的大学生有抑郁倾向,4.2%的大学生有抑郁高风险倾向;8.4%的大学生有焦虑倾向,问题不容忽视。

雅斯贝尔斯说:"所谓教育,不过是人对人的主体间灵肉交流活动。"[②] 然而在这个焦虑的时代下,教育活动成了用分数来衡量价值的工具,忽略了品德、体育、美育等其他方面的发展,素质教育在高考的指挥棒下仍要让步。巨大的竞争压力使人们处于惶恐的焦虑之中,教育也成了一场你追我赶的比赛,"不要让孩子输在起跑线上"这一口号中的

---

① [英] 安东尼·吉登斯:《现代性与自我认同:晚期现代中的自我与社会》,夏璐译,中国人民大学出版社 2016 年版,第 8 页。

② [德] 雅斯贝尔斯:《什么是教育》,邹进译,生活·读书·新知三联书店 1991 年版,第 3 页。

"起跑线"越来越前移,甚至提前到了还没出生时的胎教阶段。在这样的教育中,人们似乎无暇顾及灵魂,无法做到像福柯所说的"我们必须关注我们自己,点亮理性之灯,在灵魂的每一个角落"①。似乎如今我们更熟知苏格拉底的箴言"认识你自己",而这在福柯看来,"认识你自己和禁欲主义,这两种西方自我体验的两大形式都扎根于关注自己这一古老传统之中——在希腊—罗马文化中,关注自己既是一个概念,也是一句箴言,一种态度和一种技术:一种自我体验的实践母体"②。关注自己或者说关怀自己、关心自己的灵魂,应该是一种和自己的永久关系,被引向某种内在的目的,"即改变自己的态度,返回自身,这是生存运动的一个观念,人们通过此运动返回自己,把自己当做最终目的"③,而不是将自己当作实现目的的工具。然而在一个充满焦虑和患有"空心病"的时代,似乎没有空间安顿关注自我的内向目的,当完成了高考这一任务和目标之后,进入大学生涯的学生们突然陷入了巨大的空虚和迷茫中,不知何去何从。

(三) 自我认同教育:思想政治教育的应有之义

中国正处在全面实现现代化的转型时期,其中的关键因素就是"人"的现代化,思想政治教育作为一门以人为本的学科,在现代化人才培养方面责无旁贷。同时,在青年世代中流行的"丧文化""躺平"等"自我弃疗"的社会心理也与现代性转型的主体性危机密切相关,思想政治教育所肩负的强化意识形态教育、抵御西方腐朽文化渗透的任务仍然重大,研究大学生作为现代化"主体"积极的自我认同,能够为破解工业文明的生产方式所造成的占有性个人主体性提供理论参考。良好的自我认同状态的达成不仅有利于提升当代大学生个体的心理健康水平,获得

---

① [法]米歇尔·福柯:《什么是批判?自我的文化——福柯的两次演讲及问答录》,潘培庆译,重庆大学出版社2017年版,第71页。
② [法]米歇尔·福柯:《什么是批判?自我的文化——福柯的两次演讲及问答录》,潘培庆译,重庆大学出版社2017年版,第73页。
③ [法]米歇尔·福柯:《什么是批判?自我的文化——福柯的两次演讲及问答录》,潘培庆译,重庆大学出版社2017年版,第80页。

积极向上的学习状态,对于思想政治教育目标的实现也有促进作用。"思想政治教育接受效果主要取决于接受主体自身思想矛盾发展的需要以及自身知、情、意、行等能力的发展水平。"① 自我认同包含个人认同与社会认同,与思想政治教育追求的人的思想品德发展水平要符合一定的社会发展的目标有契合之处,而自我认同教育内在地关注现实的人、关注人的精神世界、重视人的主体性、与生活世界紧密相连,这些都能够有效促进思想政治教育的接受效果。

首先,自我认同教育对于实现思想政治教育的育人目标具有基础性意义。思想政治教育涉及的因素十分复杂,大量因素表现为偶然性,"但是,在表面上是偶然性在起作用的地方,这种偶然性始终是受内部的隐蔽着的规律支配的,而问题只是在于发现这些规律。"② 思想政治教育的规律是思想政治教育活动在运动发展过程中内在的、本质的、必然的联系,贯穿于思想政治教育活动始终,是诸多因素和复杂关系中基本关系的反映。在思想政治教育中,受教育者及其所处的社会环境是教育的出发点,也是受教育者思想政治品德形成和发展的基础。在此基础上,教育者与受教育者共同进行的教育活动要按照一定的教育目标、教育原则展开,通过因材施教的教育方法,实现受教育者思想政治水平的提升,这是思想政治教育的落脚点。从出发点到落脚点,实际上就是受教育者已有的思想品德水平向一定思想政治教育目标发展的过程,完成这一过程的关键环节就在于受教育者接受教育内容,吸收并内化为包含个人认同、社会认同在内的自我认同,自我认同的顺利实现是顺应思想政治教育规律的体现,能有效促进思想政治教育目标的达成。

其次,思想政治教育学科为自我认同教育提供了更完备的条件。自我认同在西方思想学术领域是一个被广泛关注的问题,在哲学、社会学、心理学、文化学等各个领域都有相关讨论和研究,形成了丰硕的理论成

---

① 李颖:《基于哲学解释学视角的思想政治教育接受研究》,浙江大学出版社 2013 年版,第 9 页。

② 《马克思恩格斯文集》第 4 卷,人民出版社 2009 年版,第 302 页。

果。自我认同是一个多因素共同作用的过程，相对于单从一个学科视角展开深度研究，思想政治教育学科以马克思主义人学理论为指导，强调人的社会关系本质，以人的全面发展为终极追求，对大学生自我认同的研究更观照个体生活世界的整体。思想政治教育是一门以人为本的学科，无论是帮助个体实现社会化的过程实质，还是唤起人本身发展理性自觉的深层价值，都离不开个体的自我认知、自我塑造，离不开个体与社会、价值选择、道德实践的关系，可以说自我认同渗透在思想政治教育各部分、各环节中，并发挥着重要作用。

三 现实需求：当代大学生自我迷失之困

正如埃里克森所言，青少年时期是个人同一性的形成时期，当代大学生多处于17—21岁这个阶段，他们正努力探寻"我是谁""我将成为什么样的人"的最佳答案，是自我探索和自我意义构建的关键时期。大学生从以高考为"指挥棒"的中学教育阶段进入大学生活，面临着社会关系和社会角色相对复杂、多重化的变化，但在思想、心理方面还不成熟，对于失去高考这一"指挥棒"的"真空"状态感到迷茫，不能很好地处理复杂的社会关系，无法平衡好自我与社会、文化、环境的关系，容易产生迷茫、焦虑等情绪，如果得不到及时的教育和引导，甚至会引发抑郁、狂躁等心理疾病。

通过在思想政治教育工作实践中与大学生进行交流，笔者发现困扰他们的大多数问题与自我认同有关，例如他们常挂在嘴边的问题是"感觉不知道自己想要什么？""做这些事情有什么意义？""宁愿在网上神游也不愿和同学交流""一想到要毕业面对社会就觉得恐惧"等，大学四年里，口头禅从入学时的"无聊"到毕业时的"无奈"、从入学时的"郁闷"到毕业时的"惶恐"，这些问题都与个人目标和个人意义的确证、个人认同与社会认同的失调有关。相对于部分获得较明确自我认同的学生来说，正在遭遇认同问题困扰的学生是大多数，他们"往往还没有对个人职业、价值观做最后决断性的投入，往往处于具有较高的焦虑水平，并通过拒绝、发泄和认同来控制焦虑"①。处于不同程度的自我认同迷失状态中,"自我认同迷失不能帮助个人明确而清楚地认识自己的生活现状、个性特征、心理倾向、生活经历以及理想规划等各个方面。其行为特征表现为:自我导向的缺乏。"② 其具体表现主要有以下几种情形:

第一,无所事事,随波逐流。不清楚自己想要什么、能做什么、该做什么,看到周围有同学加入社团,有同学做兼职,有同学参加学术活动等,就盲目跟随。最终总是觉得时间不够用,但又不知自己忙碌了些什么,陷入筋疲力尽的焦虑之中,存在这些问题的大学生数量不少,特别是在大学一年级、二年级的低年级阶段。第二,逃避现实,怨天尤人。不愿意面对自我成长过程中的困难和磨炼,索性躲在自己"虚构"的世界里,为自己编织各种各样的虚假定义来界定自己,例如以"我这个人就是不能同时做两件事,所以大学期间我就是好好读书",逃避所有的社会活动,或者是"我这个人责任感比较强,要做就要做最好,否则我就干脆不做",逃避有难度的工作等,一旦不如意,又总是归咎于社会、学校、他人,不在自己身上找原因,这部分同学在自我发展的过程中集中体现出发展动力不足的特点。第三,自我中心,责任淡漠。受"精致利己主义"的不良影响,部分大学生过度关注个人利益,而不能正确处理个人需求和他人、集体、社会的关系,不能正确处理竞争与合作的关系,对自身应承担的集体责任、社会责任视而不见,陷入目光短浅的蝇头小利之争,而失去了更重要的人生发展基石。第四,沉迷网络,虚实难分。被虚拟网络无限延展的空间所吸引,将个人需求的满足寄托于虚拟时空的五光十色中,一到现实生活中就判若两人,缺乏应对现实问题的社会实践能力。

要解决以上问题需要在一定的社会环境中,引导学生扩大社会交往领域,使其学会与他人、社会的互动,使个人行为与思想逐渐与社会需

---

① 蔡璐:《从自我同一性视角探讨青少年的心理健康发展》,《社会工作》2006年第10期。
② 王梅:《自我认同迷失:成长中的烦恼》,《中国青年研究》2003年第11期。

求达成一致,而这恰是自我认同教育的价值所在。在日益发展的现代社会,形成自我的一致性、连续性,达成良好的自我认同状态是促进大学生心理健康、人格完善的前提,只有及时帮助大学生察觉到他们的自我认同问题,并采取有效措施对危机进行调适,才能避免这些心理困扰恶化成精神疾病,也才能为大学生的自我发展、自我实现奠定必要的基础。

四 已有的研究

国外关于自我认同的研究由来已久,在哲学、心理学、社会学等学科领域形成了大量的研究成果;我国有关自我认同的研究虽然起步相较西方晚一些,但近年来也受到了广泛关注,形成了有关自我认同、自我认同教育的一系列研究成果。因此,总的来说,有关自我认同的文献资料比较丰富,为了对年度发文量、研究热点、研究机构以及研究趋势有更清晰的把握,本书在对国内外的研究现状进行分析时运用了可视化分析软件 CiteSpace[①] 进行计量分析与内容梳理。本书根据国内外文献的特征,分别选取 CNKI 数据库为国内文献检索资源,以 Web of Since 数据库为国外文献检索资源。

(一) 国内研究现状

现代性促使人们开始思索"我是谁"的问题,当前我国正处于实现现代化转型的建设时期,当代大学生不可避免地受到自我认同问题的困扰。这种困扰对大学生身心健康、道德养成等各方面都产生了影响。大学生自我认同问题的重要性已经引起我国广大学者的关注,并有了不少研究成果。这些研究成果为本研究的开展提供了良好的基础。本书选取 CNKI 作为国内文献检索数据库,以"主题='自我认同'或含'自我同

---

① CiteSpace 是由美国德雷塞尔大学 (Drexel University) 陈超美等人研制开发的工具,拥有较强的数据处理能力。该软件的知识图谱概念作为计量领域的新方法近年来成为一个广泛使用的技术工具。知识图谱是将某一知识域 (knowledge domain) 视作研究对象,旨在呈现科学知识的演变进程以及内部结构的图像,它拥有"谱"和"图"的两重特质。通过对 CiteSpace 软件绘制出的知识图谱予以细致分析,剖析该领域的关键主题和演变趋势等内容,有助于更好地理解某一研究领域。

一性'或含'自我概念'且含'大学生'"为关键词进行搜索，数据类型选择 SSCI 与核心期刊，经过逐篇筛选，剔除会议新闻报道、书评等无效条目，共获取 356 篇有效文献。

1. 大学生自我认同研究的主题分析

进一步运用 CiteSpace 软件的词频分析功能对文献的关键词做高频共现和聚类的分析。关键词作为论文主题的代表性词汇，是对主旨的高度凝练与概括，可以通过对关键词的分析，获取论文的核心内涵及其论述重点，并通过对关键词出现和相互关联的时间图谱，分析大学生自我认同领域关注较高发展趋势。

通过分析一个研究方向中关键词共现的频次，则可探寻出这一领域内学者所关注的热点主题及其演进趋势。选取"关键词"（key-word），对文献进行主题词共现和聚类分析，得到共现图谱（图）和高频关键词列表（前 10），这些高频关键词是国内在大学生自我认同研究中使用最为广泛的术语和代表词汇，体现出这一领域研究者的共同关注。从关键词共现图谱中可以看到，围绕着大学生自我认同、自我同一性、自我概念展开的研究主题十分丰富，包括心理健康、抑郁、自尊、主观幸福感、心理适应等心理学学科取向的成果；包括与学业水平、学业自我概念、学业成就、学业成绩、外语学习、体育运动等相关联的学习成效研究；还有部分与人际关系、社会认同、人际适应、国家认同等相关联的主题研究；也有聚焦于部分群体自我认同状况的研究，例如不同年级学生之间的差异、女大学生、少数民族、曾留守农村大学生等。表 1 排名前 10 的关键词分别是：大学生（137）、自我概念（57）、自我同一性（39）、学生（21）、自我认同（21）、心理健康（18）、抑郁（7）、中介作用（6）、体育锻炼（6）、主观幸福感（6）。此外，关键词的中介中心性[①]大于 0.1 的节点则被称作关键节点，由表可知，除了与大学生自我认同主题

---

① 中介中心性（Betweenness Centralicy）指的是一个节点担任其他两个节点之间最短路的桥梁次数，是体现节点重要性的指标，根据 CiteSpace 工具的算法，相关节点的中介中心性大于 0.1 的节点被称为关键节点，表明该关键词十分重要。

密切相关的"大学生""自我概念""自我同一性"以及"自我认同"等系列术语中介中心性大于0.1之外,仅有"心理健康"的中介中心性大于0.1,其他关键词并没有形成关键节点。这表明我国对大学生自我认同进行的研究是以心理学学科为主要视角的,其他学科尚未形成突出的细分领域。

图1　CSSCI来源大学生自我认同关键词共现图谱

表1　CSSCI来源大学生自我认同研究的高频关键词(前10)

序号	频次	中介中心性	出现年份	关键词
1	137	0.59	1998	大学生
2	57	0.49	1999	自我概念
3	39	0.13	2004	自我同一性

续表

序号	频次	中介中心性	出现年份	关键词
4	21	0.1	2004	学生
5	21	0.4	2003	自我认同
6	18	0.17	2000	心理健康
7	7	0.09	2007	抑郁
8	6	0.05	2009	中介作用
9	6	0.06	2006	体育锻炼
10	6	0.02	2006	主观幸福感

通过 CiteSpace 的聚类功能，得到关键词聚类的模块 Q 值为 0.7519（大于 0.7），聚类结构令人信服；平均轮廓值（S 值）为 0.9356（大于 0.5），聚类结构合理。其中成员数排名前 10 的聚类及其信息见表 2。

2. 时序图和热点领域、发展趋势

从时序图（图 2）上可以清晰地看到对大学生自我概念的研究较早出现，到了 2003 年、2004 年关于自我认同、自我同一性作为关键词的研究开始出现，说明学者最早也是从心理学的视角来考察有关大学生自我认同问题的。随着"自我认同""自我同一性"一起出现的是"文化"作为关键词在自我认同主题上的研究，现代性转向带来的文化影响和主题认同的影响。例如有学者以吉登斯的现代性理论为主题指出，"自我认同"理论一方面表明了西方个体主义文化自我反思与自我批判能力的增强；另一方面也为中西方"自我认同"理论与思想进行对话提供了机会（贾国华，2004）；有学者认为，当生产方式逐渐被现代性车轮碾平的时候，消费就成了塑造和表征人的文化认同和自我认同的主要因素，要在全球化、现代消费主义背景下讨论人的认同（韩震，2005）。从时间线上看，2019 年前后出现了"智能手机成瘾""社交网站""符号幻境"等关键词，表征了一个新的研究态势，随着移动互联网的兴起、虚拟空间的崛起，裂变出一个新的"自我"，影响着自我认同的形成，值得我们给予关注。

表 2　　　　　CSSCI 来源大学生自我认同研究的关键词聚类表

聚类	成员数	平均年份	关键词
0#大学生	62	2013	成就动机，综合测评成绩，身心发展，就业心理，网络依赖，高校体育教育，外语学习，职业成熟度，心理资本，心理危机｜网络依赖，价值肯定，网络行为，自我意识，高校体育教育，外语学习，职业成熟度，心理资本，心理危机，微博交往
#1 自我概念	49	2009	自我概念，教育情境，团体活动，自我认识，二语学习动机，家庭背景，团体处理，结果评价（卫生保健），享乐设计，自主学习｜享乐设计，情感反应，购买意愿，产品态度，团体处理，社交焦虑，自我认识，社会影响，英语口语学习，团体活动
#2 自我同一性	31	2010	自我同一性，心理学教育，影响作用，父母教养方式，英语学习，阿瑟·齐克瑞，职业同一性，人格障碍，同一性风格，语音自我概念｜少数民族，英语学习，影响作用，语音自我概念，父母教养方式，大学生心理需求，宗教认同，抑郁—幸福感，心理援助，亲子沟通
#3 自我认同	28	2012	自我认同，英语学习，中国大学生，动机强度，人格发展，大学生人格，教育引导，符号消费，价值观与态度，全人发展｜教育引导，消费逻辑，符号区隔，行动逻辑，不良校园贷，符号幻境，符号焦虑，符号消费，价值观与态度，思维水平
#4 心理健康	26	2007	心理健康，素质教育，学校体育，大中学生，体像烦恼，自我同一性，大学新生，休闲教育，横断面研究，人口统计学｜横断面研究，心理卫生，民办大学生，大学新生，学校体育，大中学生，休闲教育，人口统计学，心理健康，素质教育
#5 中介作用	25	2011	中介作用，写作焦虑，写作成绩，写作自我概念，写作自我效能，r/k 判断，自我参照效应，自我不一致，亲子依恋，生命时间流逝情绪｜自我不一致，亲子依恋，分离 - 个体化，自我同一性状态，写作焦虑，写作自我概念，写作自我效能，生命时间流逝情绪，r/k 判断，写作成绩

续表

聚类	成员数	平均年份	关键词
#6 学生	25	2007	精神卫生，学生/心理学，体育运动，综述文献，客体依恋，特征焦虑，状态焦虑，自我概念，运动疗法，回归分析｜自我概念，运动疗法，学生/心理学，客体依恋，特征焦虑，状态焦虑，回归分析，精神卫生，自我评价（心理学），体育运动
#7 差异分析	22	2008	普通高校大学生，人格特征，民办高校大学生，比较研究，大学生心理特征，学业成绩，一般自我概念，理科学生，学业自我概念，师范大学生｜理科学生，学业自我概念，师范大学生，学业成绩，一般自我概念，普通高校大学生，人格特征，民办高校大学生，比较研究，大学生心理特征
#8 影响	18	2014	西方文化，中道主义，文化思潮，穆斯林大学生，文化身份，在校发展成就，曾留守农村大学生，农村留守经历｜在校发展成就，曾留守农村大学生，农村留守经历，文化身份，西方文化，中道主义，文化思潮，穆斯林大学生
#9 学生自我概念	13	2004	学生自我概念，镜中自我，现实自我，学习动机，学生学习积极性，因素分析｜学生学习积极性，因素分析，学习动机，镜中自我，现实自我，学生自我概念

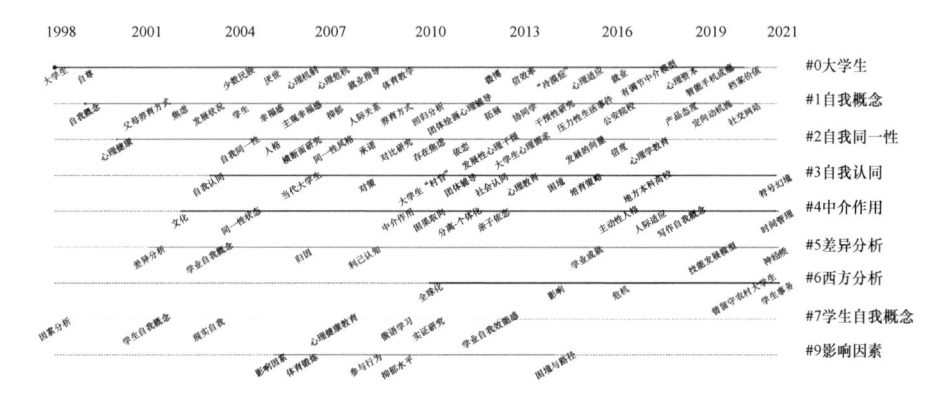

图 2 CSSCI 来源大学生自我认同研究的时序图图谱

以相近的研究主题为分类标准，现将主要的研究内容归纳如下：

第一，对大学生自我认同及已有的教育情况所做的整体研究。例如《回归"人"的教育：论本科教育的使命与核心任务》（李湘萍，2021）认为高等教育工作者的核心任务在于帮助学生提升思维水平、建立自我认同，直至树立正确的价值观与积极的人生态度。《当代大学生社会认同危机及其教育对策研究》（乔晓晓，2014）认为当代大学生的社会认同是大学生对自身与所属群体以及自身和社会关系的理解，要突出高校思想政治教育的人文关怀，注重家庭教育的基础作用，营造有利于大学生社会认同的环境，帮助大学生构建积极的自我认同和社会认同。《媒体时代大学生自我认同的困境及对策》（明卫红，2011）认为目前在校大学生深受虚拟生存、符号消费、大众文化的影响，特别是在大学生的自我认同方面产生了负面影响，并提出了高校帮助学生认知自我、超越自我、参加社会实践的具体做法和建议。《论学生自我认同危机与教育的应然姿态》（周杰、周洋，2010）提出学生的自我认同就是学生对"我是谁"的回答和体验。教育理应成为引导、促进和实现学生自我认同的力量，引导学生超越自我认同危机应是教育的应然姿态：教育应是关注人的教育、教育应关注培养学生的自我意识和自我认同能力、教育应引导学生对个人经历进行连续性的理解。《试论当代大学生自我认同的价值取向》（吕梦醒，2014）认为价值取向是大学生自我认同的发展向导和推动力量，当代大学生价值取向存在多元取向下的价值紊乱、价值功利以及无价值感等问题，通过价值引导、价值规范可以促进大学生自我认同的健康发展。学位论文主要有杨桃莲的《大学生自我认同的建构——基于大学生博客分析》（复旦大学，2009）、赵晓露的《"90后"大学生自我概念、群体身份认同及其关系的研究》（华东师范大学，2012）、周永康的《大学生角色认同实证研究》（西南大学，2008）等。

第二，从心理学的视角考察大学生自我认同或自我统一性问题。例如《职场变革情境下的工作与工余塑造：基于自我认同理论的双路径模型》（林琳，2021）以自我认同理论为主线，研究个人面对重大挑战时如何通过自我提升与自我防御两种机制加以应对，进而借助工作塑造及工余塑造完成自我认同的重构。《大学生自我认同的状况与特征研究》（敖洁等，2009）运用《中国大学生自我同一性状态量表》对414名在校大学生和24名研究生进行问卷调查，对所得数据进行回归分析和多元统计分析，考察了大学生自我认同的现状。《大学生自我认同感的差异》（桂守才等，2007）通过访谈法自编大学生自我认同感调查问卷，对某大学100名在校本科学生进行调查，统计分析了不同群体大学生的自我认同感差异情况。《大学生的三重自我建构与个人自主的关系》（刘艳、邹泓，2012）采用问卷法，以477名本科学生为被试，探讨大学生的三重自我建构与个人自主水平之间的关系。《认同：大学生心理解压的新视角》（陈庆国、贾林祥，2012）分析了大学生的压力状况，并从个体自我认同和社会认同角度为解决大学生心理压力探寻新的策略。这一方面的学位论文数量较多，例如《大学生个人生命意义量表编制及初步应用》（陈秀云，2007）、《大学生焦虑心理的实证研究：应该自我与实际自我的差异分析》（唐月芬，2004）、《大学生自我概念、归因方式与心理健康的关系》（刘彦楼，2009）等。

第三，从社会学的视角考察大学生自我认同或角色认同。例如《休闲何以定义自我？——休闲与个体、社会和文化认同》（刘慧梅、贾胜枝，2020）基于休闲的自由和社会互动等性质为人们提供了深入认识自我以及自我与他人关系的时间和社会空间，认为个体能够以一种展现自我的生活方式扮演不同的人生角色，构建较为稳定的个体认同和社会认同。《指向自我认同教化：大学生自我概念形成的路径》（程肇基、任映红，2004）认为社会关系中个人的人生实践是以积极的方式构建自我的过程，而个人的成长与发展和自我认识水平密切相关。《自我认同与大学生身体消费现象》（陈莹，2006）指出消费与认同的联系是十分明显的事实，消费在社会学意义上的重要性之一在于它既是用于建构认同的原材料，又是认同的体现和表达，身体消费越来越成为人们"自我表达"的主要形式和"自我认同"的主要来源，大学生对身体消费的关注程度说明他们对身体外在表现的关注正通过消费来建构自我认同。《政治社会化视域下大学生公民身份自我认同研究》（陈群、余思新，2014）诠释了政治社会化视域下大学生公民身份自我认同的内涵及意义，剖析了其存在的问题及原因，探索构建了大学生公民身份自我认同的途径。《基于社会文化规范下的自我调控过程的中日比较》（丛晓波、浦光博，2011）通过个体对社会规范的积极性认同态度与行动意向的关联程度，建立自我调控过程中社会文化性差异的假设模型，并对日本大学生（305人）、中国大学生（384人）、中国大学生父（或母，329人）进行社会规范认同态度及行动意向调查，分析对比了中日大学生自我认同和调控的状况。学位论文有《风险社会语境下大学生自我认同问题研究》（高宗梅，2011）、《优秀大学生自我认同和社会认同的类型与特征研究》（孙文坛，2012）、《大学生自我概念、亲社会行为与社会适应的关系研究》（王楠，2011）等。

第四，针对某部分专门群体的自我认同教育研究。例如《少数民族贫困大学生的自我认同》（赵路，2014）提出解决认同问题是少数民族贫困生人格成长过程中的重要部分，恰当的引导将更有助于个体人格心理的调节和适应，对消解少数民族贫困生的认同困境，养成健全的人格提出了相应对策。《女大学生的自我角色认同和塑造》（钱焕琦，1998）认为当代女性面临着更多的挑战，作为新一代女性中的佼佼者，女大学生有着较高的知识修养、深邃的思想和清醒的头脑，有着强烈的主体意识，对女大学生的自我角色认同和塑造进行了分析。《男同性恋大学生性身份认同的定性研究》（王中杰等，2012）探讨了男同性恋大学生的性身份认同框架，采用了心理学的研究方法进一步完善同性恋性身份认同理论。《农村大学生的角色认同与学校适应研究》（张向东、刘慧臣，2011）提出认同理论视角下的角色认同有助于农村大学生接纳自我和环境，使其从被动接受转变为主动参与，较快适应高校生活，为农村大学生的顺利社会化和构建和谐校园提供理论指导和实践支持。

第五，从德育或思想政治教育的视角研究大学生自我认同教育。例如《古典精神分析认同理论与德育创新》(高虹、吴寒斌,2014)科学地借鉴古典精神分析视野下的认同理论,提出在高校德育的过程中要重视潜意识认同、自我认同、群体认同和非理性因素的作用,对于创新德育方法体系提出了相关建议。《当代大学生的自我认同危机与核心价值体系的建立》(张首先,2007)提出大学生问题是中国现代化进程中的焦点问题,造成这一系列问题的主要原因是大学生对自我认同产生了危机,这种危机的出现主要源自于当代核心价值体系的缺失,只有建立社会主义核心价值体系才能消解当代大学生的自我认同危机。华东师范大学何岚的学位论文《思想政治教育视野下的大学生自我认同》从马克思主义理论视角出发考察归纳了自我认同的特点,并从思想政治教育角度分析了马克思主义的自我认同的内涵,从这些内涵出发根据当代大学生的实际情况和表现,对高校当前的学生自我认同的现状、表现、成因做了分析,探讨了思想政治教育途径下提高学生自我认同能力的一些做法。

第六,对大学生自我认同教育的实证研究。对大学生自我认同教育的实证研究成果比较丰富,但主要集中在对大学生自我认同状态的研究领域,在现状测量基础上提出教育建议。主要包括:大学生自我认同在人口学变量上的差异研究,各项研究主要对年级、性别变量进行了考察,探究大学生自我认同水平的差异。例如崔光成等(2000)用自编大学生自我认同问卷对四个年级的学生进行了调查,探讨了性别、年级、人格特征与大学生自我认同发展的关系,结果显示从大一到大四,男生呈高—低—高的发展模式,女生则表现为高—低—低的发展模式。郭金山(2000)也考察了大学生自我认同的年级特点,不同之处在于他发现大四学生有重新面临同一性危机的趋势;讨论了影响大学生自我认同的因素。例如张青方(1998)的研究结果表明教养方式的不同与青少年自我认同的发展水平呈显著相关;张日昇对中、日青年的自我认同状态进行了跨文化比较研究,其结果表明,文化和教育环境对青少年自我认同的形成有着重大影响。还有一部分学者讨论了其他的影响因素,例如网络多媒体、成长经历等,大学生自我认同与人格变量的关系。例如叶景山

(2006)指出同一性完成状况与自尊存在显著正相关,同一性延缓状况和早期闭合状况与自尊存在显著负相关,大学生自我同一性发展与自尊水平对其心理健康状况存在影响。王树青等(2010)探讨了自我认同与情绪适应之间的关系,其研究结果发现自我认同对大学生的情绪适应有较强的影响。凌辉、张建人等(2011)探究了大学生自我认同状态与自我概念之间的关系,其研究结论是大学生自我认同状态与自我概念密切相关。国内关于自我认同的干预研究数量不多,赵君(2010)采用叙事取向的团体心理辅导方式对大学生进行干预研究;任蓉蓉(2013)以大专生为研究对象,以团体辅导的方式进行了为期两个月的干预研究。

(二)国外研究现状

在国外自我认同研究的成果中,最具有代表性的是埃里克森从心理学角度对自我同一性问题内涵和维度进行的论述,他在《同一性:青少年与危机》一书中提出了"同一性"即自我认同的概念。埃里克森在弗洛伊德对"自我"研究的基础上给予"自我同一性"多样化的描述,从三个方面对"自我同一性"的内涵做了具体阐述,并且明确提出了青少年的核心任务是建立自我认同感。社会学视角的自我认同概念强调了自我的社会性和关系性,认为自我认同是自我与社会共同起作用的结果,其形成与社会、历史、文化密切相关。部分学者探讨了晚期现代性情况下的自我认同,例如鲍曼指出,在传统他律社会向现代自律社会过渡的现代性社会背景下,个体获得了自我建构、自我选择的权利,这种建构是一个长期的同一化过程,具有外在的社会基础和保障。西方哲学对自我认同的探讨经历了很长的历史,古典自我认同建立在所有善能够和谐一致的假设之上,强调的是人的构成是物质与精神的共生;近代哲学理解自我认同的出发点是对自我主体性的重建,把"善"的概念与人们对"自我"理解结合起来重建现代性道德。

人们对自我认同这一话题虽然早已开始讨论,但它却是一个常论常新的问题,目前西方学术界以"自我认同"为主题的研究仍然不断涌现。

根据国外文献数据库收录文献的代表性、完整性，本书选取 Web of Science 作为国外文献检索数据库，在 Web of Science 数据库中选择"核心期刊合集"（SSCI）以"self-identity"为主题进行搜索，近二十年相关的文献数量呈现出逐年增加的趋势，说明这一主题仍然是一个不断得到深化拓展的热点问题。从研究方向来看，心理学学科的研究数量优势明显，其次是社会学学科、商业经济管理学科。教育学学科方向的文献数量排在第五，可见教育领域对自我认同的关注度也比较高。

为了进一步了解在教育领域自我认同的研究现状，本书进一步筛选文献，并借助 CiteSpace 分析教育学学科或多学科交叉下的研究主题、热点定位及前沿趋势探析。在 Web of Science 数据库核心合集设置如下：检索式主题=（self-identity）AND 主题=（Student），时间跨度选取近十年，数据来源缩小至 SSCI，文献类型剔除会议论文、新闻通知、书目推荐等无效文献，得到文献 313 篇。

运用 CiteSpace 软件进一步做共词分析，节点类型选择"关键词"，绘制关键词共现图谱（图3）。通过图谱中的共现关键词可以看出，国外在大学生自我认同方面的研究主题丰富，与国内的研究主题相比较，同样是心理学学科视角占主导地位；以美国、英国为主的研究人员，还关注移民学生的自我认同问题，例如关键词"Asian American""Chinese American"是以亚洲移民和中国移民为研究对象；将学生的学习能力、社交能力以及成瘾（酒瘾、毒瘾、网瘾）情况与自我认同作为变量的研究数量也比较多。

将所有文献的关键词统计图表导出，按频次进行排序，获取位居前十的关键词图表（表3）。出现频次排在前十位的这些关键词在一定程度上反映了国外关于大学生自我认同的研究热点。此外，中介中心性是刻画节点在共现图谱中重要性的度量指标，例如"selfidentity""planned behavior"的中心性较高，说明这些词与其他关键词的节点连线多，能反映出大学生自我认同研究领域的热点问题，围绕着自我认同问题，结合计划行为理论（planned behavior）的研究较受关注，针对青少年（adoles-

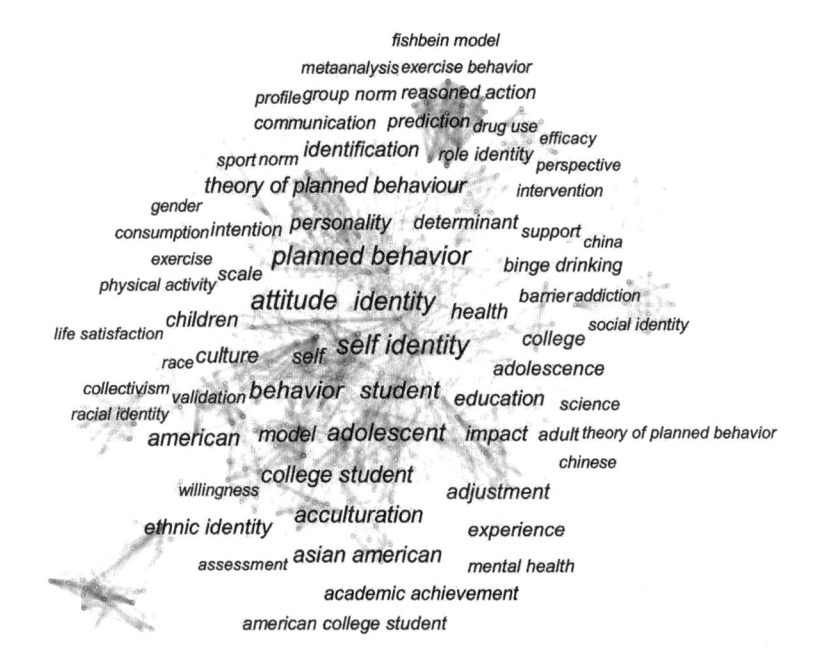

图 3　SSCI 来源大学生自我认同关键词共现图谱

cent）群体的自我认同研究较多。在这些文献中，被引频次最高的一篇文章以计划行为理论为主题，以 17—24 岁的大学生为研究对象，采用计划行为理论模型对重度社交网络使用意图和行为进行预测，结果表明自我认同、归属感这两个变量能够显著预测社交网络成瘾趋向。①

表 3　SSCI 来源大学生自我认同高频关键词（前 10）

序号	频次	中介中心性	出现年份	关键词
1	76	0.2	1995	self identity
2	45	0.23	1995	identity
3	45	0.2	1994	student

---

①　Fielding Kelly S, McDonald Rachel, Louis Winnifred R., "Theory of planned behaviour, identity and intentions to engage in environmental activism", *Jouranl Of Environmental Psychology*, Vol. 28. No. 4.

续表

序号	频次	中介中心性	出现年份	关键词
4	40	0	1992	attitude
5	35	0.2	2001	planned behavior
6	17	0.13	1997	behavior
7	17	0.1	2005	adolescent
8	16	0.08	2001	college student
9	15	0.08	2001	acculturation
10	15	0.06	2000	education

将关键词进行聚类，聚类模块值 Q 为 0.601，大于 0.3，聚类结构显著，S 值大于 0.5，聚类合理。成员数位居前十聚类，分别是 0#文化适应，1#理论，2#民族认同，3#意志，4#科学，5#素食者自我认同，6#社会认同，7#决心，8#好的管理者，9#素材[①]。与国内研究的聚类情况相比较，国外关于大学生自我认同的聚类清晰，形成了边界相对明确的细分领域，理论化的程度也相对高一些。

由上可知国外关于大学生自我认同研究的主题分为以下几种：聚焦于某个地区或者特殊群体的青年人自我认同状况的研究，例如对非洲地区青少年的自我认同状况研究、对北美地区与加拿大地区大学生自我认同状况的比较等；结合职业生涯与自我认同状况进行研究，例如职业生涯身份转换时期的自我认同构建、自我优势与职业身份认同的关系等；讨论网络时代下虚拟空间对大学生自我认同的影响及对策，例如远程教育的发展对教师与学生之间的关系以及对学生自我认同状况的影响等。根据关键词的时序图图谱，可以发现近年来国外关于自我认同的研究出现了一个新的理论视角即信仰规范理论（belief norm theory, 2019），关于自我认同与职业的关系问题也有成果出现（boundary work, career plan-

---

① 从聚类表格中列出的成员关键词可知，9#素材聚类包含的是关于教学策略、学校效果在内的系列研究。

ning)。这些研究成果从不同维度聚焦于当代大学生的自我认同问题，为本研究提供了更新的视野和参考。

表4　　SSCI来源大学生自我认同关键词聚类表格（前10）

聚类号	成员数	平均年份	关键词
0	93	2009	acculturation；social anxiety；chinese immigrants；discrimination；personality；eating disorders；scale development；subjective wellbeing；chinese migrant children；friendly investments ǀ planned behavior；theory；recycling behavior；university students；chinese american；ethnic identity；social network sites；social media addiction；acculturation gap；acculturative family distancing
1	74	2007	theory；planned behaviour；self-identity；interaction；belief-based variables；health promotion；self-monitoring；healthy eating；mobile phone use；prototypical identity ǀ planned behavior；causal analysis；panel design；behavior-change；cognition-change；self identity；altruistic behavior；closing time；action；substance use
2	65	2001	ethnic identity；college student；identity acculturation scale；choosing oneself；young people；self-reflexivity；identity change；subtractive identity change；ethnocentrism；tests ǀ tests；interpretation；ethnicity；sociology；reliability；research methods；statistical theory；race；data processing；social sciences
3	58	2003	willingness；orientation；emotional problem；mental health；counselor ethnicity；american acculturation；physical education；counseling psychology；biospheric values；pro-environmental behaviors ǀ biospheric values；pro-environmental behaviors；sustainable consumer choices；environmental identity；nature；childhood nature experiences；social norms；connectedness；trans prejudice；chinese college students

续表

聚类号	成员数	平均年份	关键词
4	54	2010	science; laboratory work; nature; research apprenticeship; psychiatric skill; interviewing skill; general practitioner; high school; internationalizing curriculum; education	theory; new teacher perceptions; aboriginal teachers; aboriginal epistemologies; general practitioner; high school; internationalizing curriculum; education; astrobiology education; achievement
5	45	2011	vegetarian self-identity; rational choice; restrictions; plant-based diet; opportunities; vegetarianism; social norms; meat consumption; internationalizing curriculum; national identity	career planning; career preparation; social support; college adjustment; self-identity; career decision-making self-efficacy; internationalizing curriculum; national identity; global citizen; vegetarian self-identity
6	32	2006	social identity; planned behaviour; theory; group membership; environmental activism; self-identity; attitude-behaviour relations; entrepreneurial motivation; personality; academic entrepreneurship	entrepreneurship; entrepreneurial motivation; personality; academic entrepreneurship; binge drinking; self identity; planned behavior; group membership; attitude-behaviour relations; social identity
7	28	2005	determinant; social relation; change intervention; past behavior; action; anticipated regret	change intervention; past behavior; action; anticipated regret; social relation; determinant
8	23	1999	good manager; self esteem; androgyny; individualism; collectivism; masculinity; femininity; dimension; disqualification; language
9	20	2017	materials; theoretical perspectives; instructional strategies; adolescence; university students; content literacy; methods; professional development; college; enhancement	enhancement; college; university students; content literacy; materials; methods; instructional strategies; adolescence; professional development; theoretical perspectives

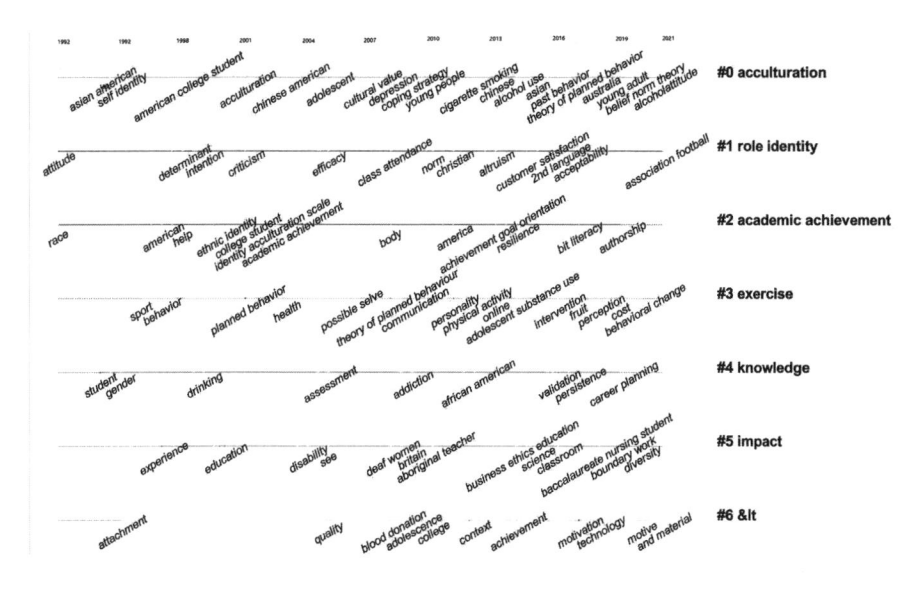

图 4　SSCI 来源大学生自我认同关键词时序图图谱

(三) 简要的评价

综合现有的研究成果来看，国内外学者都很重视认同问题，虽然不同学科的学者对自我认同、自我认同教育研究的侧重点有所不同，但对其产生根源的看法基本一致，都认为自我认同是一个现代性话题，现代社会使人脱离了对物的依赖，每个人都试图确认自我、寻找自我存在的意义和价值，注重从学理上来谈论自我认同问题，具有较强的学术性和学科意识。国内目前在大学生自我认同教育方面已取得了一些研究成果，这为本研究的开展奠定了良好基础，但就目前的研究成果来看也仍存在有待完善之处：

第一，对于当代大学生自我认同教育的研究在心理学、社会学学科范畴较多见，以思想政治教育学科为范畴展开研究的比较少。自我认同是一个复杂的系统，如果单以心理学或者社会学视角研究该问题，势必在系统性和深刻性方面存在不足，只有联系围绕个体生活世界的整体，综合哲学、心理学、社会学领域已有的研究成果，才能处理好自我认同当中个人与自我、个人与他人、个人与社会等多个层面的关系。思想政治教育学科以马克思主义理论为指导，从实践的人出发，强调人的社会关系本质，追求人的全面发展，更加具备观照大学生个体生活世界的整体视域。

第二，分析大学生自我认同现状的多，构建自我认同教育方案的少。从目前的文献来看，大部分论文探讨了大学生的自我认同现状和出现问题的原因，但是对于构建自我认同理论或是实践路径的分析就很少甚至没有提及，仅有部分学位论文进一步研究了大学生自我认同教育的构建和实践路径问题，有部分学术论文对改善当代大学生自我认同状态做了实证分析，但在系统化的理念、方法、路径上还有进一步研究的空间。

第三，没有形成系统的研究成果。对当代大学生个体或群体自我认同教育的研究成果比较丰富，这些研究为我们掌握当代大学生的整体自我认同状况提供了便利，但要宏观把握当代大学生自我认同的整体状况，还必须将自我认同问题置于纵向的自我观的历史演变之中以及当下的现代社会转型背景之中，才能更深刻而全面地把握自我认同问题，从而进一步对症下药，为推进当代大学生自我认同教育提出可行的实施方案。

第 一 章

理论阐析：自我认同的内涵及学科取向

第一节 历史流变：自我理解的现代转向

人们的自我理解和自我认同经历了复杂的转变历程。从西方古代文化中嵌入整体的个人和模拟自我到现代意义上的个人主义，个人的自我认同和理解得到了积极发展。个人逐渐打破传统权威的束缚和禁锢，拥有了更大的自我抉择与自我筹划自由，人类获得了对自身努力和能力的自信。但是这种积极发展随着社会标准和价值观巨变而发生了变化，极速的变化和充满风险的不安全感使人们陷入了孤独、焦虑、异化和冷漠的困境。

一 古代世界个人嵌于整体的自我理解

在古代世界，人们对自我的理解嵌在整体之中，个人的自我认同是作为父亲、儿子、宗族的一员，人们的社会想象是一种整体的宇宙观，不是以孤立的方式来理解自我，而是将自我镶嵌在各种有序的关系之中，包括自我与他人、自我与社会、自我与自然的各种关系。就如希腊语中"宇宙"（kosmos）一词的含义所指：和谐、统一、具有普遍秩序的、包容一切的整体，人、神、自然在其中各就其位。尽管有个别古代思想家或许提出过"个体为本"的思想，但是它无法成为主导的社会观念。

（一）通过社会秩序获得承认

麦金泰尔在《追寻美德》中为我们分析了《荷马史诗》所描绘的

时代特征，根据他的考证，这个被称为"英雄社会"的时代大约存在于公元前7世纪以前，这个时代中的个体都在亲属结构与家庭结构内确定角色，人们通过认识他们在结构中的角色而知晓自己是谁，应尽何种义务。"如果一个人在社会阶层中没有这样一个位置，那么不仅不可能从他人那里获得承认和回应，不仅别人不知道他是谁，而且连他自己也不知道他是谁。"① 这个时代的自我缺乏与社会角色分离的能力，成为自我就是去做自己所承担的社会角色要求做的事情，通过社会秩序获得社会的承认。

古希腊雅典城邦中的自我确认也是如此。雅典城邦的政体是"公民大会"，全体公民组成雅典核心的最高权力机构，它是一种平民政体，遵循"自由"之原则，实际包含两个"信条"："轮流统治和被统治"以及"能够随心所愿的生活"。正如亚里士多德所说"人不应该被统治，甚至不应该被任何人统治，如果不能实现，至少也应该轮流被统治和统治，这样做有利于建立于平等观念之上的自由"②，因此城邦公民必须参加城邦的公共事务，人们在城邦的公共生活中展现自己，争取荣耀的活动被看成最高形式的人类活动，个人的自我认同、行为规范和价值感与公共的政治生活紧密联系在一起。

（二）根据理念构建自我

苏格拉底说"认识你自己"，意指每个人都应通过审视自己的心灵，认识到自我潜在地具有理性，运用理性去认识知识，知识的对象是"每样东西的存在本身"，即作为"理念"的"美"、"正义"等事物的本质，是事物最好的状态，③ 一切事物都有自己的本原，即存在的客观依据，具体事物都是根据这个唯一的、真实的理念被制造出来的摹本。所以作为

---

① ［美］阿拉斯戴尔·麦金太尔：《追寻美德》，宋继杰译，译林出版社2003年版，第153页。
② ［古希腊］亚里士多德：《政治学》，吴寿彭译，商务印书馆2013年版，186页。
③ 参见［古希腊］柏拉图《理想国》，郭斌和等译，商务印书馆1986年版，第218—227页。

现实中的具体个体是不完全"真实"的,我们对自我的认识是作为"意见"存在的,意见介于"知识"和"无知"之间,既知又不全知,必须依赖于一个理念来定义自我。而个体灵魂的最好状态就是"理性""激情""欲望"各安其位,只有这样,人才是灵魂健康的、具有美德的人。例如"理想国"中个体的自我认同就是参照这个标准来进行的,根据灵魂三种成分的组合情况,确认个体的品质;由于城邦社会的正义也是遵从类似的准则,各种品质的个体在城邦内做自己分内的事,智慧者、勇敢者和劳动者按照由高到低的秩序建立统治关系,就实现了城邦的正义,[1] 个体的社会身份也就按照其品质被确定下来。

因此,对于古代人来说,根据本性生活就是根据理性生活,这种理性能力事实上就是对宇宙等级秩序的理解,理性使我们能排列我们的活动,选择某种东西只是因为根据理性它们排列得更高。这一时期的个人是没有现代意义上的这种"自我意识"的,个人都沉浸在非主体的经验当中,没有具体化、空间化的自我概念。此后,随着古代人在书写作品时(例如《伊利亚特》《荷马史诗》等)使用隐喻能力的增强,通过神化的形式表达了对于人性的某种理想看法,逐渐出现了自我指称的力量,"模拟自我"(the analog self)出现了[2],这种新出现的"我"开始替代神明、先知以及其他一些类似事物,开始承担起处理道德事务的责任。

二 个人解放和自我实现的个人主义时代

随着科学革命的兴起和现代科学的发展,思想文化方面的启蒙运动、宗教领域的冲突和改革以及近代资本主义的发展,催生了"个体主观化"的观念,个人主义作为一种真正的信念体系出现了。

---

[1] 参见[古希腊]柏拉图《理想国》,郭斌和等译,商务印书馆1986年版,第154—155页。

[2] [捷克]丹尼尔·沙拉汉:《个人主义的谱系》,储智勇译,吉林出版集团有限责任公司2009年版,第38—39页。

（一）基督教文化中的个人解放和自我实现

基于整体的自我理解与社会想象在基督教文化中发生了重大转变，基督教传统与希腊文化之间的差异构成了现代自我理解转型的动力之一。基督教的自我理解以拯救为终极目标，认为现世的政体只是天意偶然的规定，而在希腊文化中，城邦的政治生活是崇高的政治目标，正如亚里士多德明确提出的"人是政治的存在者，必定要过共同的生活"①；"上帝面前人人平等"的基督教义和古希腊文化当中神人各就其位的等级秩序也难以完全调和，尤其是基督教所具有的出世特征和个体化的特征都催生了个体自我的成长。基督教不仅设置了一个来世，把存在放在来世自身和诞生之间，由此强调了个体生命的短暂，并且为人类历史设置了一个尽头——末日审判，在这个尽头，每个个体都将消融于不朽的光荣大赦之中。这个过程把人类历史和神的目的联结起来并赋予了它意义，为普通的世俗人类提供了意义和希望，而且在这个过程中，个体具备区分善恶的能力和分享神性的潜能。自我得到了精神主动性的力量，个人不仅能够选择行善，同时也能在选择的质和量上变得更好，在与神的沟通中更加具有精神性，不断地通过这种沟通更充分地实现自我。

中世纪晚期的唯名论革命进一步摧毁了古希腊文化中人的存在链条，"使得世间万物的存在成为偶然的、个体性的事件，其（唯名论）提出的个体主义存在论破坏了实在论的存在论，认为共相实际上不存在，共相的名称只是一种纯粹的符号"②。在这样偶然的、个体主义的存在论语境下，个人不再是在"存在链条"中规范自己，而是具有自我创造的意志自由，能够运用自己的理性来研究神的意志，拥有了精神上的主动权，能够在与神的沟通中实现精神上的超越，从而使个人不断进步，变得更加完全。

---

① ［古希腊］亚里士多德：《尼各马可伦理学》，廖申白译，商务印书馆 2003 版，第 278 页。

② 刘同舫：《启蒙理性及现代性：马克思的批判性重构》，《中国社会科学》2015 年第 2 期。

(二) 启蒙理性带来的个人主义时代

17世纪末到18世纪初，随着笛卡尔哲学和培根经验主义哲学的发展，西方出现了一种新的道德原则[①]：首先是一种信念，认为所有关于社会的思考都应当始于个人，个人先于社会而存在。其次，认为个人可以外在于社会成为人类主体，政治的目的是通过提供安全保障，使得个人为相互利益服务。再次，政治社会组织是为了维护个人的权利。个人在塑造他们的生活和社会秩序中自由地践行他们的能动性。最后，个体的权利、自由和利益得到平等保证。这些原则普遍为现代社会的人们所知并深入人心，从笛卡尔的"我思故我在"，培根的"知识就是力量"，到启蒙时代卢梭等人提出的人生而自由平等，康德提出的人为自然立法、人为道德立法，费尔巴哈要求哲学研究应该从抽象的思辨转到现实的人的思想等等，再到洛克主张的每个人都拥有自然权利，人们的责任则是保护自己的权利并且尊重其他人的同等权利，个人主义已经悄无声息地沉淀成为一种社会政治文化，成为人们从个人出发来捍卫个体权利，阐明个人价值的先在预设。这种基于个体而非基于共同体的自我理解可以说是现代个人主义的文化核心。

随着关于国家干预和自由放任的争论以及个人政治经济权利在近现代历史阶段中不断得到伸张，个人主义从潜在的一种文化意识和道德原则逐渐演变成为一种显现的制度精神，从卢梭《社会契约论》中主权在民的思想，到美国《独立宣言》强调个人生命权、自由权和追求幸福的权利，再到法国《人权宣言》宣布自由、财产、安全和反抗压迫是天赋不可剥夺的人权，逐渐以制度的形式作为对个体自由和权利的保障。

三 现代个人主义的转型和异化

个人自主性是现代性思想的重要方面，它鼓励人们过更真诚、更具

[①] 参见［加］查尔斯·泰勒《本真性的伦理》，程炼译，上海三联书店2012年版，第8—9页。

个性和创造性的生活，现代个人主义所蕴含的独立、自由、权利、平等观念无疑是宝贵的，对于个人价值的彰显发挥着至关重要的作用。但是，个人主义对社会所产生的"双刃剑"效应不断在西方现实社会中以不同形式显露出来，表现在人们的社会行为上——逐渐走入社会价值标准混乱、道德规范失序、个人意义迷失的困境。

（一）社会价值标准混乱与道德规范失序

有学者认为："19 世纪以后的人本主义急剧地转向了非理性主义……这些非理性主义哲学思潮的薪火相传既是对当代西方资本主义社会极端个人主义的一种思想理论上的概括和总结，同时又与高扬主体所蕴含的人类中心主义一起对西方传统理性个人主义向现代非理性个人主义的转型并导致个人利己主义和个人权利的膨胀起到了推波助澜的作用。"① 今天随处可见人们对"成为你自己"的追求，人们日益滑入了这样的一种相对主义，那就是每个人都有选择和发展自己生活形式的权利，任何人都不能或都不应该试图去规定其内容，每个人都有他自己的"价值"，对这些价值不可能进行论证。这种浅显的相对主义导致人们陷入了以自我为中心的个人主义，对其他那些更大的、自我以外的事务漠不关心，无论这些事务是宗教的还是政治的、历史的。美国当代学者艾伦·布鲁姆在其著作《走向封闭的美国精神》中尖锐地揭示了这种危机，他指出美国当代大学生存在精神沦陷问题，尽管他们像任何人一样想好好思考自己，他们都意识到他们忙于自己的职业和关系，自我实现的某些虚浮之辞给这种生活一个有魅力的神态，但他们明白这种生活毫无任何特别崇高的东西可言，活命哲学已经取代英雄主义成为受人赞赏的品格。② 这种文化上的自我中心或者说利己主义在政治上的表现就是中立的自由主义，其基本信条之一就是，一个自由的社会必须在什么是好的生活的这一认

---

① 吴育林：《西方本真的个人主义及其现代嬗变的文化成因》，《云南社会科学》2006 年第 3 期。

② 参见［美］艾伦·布卢姆《美国精神的封闭》，战旭英译，译林出版社 2007 年版，第 4—10 页。

识上保持中立,因为好的生活是每个个体以自己的方式追求的东西,如果在这个问题上表态,那么就是没有做到不偏不倚,没有给所有人同等的尊重。

随着传统的集体意识的弱化,集体意识对个人的影响或者引导作用逐渐式微,人们的抉择范围与行为方式,既不受过去集体经验的局限,也不再受源于特定共同体遵从的信仰和文化的桎梏。这一方面促进了个人主体道德体系的发展,使人们的行为准则更符合自身的利益,源自外部力量或者基于普遍原则的道德体系日益消解,另一方面也意味着丧失了构建人类行为规范和准则的机会,社会规范对个体行为的约束越来越宽松,从而导致社会秩序的失序。由于人们的行动更大程度上是由个人自行主宰的,我们不得不寄希望于每个人正确地利用这种自主性,但是这种期望并不能真正实现公平与公正,并不能保证犯罪、贪污腐败等社会行为方式不出现,相反地,由于人们越来越注重所谓的个人权利,甚至到了某种狂热与偏执的程度,使得执不同意见的双方失去了与对方协商、妥协的可能。例如,西方关于堕胎问题的争论,反堕胎者强调未出世胎儿的生命权利,而他们的反对方则强调妇女所拥有的操控自己身体的权利,这一争论已持续多年仍然无果,但争论本身却渐渐激化为暴力方式,产生了肢体冲突和伤害。尤其是 20 世纪以来,恐怖主义行动危害着多个国家和人民的安全,然而从媒体披露的这些组织和个人的言论来看,他们都自以为自己所执行的行动是基于国家或者组织赋予的权利。

(二) 个人意义的迷失

在现代社会中,人们的生存样式纷繁多元,自恋型享乐主义的自我追求掩盖的是自我意义的迷失。英国学者保罗·霍普认为以自我为中心的生活态度造成了当今许多形态的"自恋症文化",美容、时装和休闲产业兴盛于世,这些形态所要表达的共同主题就是讲究外表与追求生活样式,人们对花样翻新的表面形态、流行时尚热衷追逐,日常的工作和生活缺乏固定的方式,"人们的生命爱欲不再是为了神的荣耀、祈求彼岸世界的幸福，转而朝向一种此岸生活的自我肯定，享受现世生活被当成天经地义，并导向无限的盈利欲与旺盛的工作欲，从而形成了一种强调无止境自我创造的资本主义精神气质"①，这也许是出现诸如工作狂、购物狂、追星狂等狂热行为的原因。追求体面的消费、渴求无节制的物质享受和消遣将人们带入了消费主义，人们在消费过程中所购买的产品实际上是一种符号，借助购买的各类产品，例如钟表、名牌服装、汽车等来表现和确立自己的身份，自我意义在这样的背景下更显黯淡。

这种自我意义的迷失实际上是个人主义异化为原子个人主义带来的弊病："像我们看到的那样，自我中心的形式在两个方面是变质的。它们倾向将满足感集中在个人身上，使得他或她的周遭人士成为纯工具性的；换句话讲，它们扑向一种社会原子主义的怀抱……换言之，它们培养了一种激进的人类中心论。"②原子主义关注的仅仅是个体的消极自由，个体对于自己生活方式的选择，个体目的的自我实现。由此我们也不难理解为什么在被称为"me generation"的青年一代中，"做自己"的声势和"很迷茫"的呐喊并存。漠视赋予言行以意义的视界将使得言行本身毫无意义。正如艾伦·布鲁姆所言："失去典籍，使这些人变得更加狭隘和平庸。说他们狭隘，是因为他们缺乏生活中最必要的东西，即不满于现状、意识到还有其它选择的真正依据，他们得过且过，对逃离这种境况感到绝望。超越的渴望日益淡化，崇敬的榜样和轻蔑的对象都已消失得无影无踪。说他们平庸，是因为缺少对事物的解释，缺少诗意或活跃的想象力，他们的心灵就像镜子，反映的不是本质，而是周围的影像。经过陶冶的心灵能洞察人与人之间、人的行为与动机之间的细微差异，形成真正的品味，而缺了伟大典籍之帮助，心灵的陶冶是不可能的。"③原子个人主义漠视社会母体的存在，排斥外界提出的任何要求，而强调个体选

---

① 刘同舫：《启蒙理性及现代性：马克思的批判性重构》，《中国社会科学》2015年第2期。
② [加]查尔斯·泰勒：《本真性的伦理》，程炼译，上海三联书店2012年版，第71页。
③ [美]艾伦·布卢姆：《美国精神的封闭》，战旭英译，译林出版社2007年版，第16—17页。

择的自由，视外界要求的提出为对自由的干涉。对个体选择自由的绝对强调必然导致每一个个体仅仅关注与自身个人利益紧密相关的事物，进而使得个人生活日益狭隘化与平庸化，进而使人忽略外界提出的任何要求，失去赋予其行为以意义的更为宽广的视域。与此相对应的必然是目标和意义的消退。

第二节　多重视角：自我认同研究的学科立场

认同（identity）一词源自拉丁文 idem，意为"同样"，而"所谓自我认同（self-identity），其实就是对'我是谁？''我跟别人有何不同？''我对自己满意吗？''我希望自己成为什么样的人？'等这种类似反观自我的问题的思考与追问。自我认同反映了当外界环境发生变化时，个体对自我认识的稳定性、连续性和一致感"[①]。对自我的追问及自我认同一直都是哲学史上的经典课题，"从主观条件看，认同需要自我意识的觉醒和个性的发现；从客观条件看，认同需要的却是差异的语境或背景。伴随着现代性在传统文化中的孕育和生成，这两个方面都出现了"[②]。随着现代性的生成，自我认同问题愈来愈受到社会科学领域各个学科的关注，各学科从不同立场对自我认同进行了阐释和理解。

一　哲学学科立场

黑格尔曾经说过这样一句话："平常我们使用这个'我'字，最初漫不觉其重要，只有在哲学的反思里，才将'我'当作一个考察的对象。"[③] 哲学对自认同问题的理解和研究主要是采用一种内省的方式，对

[①] 刘芳：《"制造青春"：当代流行文化与青少年的自我认同》，中国社会科学出版社 2015 年版，第 12 页。

[②] 韩震：《现代性与认同问题的思考》，《学习与探索》2004 年第 6 期。

[③] ［德］黑格尔：《小逻辑》，贺麟译，商务印书馆 1995 年版，第 82 页。

各种感觉、情绪、知觉、思想的纯粹内省观察是主要途径。有学者指出，西方关于自我认同的研究可以大致分为三个阶段：从柏拉图到洛克，从洛克到20世纪60年代，从20世纪60年代到今天。第一阶段的观点主要是柏拉图式的，认为自我是一种非物质的理念，将灵魂的同一视为个人的同一性。第二阶段则以洛克的经典论述为代表，"洛克的内感觉理论的最大遗产或许就是对个人同一性理论的贡献。洛克认为，人们总是意识到自己的思想，而且更进一步说，正是这种对自己思想的意识界定了每个人的自我。之所以我们说各种各样的思想都属于同一个自我，乃是因为他们都是同一个意识的对象"[①]。洛克反对以人的身体作为个人同一性的标准，而主张人们一般都把自己设想为拥有某些确定思想与感觉的东西——这些思想与感觉就是我们意识到或有能力意识到的东西。第三阶段的个人认同研究越来越多地与其他一些话题如身心二元论、自我认识、责任、道德、善等联系起来，由于20世纪70年代以来西方哲学的实践理性转向，自我同一性的研究中心慢慢转向道德哲学和政治哲学领域，personal identity更多地与"伦理""善"联系起来，该词的翻译也从"个人同一性"转向了"个人认同"。

总的来说，当代哲学立场对自我认同的讨论主要表现在三个方面：一是以个人与他人之间的外在关系取代了传统的洛克式的内在关系；二是重新探讨自我认同与生存的关系；三是加入了人生阶段这个概念来考察自我认同。通常会被分解成几个问题：第一是个人的独特性问题，例如"我是谁？"；第二是人格问题，例如"人与非人的区别是什么？"；第三是存久性问题，例如"在不同时间存在的一个人为什么还是同一个人？"；四是有关的证据问题，例如"我们如何发现谁是谁？"；五是在认同中什么是重要的？"正如有人指出的，今天很多哲学议题都是在谈论个人认同与伦理学的关系。这里的伦理学是一种广义的理解，只要是对我们应该如何生活的思考都算作伦理学的范畴，它既包括自我取向，也包

[①] [美]布瑞·格特勒：《自我知识》，徐竹译，华夏出版社2013年版，第52页。

括他人取向。"① 当代学者对原子主义式消极自由的批评、对社会价值的重视、对文化多元论的论证以及对自我认同观念和理论的整合梳理形成了自我认同研究的主要内容。学者们准确而敏锐地捕捉到了现代人所面临的现代性危机，不仅刻画了危机问题的种种病症，更通过对道德本体论、现代认同的追根溯源，试图开出药方以拯救现代人的自我认同危机。

从整个哲学史上看，有关自我认同的研究涵盖了以下要义：第一，自我认同建立在反思的基础之上。"那些对个人同一性感兴趣的哲学家往往是从自我意识问题开始的：最基本的问题是，我们如何思虑自身，以及我们如何把自己与其它东西区别开。"② 自我是对整个感觉经验的组织，不同于自己的身体，自我的本性是一种"思维"，构成自我的核心和基本结构的不是感觉经验或者运动神经，而是作为一种反思的意识存在，因此自我的形成不是通过直接经验，而是对经验的"再思"。自我通过意识来反思自己，但这种反思并不是回忆，不是在追忆原先的某个东西，而是在认识自己和重建自己，为自我意识增加新内容，它是对自我的统合。反思的自我始终面临的一个课题是如何把自己的行为统一到一个连贯的自我中，即为了保持自我的同一性，我需要将自我的行为控制在我的道德立场范围内，否则我就是"支离破碎"的。第二，自我认同就是发现自我的内在天性，并以之为核心，构建同一的自我。自我的本性是指我们潜在的"优异性"，是自我发展的内在目的性，潜藏在每个人的精神世界里，推动人的提升和超越。"人性的优点就在于它具有认识和遵循人的本性的特征，而不是依靠人的暂时冲动来决定一切。关于生活中的人类的本性是什么，已经不是那种与动物吃饱喝足相提并论的欲望，而是依赖理性认识世界并按规律行事的能力。正是这种理智和自我控制的能力在起作用而以前则

---

① 马庆：《多元论下的本真性理想——查尔斯·泰勒现代性思想研究》，上海社会科学出版社2015年版，第52页。

② [美] 布瑞·格特勒：《自我知识》，徐竹译，华夏出版社2013年版，第20页。

是敬畏神的崇拜精神即对欲望的理性认同，理性基础上的价值实现，以及在完成这两者时的自我控制和调节。"① 自我认同就是对自我本性的认知和肯定，本性构成了自我发展的基础和出发点，认为需要将生理欲望统一到整体自我的品质中来。这种内在的天性是一种自我完善的动力和欲望，是人超越于动物的特征，正是在这一本性的驱动下人类才能实现自我超越。自我认同不仅是追问自我的文化属性，还包括对"什么是自我的完善状态"的追问，是一种价值构建，对"我应该往何处去"的选择，答案在于自我的本性之中，本性是潜在的目的也是价值的导引。第三，获得自我发展的道德方向感。"我是谁"既可以是一个物理事实问题，也可以是一个价值探寻问题，不仅一个涉及一个人的外貌特征、家庭背景、从事职业、社会地位等，更是一个应该怎样做才算做到一个人的本分，是一个关于存在的基本方向感的问题。自我认同实质上建立在一个"什么是对我有意义的"价值取向的道德身份基础之上，构成了个人选择与行动的基础，而自我就是由这些选择和行动组成的，正如麦金泰尔所主张的那样，正是对善的追问构成了人生的统一性。第四，自我认同包含自我评判和自我管理。自我管理就是要使属于自我的不同部分达到统一、协调的状态，做自己的主人。自我认同的目标就在于个人不被变幻多端的外在物所控制，实现处于自我管理下的内在品质的一致性、和谐性。福柯强调的个体的"自我照看"就包含自我管理的意思，他认为自我照看在实践伦理的意义上等同于自由，同时意味着与他人的复杂关系，"一个人需要一个向导，一个顾问，一个朋友，一个跟你讲真话的人。因此，与他人的关系这个问题体现在自我照看的整个发展历程中"②。因此，自我认同的个体就是自我管理、在自我意识中建构行动的合理性，遵从自我价值的内在一致性去行动的个体。

---

① ［加］查尔斯·泰勒：《现代认同：在自我中寻找人的本性》，《求是学刊》2005年第5期。

② 贺照田主编：《后发展国家的现代性问题》，吉林人民出版社2002年版，第422页。

二 心理学学科立场

心理学中对自我的研究要从自我的一个特殊性质"映像性"说起。例如,在"我看到自己"这句话中,自我以两种方式出现,美国心理学家、美国心理学会的创始人之一威廉·詹姆斯(William James, 1890)是最先认识到这种二元性的心理学家之一,他建议使用不同的术语主我(I)和宾我(ME)来区分自我的这两个方面,并进一步做出了物质自我、社会自我与心理自我的划分。詹姆斯认为,主我也叫纯粹自我,是主动的或能动的我,是进行中的意识流;宾我也叫经验自我,是作为思维对象的自我,它包括一个人所持有的关于他自己的所有知识与信念。"尽管主我和宾我是自我的两个重要方面,但心理学家更关注宾我的性质。他们把研究重点放在人们如何思考和感觉他们自己,以及这些想法和感觉如何塑造和影响心理的其他方面;另一方面,哲学家更关注主我的性质。他们在寻求对自我中直接体验世界的那部分的理解。"[1] 最早把认同作为心理学术语加以讨论的是弗洛伊德,他认为认同是"在社会情景中,个体对其他个体或群体的意向方式、态度观念、价值标准等,经由模仿、内化,而使其本人与他人或团体趋于一致的心理历程。"[2] 这一对于"认同"的界定在心理学领域具有开创性意义,弗洛伊德通过揭示人类意识的结构模型,提出了自我认同的基本特征:"本我"(id)表现的是欲望和本能;"超我"(superego)代表的是来自父母的行为准则或指令;而"自我"(ego)作为这两者之间的协调者,一方面使"本我"接受外在规范的制约,同时又试图让"超我"去适应"本我"的需求。"本我"是人的意识体与物质体的统一,构成整体的生命体;而"自我"这种新角色则表明了作为认同的调适性特征,也促成了作为精神分析研究的分支领域的自我心理学的出现。

---

[1] [美]乔纳森·布朗:《自我》,陈浩莺等译,人民邮电出版社2004年版,第2—3页。
[2] [美]弗里德里克·詹姆逊:《詹姆逊文集》,王逢振译,中国人民大学出版社2004年版,第66页。

在 20 世纪上半叶，心理学界受到行为主义思潮的支配。行为主义心理学家约翰·华生（John Watson，1913）对内省主义学派占据统治地位、普遍存在的主观性感到很不满，认为人们通常都不能准确地描述出他们所看到、听到、闻到、尝到和感觉到的东西，为了让心理学在独立的科学中占有一席之地，必须摒弃这种对私密心理现象的研究，转而研究外部行为，后来形成了实证主义和机能主义这两个核心假说。实证主义的主要观点是只有可以被客观验证的具体现象才能作为心理学研究的对象，而有关自我的研究并不适用于这一原则；机能主义的观点与自然选择过程相似，认为行为是由它本身的适应性结果塑造的，与强化相联系的行为被加强或重复，未被强化的行为则减弱和消失。因此机能主义认为人的思维就算能够作为科学观测的对象，其结果也是毫无意义的。这些假说使当时的心理学界相信，对自我的研究是无足轻重的，但是并不是所有的理论家都如此看待对自我的研究。例如库利（Cooley，1902）和米德①（Mead，1934）对自我进行了理论分析，卡尔·罗杰斯（Carl Ransom Rogers，1951）强调人格中自我的作用，提出了"以人为中心的治疗"方法；其中埃里克森（Erikson，1956）在心理学研究中明确提出了"自我同一性""自我认同"概念。

埃里克森认为人的发展是一个以个体自我为先导的过程，是自我按先天的成熟顺序将内心生活与社会任务结合而形成的连续而有阶段性的过程。同一性形成是自我作用的结果，标志着自我的成熟和发展，自我同一性是自我的品质，是自我的核心。后来他扩展了这个概念，认为在讨论同一性时不能把个人的成长和社会的变化分割开来，因此自我同一性（ego-identity）就扩展为自我认同（self-identity），又称为心理社会同一性，强调三个互相区别但又紧密相连的过程——躯体过程、自我过程

---

① 乔治·赫伯特·米德（George Herbert Mead，1863—1931），美国社会学家、社会心理学家及哲学家，符号互动论的奠基人。他在自我及自我认同理论领域的研究既关涉心理学领域又关涉社会学领域的，本书将在社会学学科立场中阐述其有关自我认同理论，乔纳森·布朗在其著作《自我》中也将米德的自我理论视为社会学学科范畴。

和社会过程。这样，自我同一性就被划分为三个层面的同一性，即最初意义上的自我同一性（ego-identity）、个人同一性（personal identity）和社会同一性（social identity）。

同一性的形成是两方面的，一方面个体有选择地遗弃和相互同化，另一方面社会对青年个体也有一个认识过程。青春期是一个选择时期，处于青春期的年轻人如果能把先前各阶段的认同整合为一个个体的完型，在心理上做好准备，就可以形成稳定的同一性，相反，如果在自我意识分化的过程中对自己内心的冲突无法做出解释，在现实与理想自我发生偏差时，其就容易怀疑此前已经建立的一致性和连续性，造成同一性混乱。埃里克森强调防止同一性混乱是青年在人格发展过程中必须面对和完成的发展课题。有的青少年由于社会的要求与其原有的认同模式相差太大，以至于不可融合两者，容易感到绝望，想重找出路，会表现出种种反社会的行为，反对他所在的阶层，拒绝它的所有象征，来维护自己的自我。埃里克森还将个体自我意识的形成与发展划分为八个相互联系的阶段，分别为：（1）获得基本信任感克服基本不信任感。从出生到十八个月左右是婴儿期，是获得基本信任感而克服基本不信任感阶段。（2）获得自主感而避免怀疑感与羞耻感。从十八个月到三四岁是童年期，是获得自主感而避免怀疑感与羞耻感阶段。（3）获得主动感而克服内疚感。四岁到五岁是学前期是获得主动感而克服内疚感阶段。（4）获得勤奋感而避免自卑感。从六岁到十一二岁是学龄初期，是获得勤奋感避免自卑感阶段。（5）获得同一感而克服同一性混乱。从十一二岁进入青春期，直到十七八岁这一阶段的核心问题是自我意识的确定和自我角色的形成。（6）获得亲密感而避免孤独感。成年早期从十七八岁之后到三十岁，这是建立家庭生活的阶段，在成年早期将获得亲密感，避免孤独感。（7）获得创造力感，避免"自我专注"。中年期与壮年期是成家立业的阶段，这一阶段有两种发展的可能性，其中一种可能是向积极方面发展，个人除关心家庭成员外，还会关心社会上的其他人。（8）获得完美感而避免失望感。在老年期或称为成熟期，如果前面七个阶段积极的成分多于消极的成分，就会在这一阶段产生完美感，否则就会产生失望感。

埃里克森的理论为同一性和自我认同研究提供了庞大深厚的理论根基，此后越来越多的研究者在此基础上，各自从不同角度对同一性理论加以阐释和演绎。但是埃里克森只是以质性和描述的方式提出了自我认同理论，并未对自我认同提出操作化的定义，马西亚根据埃里克森理论中的两个主要过程变量"探索"和"承诺"来对同一性加以操作化，并建立了自我同一性状态的理论模型。马西亚根据投入和探索两个维度将自我认同分为认同早闭、认同延缓、认同扩散、认同获得。在马西亚的自我认同状态范式基础上，此后的心理学家在自我认同的操作化及测量工具和研究模型方面不断完善。

三　社会学学科立场

心理学领域有关自我认同的研究越来越强调自我认同的发展离不开个体所面临的实际生活情境，这也是埃里克森自我认同发展理论一直强调的问题。在心理学取向的自我认同研究对微观层面的个人内在的认同进程基础之上，发展出将个体与之所处的家庭、学校、社区及同伴关系甚至社会环境结合起来的社会心理学取向研究，再到将自我认同看作不仅是个人本身的一个任务，也是个人与社会文化情境共同建构的社会学取向。

19世纪末20世纪初美国心理学家查尔斯·霍顿·库利提出了"镜像自我"（looking-glass self）的概念，即人们获得自我认识的一种方式是观察其他人对他们的反应，以他人为镜子，在他人眼中看到自我，并且因为这个结果产生好的或坏的情感。社会心理学家乔治·米德对这些思想做了延伸，认为个体会采用他人的观点并且设想自己在他人眼里的样子，这种观点认为采择能力与自我的获得具有相同含义。米德也思考了这种观点采择能力是如何发展的，他相信人际沟通，尤其是以语言形式进行的符号沟通是理解这种自我本质问题的关键，这样，为了用符号进行沟通而采用他人观点就产生了自我。这就是米德的符号交互理论，这一理论关注社会化过程,非常强调社会交互作用在自我发展中的作用。

遵循社会心理学和社会学的理论传统,不断有学者从社会学路径对认同问题进行探索,其中社会认同理论成就较突出,尤其在现代性问题凸显的社会背景下,对自我认同问题的追寻更加迫切。社会认同理论由亨利·泰弗尔等人在20世纪70年代提出,并在群体行为的研究中不断发展起来。社会认同理论指出,个体通过社会分类对自己的群体形成内群体偏好和外群体偏见,在积极的社会认同中提高自尊。相比个体自我认同重在对个体具体特点的自我描述,形成特有的自我参照,社会认同则是由社会全体成员得出的自我描述。约翰·特纳在社会认同理论的基础上进一步提出了自我归类理论,主要探讨了个体心理群体的形成问题和群体成员身份的获得对个体行为的影响。特纳认为人们会自动地将事物进行分类,因此在对他人进行分类时会自动地区分内群体和外群体,当人们进行分类时会将自我也纳入这一类别中,符合内群体的特征将会被赋予自我,这就是一个自我定型的过程。所以说自我归类的进行就不再是个体自我水平上的归类,而是上升到了更抽象层次上的社会归类。这样的自我归类为个体将自己在思想与行为上的部分个性内化为社会整体的特性并呈现出来提供了可能。但特纳认为这种"'去个人化'并不是认同的丧失,而是认同的转换"[①]。个体与社会并不是对立的,正是社会活动、社会关系的发生创造了个体的独特之处,使得这种社会的自我得以出现。

英国社会学家安东尼·吉登斯将自我认同与现代社会的制度性联系在了一起,认为"由现代制度所引起的日常生活之嬗变,以一种直接的方式与个体生活融合,进而与人的'自我'交织在一起"[②]。吉登斯认为反思性觉知是所有人类行为的特征,个体的身份认同是在反思性活动中

[①] [澳]约翰·特纳等:《自我归类论》,杨宜音等译,中国人民大学出版社2011年版,第218页。

[②] [英]安东尼·吉登斯:《现代性与自我认同:晚期现代中的自我与社会》,夏璐译,中国人民大学出版社2016年版,第1页。

被创造和维持的,是一种行动系统的延续性后果。因此,吉登斯对米德所提出的与自我身份认同相关的"主我"概念和"宾我"概念不太满意,他同意米德提出的婴儿在对其早期经验的社会场景的回应中逐渐形成"自我"的概念,但对"主我"与"宾我"之间的关系,吉登斯认为二者是一种内在与语言的关系,"'主我'是个语言转换机器,它从术语的网络中获取其意义,而借助此网络,主体性的话语系统亦得以形成。运用'主我'及其他相关联的主体性术语的能力,是自我认知得以形成的条件,但不是限定自我认知的意义。"[①] 在现代性的情境下,自我的改变必须被看成个人变迁和社会变迁两者相连的"反身性过程"(reflexive project),因此一方面自我认同被现代性所塑造,另一方面它也塑造着现代社会的制度本身。正常的自我认同感具备以下特性:第一,通过反身性思考获得感触到其生平的连贯性,而且可以将这种感触与他人分享;第二,基本信任的建立是自我身份认同的精致化,通过早期信任关系形成自我的保护壳;第三,个体会将上述两点内容作为有价值的事物接受下来。稳定的自我认同感预先设定了本体安全感、接受他物与他者的现实性,同时,自我认同的内容也会随着社会和文化情境的变迁而改变。

虽然自我是在和社会环境的互动中发展起来的,但是不同文化背景影响下的自我会表现出不一样的特点。例如,西方文化比较看重个体在群体中的独立性,个体更看重自我作为一个独立个体所拥有的价值观和目标等;而东方文化中,个体较看重与群体中其他成员的和谐一致。因此有不少学者从文化的角度来分析认同问题,正如文化理论家雷蒙·威廉斯所指出的那样,在认同的过程中,文化起到了传递认同信息的作用。文化认同指对人们之间或个人同群体之间共同文化的确认,认同是文化固有的基本功能之一。使用相同的文化符号、遵循共同的文化理念、秉承共有的思维模式和行为规范、拥有共同的文化,是形成民族认同、社

---

① [英]安东尼·吉登斯:《现代性与自我认同:晚期现代中的自我与社会》,夏璐译,中国人民大学出版社2016年版,第53页。

会认同的基础。文化认同与社会认同、个人认同之间关系密切，社会对个人的认同体现为社会基本文化规范在个人中的传播和推广；而个人对社会的认同，主要体现为个人对社会所创造和拥有的文化的学习与接受。法国学者马塞尔·马尔丹从文化的角度提出了"叙事认同"（identity as a narrative）理论，强调认同是一种特殊的叙事形式，个人经历可以通过叙事被重组而有新的诠释，叙事中对情节的筛选与自我认同的形成有密切关系，而在叙事过程中的选择受到了个体所在文化的影响，文化是一种意义和智力系统，是群体统一的逻辑基础，认同叙事选择先存的（pre-existing）、与群体成长密切相关的文化特质进行重构，强调其在文化体系中的首要性，进而建构认同象征。萨缪尔·亨廷顿在《文明的冲突与世界秩序的重建》中阐述的认同理论是建立在全球化时期不同文明之间对抗、冲突基础上的认同，"人民之间最重要的区别不是意识形态的、政治的或经济的，而是文化的区别。人民和民族正试图回答人类可能面对的最基本的问题：我们是谁？"[①] 亨廷顿将语言、文字、价值观、宗教信仰等这些在文化学意义上备受关注的主题作为文化身份的体现与象征。

第三节　马克思主义自我认同思想及其批判性意义

自我认同实际上是个体通过对个人与自我、个人与社会、个人与自然关系的理解，从而形成对自我身份感的确认，从根本上来说，个人的自我认同问题就是人的本质属性的集中体现。人的本质问题作为人最深层次的自我意识，被费尔巴哈称为"哲学上最高的东西"[②]。从现有的文本来看，马克思、恩格斯虽然没有具体地提出自我认同概念，但他们对人的本质、类本质和发展本质等人学理论的深刻阐述也是对自我认同本

[①] ［美］塞缪尔·亨廷顿：《文明的冲突与世界秩序的重建》，周琪等译，新华出版社1999年版，第6页。

[②] ［德］费尔巴哈：《费尔巴哈哲学著作选集》（上），商务印书馆1984年版，第83页。

质的解答,"深刻地理解马克思的人的本质思想对于当代人的现代化,提高人的素质和自觉意识具有重大的理论和实践意义"①,是我们能够全面、深刻理解个人自我认同问题的理论指导。

一 马克思人学理论中的自我认同思想

马克思指出劳动是人与动物的根本区别所在,肯定了黑格尔"他(黑格尔)把劳动看做人的本质,看做人的自我确证的本质"②的观点,劳动创造了人,也是人自我生成、创造历史的逻辑起点。因此人并不是一个固化、一成不变的抽象性存在,而是一个不断生成的过程。马克思将人的发展分为三个阶段,在"人的依赖性"阶段中人无法展现个性,到"物的依赖性"阶段人能够展现被异化的片面的个性,人对自身的认同实质上包含着人的终极关怀,马克思关于人的本质理解、人类解放理论是对这一问题的完备解答。

(一) 逻辑起点:劳动实践作为人的本质

"马克思认为,历史只不过是,以自我意识为本质的那个类属在真实世界中经由'对象化'自身的中介长途跋涉以实现它的自我(它的本质)所经历的过程。"③ 马克思对劳动实践的阐述从两个层面昭示了劳动在人的个体本质上的内涵:一方面劳动是人的特有属性,是劳动使人区别于动物而成为人;另一方面,人在物质生产活动的劳动实践中通过对象化,获得尊严与价值,获得对自我的确证和认同。

劳动创造了人,是自我意识、语言产生的基础。正如恩格斯所言:"劳动是整个人类生活的第一个基本条件,而且达到这样的程度,以致我们在某种意义上不得不说:劳动创造了人本身。"④ 劳动解放了人类的双手,促

---

① 张奎良:《人的本质:马克思对哲学最高问题的回应》,《北京大学学报(哲学社会科学版)》2015年第5期。
② 《马克思恩格斯文集》第1卷,人民出版社2009年版,第205页。
③ [英]M. C. Lemon:《历史哲学:思辨、分析及其当代走向》,毕芙蓉译,北京师范大学出版社2009年版,360页。
④ 《马克思恩格斯文集》第9卷,人民出版社2009年版,第550页。

进了人类大脑发育和意识的形成。人的生命活动形式与动物的生命活动形式的不同之处，就在于人的生命活动形式是有意识的劳动实践，动物在自然选择中生存，极大程度地依赖于自身的先天条件和生命本能。动物被动依靠外部环境获取自然界中现成的赖以生存的物质，而人能够通过有意识的劳动改造自然，生产自身所需要的物质资料以满足自身的生存需要。人是在意识的支配下，改造自然界的过程中，满足自身的生存和发展的。

随着劳动实践的发展，进一步形成了劳动分工，促进了语言的发展。"马克思在强调人是一种社会动物的同时，揭示了语言的社会性这一十分重要的本质，他还明确指示，文法规则是说该语言的社会全体成员所共有的。"① 马克思指出语言是在人们进行社会交往的过程中得到发展的，"孤立的一个人在社会之外进行生产——这是罕见的事，在已经内在地具有社会力量的文明人偶然落到荒野，可能会发生这种事情——就像许多个人不在一起生活和彼此交谈而竟有语言发展一样，是不可思议的。"② 马克思认为语言不能仅仅被看成是人的一种能力的体现，不能仅仅被看作是人用于交流和表达的工具，而应更进一步地被理解为人的本己的存在方式。"语言和意识具有同样长久的历史；语言是一种实践的、既为别人存在因而也为我自身而存在的、现实的意识。"③ 正如海德格尔所分析的，"语言就是存在的家，就是由存在来安置并由存在来装配妥当的家。因此现在的任务是要从对存在的适应中去思语言的本质，而且是要把语言的本质作为人的本质的此种适应，也就是作为人的本质的居家情况去思一番"④。人类行为不像动物那样是仅仅只是表象性地反映事物，还体验事物，通过体验产生情感，诸如自豪、羞愧、尊重、价值感等，只有通过语言描述我们感受它们的时候，我们才能阐明自身，因此人对行为

---

① 张彦昌：《马克思关于语言发展的理论》，《吉林大学社会科学学报》1983年第3期。
② 《马克思恩格斯文集》第8卷，人民出版社2009年版，第6页。
③ 《马克思恩格斯文集》第1卷，人民出版社2009年版，第533页。
④ ［德］海德格尔：《海德格尔选集》（下），孙周兴选编，上海三联书店1996年版，第377页。

的语言表达实际上构成了自我理解，如此才能进一步达成自我认同。

人们通过物质生产活动的劳动实践的对象化过程获得自我确证。马克思明确地指出："因此我们首先应当确定一切人类生存的第一个前提，也就是一切历史的第一个前提，这个前提是：人们为了能够'创造历史'，必须能够生活。但是为了生活，首先就需要吃喝住穿以及其他一些东西。因此第一个历史活动就是生产满足这些需要的资料，即生产物质生活本身，而且，这是人们从几千年前直到今天单是为了维持生活就必须每日每时从事的历史活动，是一切历史的基本条件。"[①] 人通过劳动实践把头脑中的意识转变为客观的、实实在在的物质存在，通过这种生产活动，自然界才表现为人的作品和现实，所以"个人怎样表现自己的生活，他们自己就是怎样。因此，他们是什么样的，这同他们的生产是一致的——既和他们生产什么一致，又和他们怎样生产一致"[②]。

人在主—客体对象化过程中处在劳动实践主体的地位，主体与客体在劳动实践中是双向互动、相互作用、相互制约的，人作为劳动实践主体认识与改造了客观世界，同时也改造了主体本身，使主体素质、能力发生变化，促进了人的发展和完善。人是通过劳动实践在与自然的对立关系中实现与自然的统一的，对自然客体的否定正是对主体自身的肯定。劳动实践使人成为一种具有能动性的主体存在物，不断地改造世界的同时发展和实现了自我。从这个角度说，劳动实践是人获得自我认识、自我发展、自我实现的重要途径，在这个过程中，人感受到自身的主体性，既要掌握客观世界的规律尺度，又要掌握自身内在的价值尺度，在自觉能动的劳动实践中，感受到自身价值与力量的实现和认同。

（二）存在状态：个人的社会现实性

在马克思之前，黑格尔将人看成是自我意识或绝对精神的产物；鲍威尔把黑格尔的自我意识绝对化，把人看成是纯粹的精神；费尔巴哈则

[①] 《马克思恩格斯文集》第1卷，人民出版社2009年版，第531页。
[②] 《马克思恩格斯文集》第1卷，人民出版社2009年版，第520页。

将人当成是被动的感性存在物。马克思对人的存在本质作出了的全新论述,"不是处在某种虚幻的离群索居和固定不变状态中的人,而是处在现实的、可以通过经验观察到的、在一定条件下进行的发展过程中的人"[①]。人从其存在状态的本质上来讲,应是精神的个人、自然的个人与社会的个人相统一的现实的个人。

从"精神的个人"到"自然的个人"。马克思、恩格斯拒斥将理性、意识等精神现象看作人存在的本身,但并不否认人的精神属性,也肯定人的精神现象是人区别于动物的重要特征之一。人的精神属性指人有意识、有情感、有思维、有认知等,并由此产生了人的精神活动,包括道德、理性、审美等。凭借着抽象思维的精神活动,人才能形成形象意识和自我意识,由世界的表象探究到本质。人的这些高级精神现象和动物的精神现象是有区别的,尤其是人通过对自我的反思形成自我意识、自我问题,形成精神世界最深层、最核心的问题。人的意识总是有其具体内容的,即对什么对象的意识,根据对象指向的不同层面可以分为客体意识和自我意识:指向由客观对象组成的外在世界形成的意识可以概括为客体意识;指向主体人的自身形成的意识可以称为人的自我意识,包括了个人的物质属性、精神属性、自然属性以及社会属性。自我意识是统一人的意识的重要方面,是自我认同发生和形成的主观条件。

但是,从意识决定存在的唯心主义观出发,把人的意识发展看成是人的本质,脱离物质基础,脱离自然、社会的客观现实,是舍本求末的。马克思指出:"第一个需要确认的事实就是这些个人的肉体组织以及个人对其他自然的关系。"[②] 人首先直接的是有生命的自然存在物,人来源于自然,人体的各种机能是自然生命长期演化的结果,同时,人的生存发展也依赖于自然所提供的物质资料,包括满足自身生存需要的衣、食、住、行以及进行再生产的物质生产资料。因此,首先要承认的就是人肉

---

① 《马克思恩格斯文集》第 1 卷,人民出版社 2009 年版,第 525 页。
② 《马克思恩格斯文集》第 1 卷,人民出版社 2009 版,第 519 页。

体存在的客观性，以及维持这种存在的自然需要，马克思正是在继承了黑格尔关于精神与物质关系辩证法的同时，把它们的关系颠倒过来，从而发现了神秘外壳中的合理内核。

从"自然的个人"到"现实的个人"。人不仅是自然存在物，而且是社会存在物，人在劳动实践中与他人发生关系，"通过实践创造对象世界，改造无机界，人证明自己是有意识的类存在物，就是说是这样一种存在物，它把类看做自己的本质，或者说把自身看做类存在物"①。通过劳动实践马克思揭示了人超出自然、与动物不同的部分，人在劳动实践过程中一方面创造了人与自然的关系，另一方面也创造了人与人之间的生产关系。在《关于费尔巴哈的提纲》中，马克思进一步明确提出："人的本质不是单个人固有的抽象物，在其现实性上，它是一切社会关系的总和。"② 个人在与他人的社会关系中才能获得现实、普遍的意义，人是社会关系之中的人，正是不同的社会关系、不同的社会实践造就了人的不同本质。

马克思在《德意志意识形态》中进一步批判了费尔巴哈"人的本质"的抽象性，将"一切社会关系的总和""现实的人"放置到生产关系中进行考察：人之所以是现实的，就在于其处于一定的社会关系之中，而在各种不同的社会关系中起决定作用的是生产关系。社会关系的形成和发展也经历了从简单到复杂的过程，远古时代生产力水平低下，人与人之间的共性多、差别少，社会关系简单，主要以婚姻、家庭的形式为主；生产力的发展推动了社会分工，在简单的婚姻、家庭关系基础上人类的社会关系更丰富多样了，在经济关系基础上也产生了政治、文化等社会关系，就像一张经纬交错的大网，每个人各自的生理特征、家庭、经历、信仰、工作等赋予其独特的社会地位，因此社会关系"不仅在人与动物根本区别的意义上来揭示人的本质，而且通过人现实生活中的多重社会

---

① 《马克思恩格斯文集》第 1 卷，人民出版社 2009 版，第 162 页。
② 《马克思恩格斯文集》第 1 卷，人民出版社 2009 版，第 501 页。

关系来规定人、指谓人，把人的本质固定在个人身上，真正体现了人的本质的现实性"①。

(三) 生成趋向：共同体中的个体解放

人不仅是社会性的动物，也是历史性的动物，不是静止于某个时刻，而是时刻都在创造历史又走向未来，马克思主义以人的劳动实践活动为起点，对人的生成方式和发展趋向有着深刻的诠释，能够为人们的积极筹划找到一个最佳可能性的空间。我们在评价个人时一般与"过去"联系在一起，而对于人的生成和发展来说，更重要的是要在了解过去的基础上，立足现在，把握未来。马克思对人获得自由全面发展的历史进程的阐述与社会发展的"三形态"理论具有内在关联，即人的依赖性社会、物的依赖性社会、人自由而全面发展的社会。

从"人的依赖性"到"物的依赖性"。"我们越往前追溯历史，个人，从而也是进行生产的个人，就越表现为不独立，从属于一个较大的整体。"② 在自然经济社会，人与人之间主要以血缘关系为纽带，联系非常紧密，而且由于生产力低下，人与人相互依赖，社会环境因素对个体影响明显。"人的依赖关系（起初完全是自然发生的），是最初的社会形态，在这种形式下，人的生产能力只是在狭窄的范围内和孤立的地点上发展着。"③ 从属于某个共同体的个人身份比较单一，主要是基于血缘、地位、作用等发生的比较简单的自然联系，很容易将人区分开来。

随着生产力的发展，生产技术和生产工具的进步，人的独立生产能力得到提升，人与人的交往不再仅仅局限于"人的依赖性"，交往范围得以扩大，个人的生活方式和自我能够以更丰富的方式表现出来。"以物的依赖性为基础的人的独立性，是第二大形式，在这种形

---

① 张奎良：《人的本质：马克思对哲学最高问题的回应》，《北京大学学报（哲学社会科学版）》2005年第5期。
② 《马克思恩格斯选集》第2卷，人民出版社1995年版，第2页。
③ 《马克思恩格斯文集》第8卷，人民出版社2009年版，第52页。

式下，才形成普遍的社会物质变换、全面的关系、多方面的需求以及全面的能力的体系。"① 但同时马克思也揭示了在生产资料私有制的条件下，人同自身的劳动相异化的真相，"既表现为我的生活资料属于别人，我所希望的东西是我不能得到的、别人的占有物；也表现为每个事物本身都是不同于它本身的另一个东西，我的活动是另一个东西，而最后，——这也适用于资本家，——则表现为一种非人的力量统治一切"②。异化劳动缺乏人的自主意愿，不再是实现主体人的自由的活动，而变成为一种异己的力量，仅仅意味着一种谋生的方式，与人本身对立。对资本家而言，劳动则是生产财富的手段，对劳动者毫不关心，"劳动对工人来说是外在的东西，也就是说，不属于他的本质。因此，他在自己的劳动中不是肯定自己，而是否定自己，不是感到幸福，而是感到不幸，不是自由地发挥自己的体力和智力，而是使自己的肉体受折磨、精神遭摧残……工人的活动也不是他的自主活动。他的活动属于别人，这种活动是他自身的丧失"③。因此，尽管生产劳动已成为个人展现个性、确证人本质力量的一种重要方式，但在物的依赖性社会，人与人之间的关系被物与物的关系所掩盖，人通过生产来表现自我和获得认同的本质仍受到物的压抑，也制约着人的全面发展。

　　从"物的依赖性"到"自由全面发展的个人"。马克思、恩格斯对社会主义条件下人的需要的丰富性意义作了阐释，人的本质力量在满足需要的丰富性中获得证明和充实，"而在私有制范围内，这一切却具有相反的意义。每个人都指望使别人产生某种新的需要，以便迫使他作出新的牺牲，以便使他处于一种新的依赖地位并且诱使他追求一种新的享受，从而陷入一种新的经济破产。每个人都力图创造出一种支配他人的、异己的本质力量，以便从这里面获得他自己的利己需要的满足"④。异化劳

---

① 《马克思恩格斯文集》第 8 卷，人民出版社 2009 年版，第 52 页。
② 《马克思恩格斯文集》第 1 卷，人民出版社 2009 年版，第 233 页。
③ 《马克思恩格斯文集》第 1 卷，人民出版社 2009 年版，第 159—160 页。
④ 《马克思恩格斯文集》第 1 卷，人民出版社 2009 年版，第 223 页。

动使人丰富的需要日益被货币的需要变得片面，催生出人的贪婪欲望，使其不断地从大自然中攫取资源，无节制的货币尺度还成了人与人之间关系的准绳，使人们将对方置于对立状态之中。人与自然、人与他人、人与社会都处在普遍对立的状态下，和谐关系无法实现，也带来了人自身内部的冲突，货币资本不断激起人的病态欲望，人们陷入以消费来定义自我的陷阱中，人的价值逐渐丧失。

马克思指出，要真正实现人的价值，就要消除异化，实现人类解放。劳动异化的产生往往源于"资本的限制"，劳动者通过劳动创造的不是产生自己财富的条件，不是自身本质的体现，而是成为了使他人积累财富和使自己贫困的条件。劳动异化是历史发展进程中的一个阶段性现象，它在发展的过程中也必然将产生出消灭它自身的现实条件："生产力——财富一般——从趋势和可能性来看的普遍发展成了基础，同样，交往的普遍性，从而世界市场成了基础。这种基础是个人全面发展的可能性，而个人从这个基础出发的实际发展是对这一发展的限制的不断扬弃，这种限制被意识到是限制，而不是被当做某种神圣的界限。个人的全面性不是想象的或设想的全面性，而是他的现实关系和观念联系的全面性。"[1]消除劳动异化、实现人的自由全面发展，就要从"现实的个人"出发，使人从自然的束缚中获得解放，从生产资料私有制中获得解放，从旧的思想观念和因社会分工形成的狭隘视野中获得解放。也就意味着人的自由全面发展与人的思想解放、人类社会的物质文明、精神文明、政治文明密切相关，要将促进生产力发展、变革生产关系、实现人的现实关系的全面性统一起来。马克思对人类解放和未来社会的构想切实关怀的是无产阶级和劳动人民，不同于将终极关怀落在彼岸世界的宗教哲学，也区别于只关心个体的人本主义哲学，马克思的人类解放思想与生产力、生产关系的辩证法紧密结合，通过生产力与生产关系的矛盾运动实现人类解放不仅仅是价值的应然，更是一种历史的必然，具备了现实条件。

---

[1] 《马克思恩格斯文集》第 8 卷，人民出版社 2009 年版，第 171—172 页。

二 马克思自我认同思想的现代性批判意义

青年黑格尔派通过自我意识哲学着手对黑格尔哲学进行改造，他们认为"自我意识"的思想先驱是晚期古希腊的自由思想，对古希腊自我意识哲学的阐释与他们对现代精神的理解直接关联，对"自我意识"的阐释实际上就是怀疑、批判和反思精神的自我确证。马克思的博士论文选题受到了青年黑格尔派的影响，以德谟克利特与伊壁鸠鲁自然哲学思想比较为主题，主要目的是讨论自我意识哲学。但不同于青年黑格尔派，马克思在强调哲学作为"自我意识"的批判作用时，并没有陷入独断主义的空想，片面夸大自我意识作为绝对原则，而是强调"自我意识"哲学背后的辩证法，并探讨了"世界的哲学化同时也就是哲学的世界化"的哲学任务问题。由此不难看出马克思的博士论文已经具有了现代性批判的意蕴。马克思进一步科学阐释和把握了"现实的个人"的概念，解答了由个人和社会所引申出来的精神与物质、自由与必然、个体与共同体之间的关系问题，为后面转入政治经济学批判，寻找"现实的个人"自由解放的实践路径开辟了道路。可以说，马克思从"自我意识"到"人类解放"的思想发展轨迹中，包含了对自我认同问题"我是谁"这一最基本认识论问题的回答，也在价值论层面回答了"我将成为谁""我想成为谁"的问题，还包含着方法论层面对"如何成为谁"的回答。

马克思对现代性人自我认同危机的抽象性、流动性、矛盾性和世俗性做出了极为深入的刻画，如果将马克思的自我认同思想作为一个总体来考察其现代性批判特征，至少辩证地包含了实践性特征、社会性特征、主体性特征、历史性特征。

实践性特征与社会性特征。马克思揭示了劳动实践是人的本质，劳动创造了人，人在实践中创造历史，并在实践中不断完善和发展自身。劳动实践是马克思人的本质思想的逻辑起点，并贯穿于人的生成发展的全过程。劳动实践的主体客体化和客体主体化的双向活动，也是人借助对象化客体达成自我认同的过程。"一方面为了使人的感觉成为人的，另一方面为了创造同人的本质和自然界的本质的全部丰富性相适应的人的感觉,无论从理论方面还是从实践方面来说,人的本质的对象化都是必要的。"① 也就是说,个体在有意识地满足自我需要的实践过程中,也通过对象化的"物"来确证自我与他人的区别,这个过程是形成自我认同必不可少的。人在实践过程中采取何种方式生产、生产了什么,体现了人作为主体的价值取向,展现了个体的自我个性,因此劳动实践的对象化过程也是人生产自身的过程。"他们是什么样的,这同他们的生产是一致的——既和他们生产什么一致,又和他们怎样生产一致。"② 人的自我认同也是主体通过创造性劳动展现本质性力量的认同。

"只有在社会中,自然界对人说来才是人与人联系的纽带,才是他为别人的存在和别人为他的存在。"③ 马克思对人的本质是社会关系总和的深刻揭示表明个人的存在不能脱离他者,真正超越了以往单子式的以自我为基点的近代哲学观点。马克思不仅看到了人的异化问题,通过对社会关系中"现实的个人"的剖析,进一步走向异化问题的解决之道。马克思通过资本批判深刻地揭示了资本和生产劳动的关系,对于人应当如何走出资本—生产劳动二元对立所带来的异化问题做出了回答,劳动要恢复其本质的面貌,成为真正自由的劳动,就要深入如何扬弃私有财产、摆脱资本的剥削这一问题中去,在消除资本逻辑中才能真正解决自我认同危机的主体性问题。现代性高扬个人主体性,没有在现实中使人的主体性得到充分发挥,反而陷入了"唯我论""人类中心主义"等困境中,承受着工具理性下人的工具化、自然生态环境恶化的报复、人与人之间关系的物化等痛苦。马克思揭示了摆脱不合理社会关系桎梏后个人的自由全面发展与共同体的自由全面发展互为前提的逻辑关系,在共产主义社会这一"真正的共同体"中,成员不再是作为阶级的个人,而是作为个人的自由人。在这里,个人与个人是互为主体、互为客体的关系,是

---

① 《马克思恩格斯文集》第 1 卷,人民出版社 2009 年版,第 192 页。
② 《马克思恩格斯文集》第 1 卷,人民出版社 2009 年版,第 520 页。
③ 《马克思恩格斯文集》第 1 卷,人民出版社 2009 年版,第 187 页。

平等、互助、合作的关系，个人的发展不再以牺牲他人的发展为前提，而是他人的发展与个人的发展互相为对方创造条件。"共产主义和所有过去的运动不同的地方在于：它推翻一切旧的生产关系和交往关系的基础，并且第一次自觉地把一切自发形成的前提看做是前人的创造，消除这些前提的自发性，使这些前提受联合起来的个人的支配。"① 共产主义作为人类社会发展的高级阶段，能够充分发挥人的主体性，真正实现人的自由而全面发展。

主体性特征与历史性特征。笛卡尔的"我思故我在"开启了近代哲学认识论的转向，标志着人主体意识的彰显，理性就是人的主体性原则。康德一方面宣扬主体性，认为现象界是为认识主体所规定建立的，把主体性理解为认知能力（理性）、自由意志、审美活动；黑格尔把主体性理解为能动性和自主性，主张实体首先也是主体，把主体精神化，把人的意识客观化为万物的本质；费尔巴哈对对象、现实、感性的理解却仅仅采用了客体的、直观的形式，在考察自然时是唯物主义者，人的活动却在他的唯物视野之外。马克思批判唯心主义思想家"抽象地发展了"人的主体性，从人们的主观、精神或意志方面去理解人的主体性，同时也扬弃了旧唯物主义完全忽视了人的主体性，未能正确地从人主体的实践中去理解这一问题。马克思在克服旧哲学的片面中建立了全面、完整的人的主体性原则，从主观和客观、主体和客体、认识和实践、必然和自由的关系中来深刻把握人的主体性，阐明了人能够有意识地、有目的地改造自然，具备主体性与能动性，能够基于现实构建理想和目标，并发挥创造性，有意识地把可能性转化为现实。

自由全面发展的实现需要摆脱对人的依赖性和对物的依赖性，摆脱过程的实现所依靠的途径首先就是生产力的发展。"建立在个人全面发展和他们共同的、社会生产能力成为从属于他们的社会财富这一基础上的

---

① 《马克思恩格斯文集》第1卷，人民出版社2009年版，第574页。

自由个性，是第三个阶段。第二个阶段为第三个阶段创造条件。"① 相对于"人的依赖"阶段，在"物的依赖"阶段，依托增强的生产能力，人们获得了更丰富多样的生产方式来展现自我。但受制于私有制下的生产关系，人们的生产劳动一方面是主体自我的展现，另一方面又造成了劳动异化，劳动对象对人的奴役，从而使"人的社会关系转化为物的社会关系，人的能力转化为物的能力"②。人与人的关系转化为物的关系，此时人们通过生产劳动的自我呈现受到物的压抑，是残缺、片面的。以消费建构认同就在人异化与生产的过程中出场了，人不再根据自己生产了什么来定义自己，而是将消费对象与自我等同起来，在消费中将自身沦为"物"。但是生产不是一成不变的抽象存在，而是逐渐发展的，"我们越往前追溯历史，个人，从而也是进行生产的个人，就越表现为不独立，从属于一个较大的整体。"③ 生产发生了变化，人与人在生产之间形成的社会关系本质也发生了变化。人不仅是社会性的动物，还是历史性的动物，人的生成维度有各项能力、素质的全面发展，也离不开过去、现在、未来的时间维度。每一代人的生成都是在上一代人所创造的基础上所取得的，同时人们又能够在把握现在的基础上，树立理想自我的目标，并在实践中不断实现目标。

三 马克思主义自我认同思想的当代发展

正如前文所分析的，"自我认同"这一暗含着现代性的概念，是在现代化的进程中被概念化的，这就要求我们以一种视界融合的方式将马克思以后的马克思主义学者的思考收入视野。卢卡奇以《历史和阶级意识》开启了西方马克思主义思潮，被誉为西方马克思主义的奠基人，他深刻阐述了物化在资本主义社会中的表现形态及其造成的巨大影响，包括对人的主体性的摧毁。卢卡奇物化理论所揭示的自我异化危机及其扬弃是

---

① 《马克思恩格斯文集》第8卷，人民出版社2009年版，第52页。
② 《马克思恩格斯文集》第8卷，人民出版社2009年版，第51页。
③ 《马克思恩格斯文集》第8卷，人民出版社2009年版，第6页。

对马克思异化思想的继承和发扬,并在总体性、历史性、中介性的逻辑中寻求克服物化的路径。相比于卢卡奇把人的自由解放寄托于无产阶级意识的自我觉醒,其后受他影响深远的法兰克福学派凭借全新的物化观重构方式,侧重于对个体生存状态的深度批判,更直接、鲜明地发展了现代性批判中的自我认同问题。为此,以下将选取几位法兰克福学派的西方马克思主义学者在自我认同理论方面的阐释,考察他们如何对马克思的自我认同思想作出进一步展开。

（一）马尔库塞"单向度"理论中的自我认同

马尔库塞作为法兰克福学派社会批判理论的重要代表人物之一,吸收了马克思主义哲学和弗洛伊德的思想成果,致力于揭露发达工业社会人的异化现象,并为解除异化、寻求解放做出了思想上的努力。马尔库塞提出了"单向度"理论,指出所谓发达工业社会仅仅是一个"单向度"的社会,生活在其中的人是失去了"内在的自由"的"单向度"的人。当代科学技术在本质上是一种控制的新形式,发达工业社会随着科技发展对意识形态的控制性越来越强。

马尔库塞指出当代工业社会是一个新型的极权主义社会,失去了否定性和批判性原则,人也成为了失去否定性、批判性和超越性向度的人。在传统社会,人们的社会生活有私人生活和公共生活两个"向度",人也是"双向度"的人,既有积极地肯定社会现实、与现实保持一致的一面,也有超越社会现实、批判社会现状的一面。但是,工业社会的发展带来了变化,"生产机构趋向于变成极权性的,它不仅决定着社会需要的职业、技能和态度,而且还决定着个人的需要和愿望。因此,它消除了私人与公众之间、个人需要和社会需要之间的对立"[1]。人的批判向度逐渐消失,社会需要取代了个人需要,一切真正的对立都被一体化（one-dimensionality）,个人需求、共同利益、资产阶级与无产阶级之间的界限都模糊了。

---

[1] ［美］赫伯特·马尔库塞:《单向度的人》,刘继译,上海译文出版社2016年版,第6页。

不仅渗透至社会领域,这种一体化还渗透到了文化领域。首先,日常大众文化排斥社会高层文化,成为技术社会文化的主流形式。由于技术的发展,文化不再只是由享有特权的少数人欣赏享受、高高在上的东西,而是日益成为用于赚取利润的商品。为了实现文化产品的利润最大化,资本家愈来愈将文化推向商业化、大众化、通俗化,大众作为消费者也日渐沉迷于对快餐文化消费的快感中。报刊、电视等大众传媒技术把文化与政治、商业融合在一起,创造了新的文化传播形式,进一步催生了资本和政治的联姻,使工业时代的意识形态控制更加精细。"当一个社会按照它自己的组织方式,似乎越来越能满足个人的需要时,独立思考、意志自由和政治反对权的基本的批判功能就遭到了剥夺。"[①] 表面看起来人们似乎有充分选择工作的自由,但实际上是"一种要么工作要么挨饿的自由,它给绝大多数人带来了艰辛、不安和焦虑"[②];同样,思想自由呈现出把社会舆论转变为个人思想观念的随意表达的假象。这实质上是人真正自由的丧失,自由沦为强有力的控制工具,这是自由的异化。

马尔库塞通过对科学技术的深刻批判得出一个结论,科学技术的发展带来了不断扩大的物质财富,而物质财富的扩大日益加深着人的奴役和异化。科学技术的发展虽然促进了生产力的提高,也意味着人征服自然能力的不断发展,资本贪婪地对大自然进行无休止的开发和肆意破坏,反过来也缩小了人类的自然生存空间。大自然以环境恶化、大气污染、噪音等来报复人类,已经成为压迫人、奴役人的一种物质力量。科学技术进步带来的机械化、自动化使劳动分工更加细化,甚至人们只能承担一些简单无聊的机械化操作,劳动者失去了自主劳动的意义,沦为机器的附庸。马尔库塞接受了弗洛伊德的精神分析学关于"生命本能就是爱

---

① [美]赫伯特·马尔库塞:《单向度的人》,刘继译,上海译文出版社2016年版,第3页。

② [美]赫伯特·马尔库塞:《单向度的人》,刘继译,上海译文出版社2016年版,第3页。

欲"的主张,爱欲是生命本能,它代表了人的真正生命欲望,既包括性欲,也包括食欲、休息等其他生物欲望,能带给人一种全面、持久的快乐。马尔库塞认为当代发达工业社会中的人的心理机制具有压抑性,发达工业社会是一个普遍压抑的社会,作为生命本能的爱欲受到束缚和抑制。"力比多受到限制和约束、爱欲向性经验和性满足方向退化"[①],这种压抑不仅是对人的功能的束缚,更重要的是它使现实原则代替快乐原则,导致意识活动控制了无意识活动,从而改变了人的本质,使人陷入无限的痛苦之中。

因此,马尔库塞在寻求人的解放道路上,主张通过爱欲的解放来实现人的解放,认为艺术和审美才是实现人的解放的有效途径。马尔库塞认为无产阶级作为革命主体在发达工业社会中已经丧失了主体性,革命最迫切的问题就是主体力量的培养问题,依靠的就是艺术与审美。马尔库塞深刻探讨了艺术、审美对现实社会状态的否定功能,这种否定功能也是对社会力量维度的一种解放和加强。充满想象力与创造力的艺术、审美,通过否定、远离、超越现实,能够激发隐藏于人性中的原始本能,蕴含着实现人性解放的力量。经由爱欲的解放,人的本能欲望、自主力和创造力得以释放,可以消除压抑和异化。显然,马尔库塞片面地把科技当作发达工业社会中人异化的根源,并寻求爱欲解放以实现人的解放的理论逻辑是无法实现的,但他对人的主体性的重视,积极探求发达工业社会中消除异化道路的奋力思索是值得肯定的,他立足于个体深层心理本能结构的考察,对艺术审美功能的深刻剖析,对于个体发展自我认同、追求人的自由全面发展也具有参考意义。

(二)哈贝马斯交往行为理论视域中的自我认同

哈贝马斯认为法兰克福学派与马克思的思想之间存在复杂的联系,他以重构交往理性的视角来批判物化,进而站在生活世界和系统合理化

---

① [美]赫伯特·马尔库塞:《爱欲与文明》,黄勇、薛民译,上海译文出版社2008年版,第68页。

的角度去重构社会的合理性。"自我、他和超越自我的结构模式,是把一种没有强制的、没有从病理上加以歪曲描述的交往概念为前提的。"① 也就是说建立在言语基础上的交往行为的合理化是实现自我认同的基础和保障,现代社会中个体认同的实现离不开语言对话和交往行为。在论述自我同一性与道德意识的关系时,哈贝马斯提出了普遍的交往行为理论框架:"只有在一种具有普遍意义的话语的交往前提下,才能建构起一种较高层次的主体间性,让每个人的视角与所有人的视角相互重合。"② 交往共识之所以能够达成,是以交往理性作为基础的,交往主体在遵循真实性、正确性、真诚性的有效性规范的前提下,对于社会生活中的冲突进行沟通协商,达成相互理解或行动上的一致。交往理性拒绝了话语的霸权,维护了话语的民主和自由,带来了话语的透明。因此,交往行为的特征和潜能保证了自我认同在现代交往社会中的实现;同时,也只有通过交往行动才能建立主体间性结构,实现个体的自我认同。

第一,建立在主体与主体基础上的交往理性,能促进人与人之间的平等交流和对话,为自我认同的实现奠定基础。哈贝马斯指出进入资本主义晚期,随着生产力的发展,科学技术作为第一生产力越来越受到重视,人们按照技术规则、工具性、策略性的"工具行为"取代了"交往行为",人们将人与自然之间的"工具行为"迁移到人的交往行为上来,把主体与主体之间的关系变成了主体与客体之间的关系,使主体将对方视作一种外在的力量、异己的力量。不同于此,交往理性重建的是主体间的共识,在平等对话和共同协商的基础上,必须遵循真实性、正确性、真诚性的有效性原则,两个或多个主体之间进行互动才能达成,实现交往的合理化,这是自我认同实现的前提。第二,交往理性有利于消除自我实现和自我奴役的对立。在交往行为中,反思是通过交往实现的,即

---

① [德] 尤尔根·哈贝马斯:《重建历史唯物主义》,郭官义译,社会科学文献出版社2000年版,第581页。
② [德] 尤尔根·哈贝马斯:《对话伦理学与真理的问题》,沈清楷译,中国人民大学出版社2005年版,第851页。

使是在个人单独存在的状态中,反思活动也总是以通过交往获得的某种人格理想为参照标准的,交往是自我反思的前提。这就使自我实现既不必然导致个人与社会的对立,也不必然意味着自我压抑。第三,交往理性批判扭曲的交往规范,通过话语、对话的方式改变人类的生活状况,达成共识并重建规范,为自我认同的实现提供理想的场景。哈贝马斯认为交往行为理论最终要达到的就是使交往行为受共同社会道德规范的指引,通过言语对话和交往行为来协调人与人之间的关系,以实现共识和重建规范,促使交往行为实践合理化,由此形成一个合理的、迈向解放之途的开放社会。交往规范的重建可以为自我认同的实现提供理想场景,"沟通的目的是要达成一种共识,而共识的基础是主体间对于有效性要求的认可。这些有效性要求反过来又是由交往参与者互相提出来的,并可以加以彻底的批判和检验。行为者与世界之间的关联表现为以有效性要求为取向。"[①]

哈贝马斯理论的建构同他对马克思的反思之间有一种内在联系,对马克思理论的批判构成了哈贝马斯思想的重要出发点,他的交往行为理论对考察当代自我认同问题具有一定的参考价值。哈贝马斯的交往行为理论以建立人与人之间的和谐关系为核心,探寻通过真诚对话来解决社会矛盾和冲突的途径,对达成共识的开放性社会有美好的展望,但他主张的实现途径包含太多理想成分,忽视了对现代劳动社会性质和社会形式的分析,从而放弃了马克思关于人的异化的资本批判。

(三) 鲍德里亚"消费社会"中的自我认同

如果说哈贝马斯是从社会交往的角度推动马克思主义自我认同理论文化转向的,鲍德里亚则是从资本主义社会典型的消费现象出发,从符号文化的角度解构了马克思主义关于自我认同的核心理论。

鲍德里亚在《消费社会》中指出,资本主义社会进入了消费阶段,

[①] [德] 尤尔根·哈贝马斯:《交往行为理论》第 1 卷,曹卫东译,上海人民出版社 2004 年版,第 135—136 页。

这个阶段的主要特征就是由消费主导的各种符号的并置,无论是商品、服务,还是日常生活、社会关系,都在文化氛围的笼罩下聚集起来。商品成了文化,或者说,文化成了商品。对商品的消费不再是简单的享受,人们在满足自身物质需求的同时,也在消费商品的符号价值,即商品作为符号所指向的意义——财富实力、社会地位、文化层次、价值观念等。可见,消费品的使用价值彰显的是同一性,其符号意义彰显的则是差异性。正是这种差异性,将社会以不同的标准区分开来。正如鲍德里亚所说,人不是消费物的使用功能,而是在消费"物所蕴含的符号象征意义"。在生产高度发达时期,人们的消费行为并不是出于对使用物功能的考虑,而更多地被物的外在意义所牵引。"今天,很少有物会在没有反映其背景的情况下被提供出来。消费者与物的关系因而出现了变化:他不会再从特别用途上去看这个物,而是从它的全部意义上去看全套的物。洗衣机、电冰箱、洗碗机等,除了各自作为器具之外,都含有另外一层意义。"① 鲍德里亚立足于消费社会的基本判断,将一般意义上的商品、艺术品、礼物等都纳入"物"的范畴,他在《符号政治经济学批判》中区分出物的四种逻辑:(1)使用价值的功能逻辑,遵循有用性原则;(2)交换价值的经济逻辑,遵循等同性原则;(3)符号的逻辑,亦即能指—所指的意指逻辑,遵循差异性原则;(4)象征交换的逻辑,遵循不定性原则。② 第一个逻辑指出物可以用来满足人们的需求;第二个逻辑指出物可以拿来在市场上交换;第三个逻辑强调物可以用来区分人们的社会地位;第四个逻辑是鲍德里亚真正向往的是物超越了价值和符号逻辑的象征意义。

鲍德里亚的消费社会理论与马克思主义有着千丝万缕的联系,他沿着马克思对人的异化论证的思考,进一步抽象,把世界的确定性与真实

---

① [法]让·鲍德里亚:《消费社会》,刘成富、全志钢译,南京大学出版社2008年版,第3页。

② [法]让·鲍德里亚:《符号政治经济学批判》,夏莹译,南京大学出版社2009年版,第115—123页。

性论证成只有能指的符号，最终取消了消费社会的真实性。走出消费主义神话，重建社会的确定性，回到马克思的理论是必然的，马克思既看到了消费社会对社会、对人的本质的反制，又坚持了生产作为解决问题的现实路径。但他对当代社会消费主义的具体刻画以及对此深刻的批判立场对当下社会文化的反思是有价值的，同样也能为我们具体思考消费社会中的自我认同问题提供帮助。

马克思主义理论对自我认同有关问题的完备回答为进行当代大学生自我认同教育提供了理论指导，同时，由于自我认同是一个复杂的系统工程，在分析自我认同问题和构建自我认同教育方案时，也要适当借鉴和吸收哲学、社会学、心理学学科已有的研究成果，综合哲学式的深度追问、心理学式的调查方法、社会学式的事实观察，对当前时代背景的剖析、对自我认同形成的根源追溯以及有关语言、叙事的释义学对自我认同教育研究的方法论意义都值得在当代大学生自我认同教育中进行借鉴吸收。

第 二 章

实证分析:当代大学生的自我认同现状

对于大学生自我认同的实证研究国内外学者已有大量的研究成果,形成了多项成熟的自我认同量表。本章拟选用经过验证的自我认同危机测量量表为基础,根据实际情况修订问卷,并重新检验问卷信效度,以广东省11所高校的调研数据为基础,了解当代大学生自我认同现状并对介入方案的效果进行进一步的实证分析。

第一节 研究设计

本章主要探讨两方面的问题,一是当代大学生自我认同现状的测量,验证大学生自我认同的测量量表,并在此基础上探讨大学生自我认同的特点及若干前因、后果变量;二是大学生自我认同的介入研究,通过理论研究、方案设计、实施前后测量状况进行对照的实验方式验证介入方案的有效性,以发展出具体可行的自我认同介入活动方案。

一 基本思路与研究目的

国内外学者有关自我认同的实证研究为本研究奠定了良好的基础。首先是关于当代大学生自我认同现状测量的可行性高,国内外学者对大学生自我认同测量量表的验证相对成熟,例如 Bennion 和 Adams 编制的《自我同一性状态客观性测量问卷》(第二版)(the Extend Objective Measure of Ego Identity Status-2，EOM-EIS-2)、加藤厚编制的《自我同一性问卷》、W. H. Fitts 编制并修订的《田纳西自我概念量表》(Tennessee Self-Concept Scale，TSCS) 等测量工具已由国内学者做过信度、效度的验证，为本研究的实证研究提供了参考；其次是部分学者对大学生自我认同做了介入、干预的研究，例如台湾学者陈坤虎 (2010) 的博士论文《认同重要性、认同确定性及认同落差概念之生态效度：青少年自我认同介入方案之疗效分析》，对青少年自我认同的介入方案和治疗效果进行了实证分析；学者刘芳 (2008) 研究了当代流行文化与青少年的自我认同之间的关系，并提出青少年自我认同发展方案；学者吴婷婷 (2005) 围绕生涯发展辅导对大学生自我同一性发展的影响展开了实证研究等。这些成果所使用的研究方法、研究思路和经验总结为本研究实证方案的设计和推进提供了有益启示。

本研究立足于高校思想政治教育现实，在总结借鉴已有的当代大学生自我认同实证研究基础上，选用量表对当代大学生自我认同现状进行测量，并利用 SPSS 19.0 工具进行数据分析，归纳当代大学生自我认同现状特点；设计并验证一套当代大学生自我认同介入方案，为做好思想政治教育实践工作提供参考，也丰富了大学生团体辅导的应用性研究成果。

二 研究内容与技术路线

本研究主要分为两个部分：一是对当代大学生自我认同现状的测量；二是叙事取向的大学生自我认同团体辅导的介入效果研究。从逻辑上来说，研究一是研究二的前提和准备。研究一运用问卷法揭示大学生的自我同一性发展现状，选取广东省内不同层次的 11 所高校，调研当代大学生自我认同现状，并探讨若干人口学变量与大学生的自我认同总体间的关系。研究二借鉴哲学释义学在自我认同研究中的方法论意义，设计叙事取向的大学生自我认同团体辅导方案，并采用实验组控制组前后测设计验证辅导方案的有效性。研究技术路线如图 2-1、图 2-2 所示：

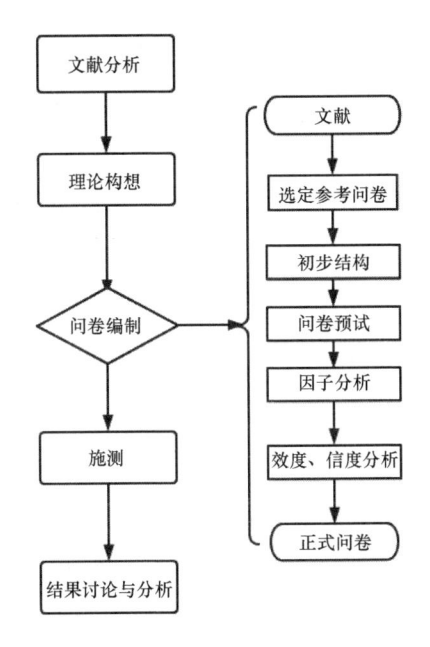

图 2-1 研究一研究路线图

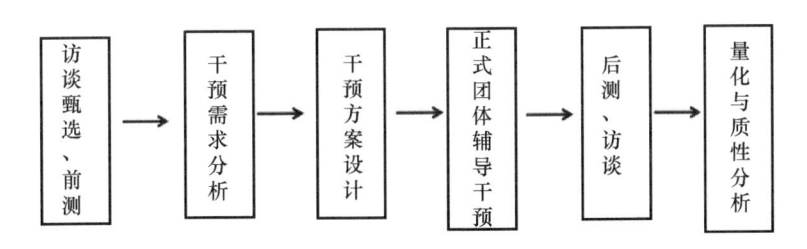

图 2-2 研究二技术路线图

三 研究工具和研究方法

本研究采用的自我认同问卷为台湾学者陈坤虎等人编制的《自我认同确定性量表》（第三版）、《自我认同重要性量表》（第三版）的微调版，该套量表可以用来测量自我认同的"确定性"和"重要性"以及形成的"认同落差"，较好地弥补了自我认同状态范式忽视个体实际生活议题的不足，秉承了埃里克森对自我认同"连续性""同一性""认同危机""实际生活议题"的理论精神，其实证研究具有较高的效标效度。

本研究采用的叙事取向自我认同团体辅导方案，是在团体情境下，运用叙事治疗的理念和技术，通过团体成员之间的交互作用，促使成员在温暖、安全、相互尊重的氛围下，把问题外化，发掘自身资源，通过对过往经历的叙述，重构生命意义，进而更深刻地认识自己、悦纳自己，以积极的心态面对未来的过程。整个方案以提升大学生自我认同水平为主要内容，以团体动力为主轴，以具体活动为载体，以自我体验为途径，以叙事的理念和技术为导向来促进成员的成长。

研究中采用的研究方法有：

1. 文献法

通过广泛搜集、整理和分析国内外有关自我认同研究的文献资料，掌握自我认同测量的理念与技术，并深入了解自我认同的内涵、测量、影响因素、干预研究等方面的成果和最新研究动态，为推进整项研究打下基础。

2. 访谈法

在研究一的问卷结构效度验证后的修正及研究二的实验设计前，面对大学生采用半结构的访谈法。收集有效信息用于题本的修正，并在研究二的实验干预前、后对参与团体辅导的成员进行访谈，达到了解成员基本资料、干预需求、达成约定的目的，而干预后的访谈是为了收集质性资料用于评估团辅干预立即性的辅导效果。

3. 问卷法

在研究一当代大学生自我认同现状测量中，问卷法是较为常用的一种形式，用来收集当代大学生自我认同确定性、自我认同重要性的数据。

4. 实验法

在研究二中，正式干预采取准实验设计的研究方法，在干预前、后分别对实验组和对照组成员进行问卷施测并收集数据，以了解他们在自我认同上的发展水平，进而进行量化分析。

第二节 当代大学生自我认同的量表选介和验证

正如前文所述，自我认同问题是一个古老而又常新的问题，最早在哲学领域对自我问题的探索以思辨追问为主，将自我、自我认同问题以实证的方式进行研究则在心理学领域出现。在心理学领域被认为是自我认同问题研究第一人的埃里克森指出，自我认同或自我同一性是个体在过去、现在和未来这一时空中对自己内在的一致性和连续性的主观感觉和体验，以及他人所知觉到的个体的一致性和连续性，是个体在特定环境中的自我整合，对"我是"与"我将走向哪"问题的回答，一种不再困惑迷失的感受。

一 自我认同量表选介

在埃里克森的自我认同理论中，非常突出和强调以下几个要点：第一，自我认同发展的连续性和同一性；第二，强调应将自我认同研究与个体所面临的实际生活议题联系起来；第三，强调自我认同在内容上应包括自我认同、个人认同和社会认同三个层面。埃里克森的理论为同一性研究提供了庞大深厚的理论根基，其他研究都以此为基础，在埃里克森之后，学者们以不同的角度切入，对自我同一性理论进行了阐释和演绎。其中马西亚对埃里克森自我认同概念提出了操作化定义，具有承上启下的作用，在同一性研究中居于主流，为后来许多研究者的实证研究提供了基础，关于自我认同的测量工具也在不断修订的过程中日益完善。

（一）自我认同测量发展概况

马西亚（Marcia，1980）认为，同一性是一种关于自我结构—驱力、能力、信仰和个人历史的一种内部的、自我建构的动态组织。这种结构发展得越好，个体越能意识到自己的独特性和与他人的相似性，在将来的生活中清晰意识到自己的优点和缺点。如果这种结构发展得不好，个体对于自己与他人独特性的认识就会混乱,更多地依靠外部资源来评价他们自己。马西亚(Marcia,1993)认为同一性作为一种内在的、自我建构的结构以及主观体验不能被直接观察到,因此,他从同一性概念的行为层面出发,根据同一性理论中的两个主要过程变量——探索和承诺来对同一性加以操作化,并建立了自我同一性状态的理论模型。他根据个体经历探索和投入的程度,将青少年划分为四种同一性类型或状态:同一性获得者(identity achieved)、同一性延缓者(identity moratorium)、提早成熟者(identity foreclosure)、同一性扩散者(identity diffusion)。以上四种同一性状态被提出之后,许多研究者根据所给出的自我同一性操作性定义进行了大量的实证研究,这种研究范式一直在同一性研究中占主导地位。但是该范式也存在着局限性,其在意识形态领域和人际关系领域分别归纳出的四种类型或状态并没有反映埃里克森主要的理论精神,即"连续感"和"同一感"。

在马西亚自我认同状态研究范式基础上,心理学家们从自我认同状态、自我认同内容、自我认同风格等方面展开了研究,将自我认同的操作化及测量工具不断完善。其中比较有代表性的有亚当斯(Adams,1979)等人编制的《自我认同状态客观测量问卷》(OM-EIS),以及1989年在此问卷基础上修订的《自我认同状态客观性测量问卷》(第二版)(EOM-EIS-2);德拉斯(Dellas,1981)关于职业、宗教信念和政治意识形态的自我认同状态问卷(DISI-ORP);奇克(Cheek,1983)等人致力于自我认同内容的研究,至1989年,奇克将自我认同分为个人认同、社会认同及集体认同;拉克斯(Luyckx K.,2006)等人编制了自我同一性维度量表(DIDS);日本学者加藤厚(1993,1997)以现在投入、过去危机和将来自我投入的期望为变量编制了自我同一性问卷,其中,每个变量由多个项目组成,均包含"是否危机"和"自我投入"两个指标,变量总分越高,就说明自我同一性发展水平越高。

对于自我认同的研究,国内学者多以哲学、社会学、传播学的理论分析为主,实证研究总体上是心理学取向的,重视测量个体内在的自我认同状态。黄希庭（1999）认为自我价值感是一个多维度、多层次的心理结构，按其抽象程度的不同可分为总体自我价值感、一般自我价值感和特殊自我价值感，其中一般和特殊自我价值感又可区分为社会取向和个人取向两种类型。按照此种概念性架构对重庆市598名大学生的测试后所作的因素分析，编制了具有较高信度和效度的自我价值量表。张日昇（2001）则强调内在的一致性和连续化，认为自我认同包含两个方面：一是在过去、现在和未来的时间序列中对自我同一的主观意识和感觉，二是自我认同是个体与特定的组织产生一起存在的共同感，即发展出社会认可的自我像。张春兴（2001）则把自我认同定义为"个体尝试把与自己有关的多个层面统合起来，形成一个互相和谐的自我整体状态"，同时它的形成也是人格成熟的一种状态，采取横向、纵向相结合，同时涵盖一致性与持续性两个不同的因素来界定自我认同。

（二）本研究采用的自我认同量表介绍

本研究的量表在台湾学者陈坤虎等人创制的《自我认同重要性量表》（第三版）（QII-Ⅲ）和《自我认同确定性量表》（第三版）（QIF-Ⅲ）基础上，根据研究需要以及内地的实际情况进行局部调整而成。该套量表从2005年的第一版到现在已经不断发展完善到第三版，用来测量当代大学生自我认同的"确定性"和"重要性"，并通过二者之间的差距形成"认同落差"，这种测量方法比较符合自我认同状态范式要贴近认同个体实际生活的要求，较好地反映了埃里克森对自我认同"连续性""同一性""认同危机""实际生活议题"的理论精髓，量表经过实证研究表明具有较高的效度信度，适用于对自我认同状态的测量。

"自我认同重要性量表"是在奇克的"认同量表"（AIQ）基础上修订而成的，奇克以"重要性"作为"个人"与"社会"两种认同内容的测量向度。陈坤虎等人考虑到奇克的量表仍以抽象的认同概念为主，因而无法反映个体所面临的"实际生活议题"以及这些议题所处的"社会脉络"①，所以在奇克的认同量表基础上，增加了青少年在日常社会、家庭、学校生活中具体发生的活动或者个人的特殊属性，通过这些日常生活议题使个体察觉认同自我评估，而且在奇克原有的个人认同、社会认同的测量维度上增加了形象认同这一维度。陈坤虎等人认为，在以承认为对象，研究其自尊与自我认同内容时，或许只需要具备个人、社会（甚至集体）认同即可，但若想了解认同内容自青少年起之发展过程，则势必需要计入个体对于外在形象，甚至包括"美貌与否"等"肤浅"问题。②量表为测试受试者在不同认同面向上对于定位自我之重要性的评估，采用李克特五点量表，从"不重要"（1分）到"极度重要"（5分），共有题项30个，其中个人、社会、形象认同各10题，这三个维度之间的内部一致性为：个人认同0.85，社会认同0.88，形象认同0.81。③

认同确定性，是指个体是否清楚地觉察或确知他所坚持认定的目标、价值、信仰和能力，并以此去体验或经历日常生活所需面临的社会要求，并即使处于不同时空背景下，仍能感受自己的连续性和同一性。④《自我认同确定性量表》（第三版）将每一个题项的问法分为正向和负向两个取向，例如正向问法为"我能够察觉并掌握自己的情绪和感受"，相应的负向问法则是"我无法察觉并掌握自己的情绪和感受"，如果受试者觉得他的状态既非正向认同，也不是负向认同，则可以选择中间的选项"两者都不确定"。总共也是30个题项，与《自我认同重要性量表》（第三版）的题项对应，但是排序不同，其计分方式为：在第一层中选择"正向"为正向得分，选择"负向"为负向得分，再到第二层选项选择确定的程

---

① 参见陈坤虎等《不同阶段青少年之自我认同内容及危机探索之发展差异》，《中华心理学刊》2005年第3期。

② 参见陈坤虎等《不同阶段青少年之自我认同内容及危机探索之发展差异》，《中华心理学刊》2005年第3期。

③ 参见陈坤虎等《不同阶段青少年之自我认同内容及危机探索之发展差异》，《中华心理学刊》2005年第3期。

④ 参见陈坤虎等《不同阶段青少年之自我认同内容及危机探索之发展差异》，《中华心理学刊》2005年第3期。

度，分别为25%、50%、75%、100%，如果第一层选择"正向"则得分相应从+1分到+4分，如果第一层选择"负向"则得分相应从-1分至-4分。因此《自我认同确定性量表》（第三版）平均分为从-4到+4。因此，认同确定性和认同重要性二者的得分之差就形成了"认同落差"，两份量表之间的分值差越大，表示认同落差越大，就证明个体感到的认同危机越严重。

本研究之所以以陈坤虎等创制的这套量表为基础，还考虑到了以下因素：第一，本研究研究当代大学生自我认同状况，涉及"认同危机"的概念，而该套量表对"认同落差"的测量恰好能够弥补以往量表无法确切测量认同危机的缺陷，同时，量表设计遵循贴近当代大学生实际日常生活议题的原则，涉及个人认同、社会认同、形象认同内容维度，符合本研究的学科立场；第二，本研究假设大学生自我认同教育是提升思想政治教育实效性的关键，并提出了自我认同教育方案，教育方案的有效性将涉及自我认同"连续性"与"同一性"的概念，该套量表也符合这方面的需求；第三，台湾的文化背景相比欧美国家与大陆差异不大，因此量表中所涉及的青少年的"实际生活议题"与大陆大学生的实际生活议题相仿，适用性强。

（三）量表的修订

青少年自我认同研究第一人埃里克森认为"个体像是存在主义的哲学家"，个体是逐步找寻出自己生命的同一感与连续感，进而肯定自我生命的意义的，但他本人并未提供认同量化测量的操作性定义，以马西亚为代表的心理学家主要围绕认同与人格、心理健康等变项开展了研究的，不能涵盖埃里克森自我认同理论的核心。台湾学者陈坤虎在此意义上编制了测量青少年自我认同落差的测量量表，经过验证，具有良好的信度、效度，可以用于对大学生群体的自我认同确定性、自我认同重要性以及自我认同落差的测量。本研究在陈坤虎等创制的量表基础之上，修订了《当代大学生自我认同量表》。

首先，对于原量表中语义表达相关性较高的题项进行删减。例如题项"我的梦想与憧憬"与题项"我未来的方向"及题项"我未来的理想和抱负"所要表达的意思非常相近;再比如题项"我个人的自我评价或对自己的看法"与"我的自我认识,我对自己是什么样的一个人的想法"也具有很高的相关性,对于这类题目进行删减。其次,增加了有关集体认同和社会文化方面的题项。在原量表中,在"社会认同"这一维度的题项都是以他人的评价和看法为主,而个体对所属集体的认同感和所处社会文化的认同感也是影响自我认同的重要因素。"要拥有一种认同就是要知道'你从哪里来',它涉及的是价值问题,或重要性问题。你的认同定义了你在这些问题上知道自己站在哪里的那种背景。"①

在计分方面,本研究对《自我认同重要性量表》的计分方式做了调整。也作了调整。其中《自我认同重要性量表》为测试受试者在不同认同面向上对于定位自我之重要性的评估,采用李克特五点量表,但没有采用1~5分的赋分,采用-4~+4的赋分,以便更好地与自我认同确定性的计分对应起来。《自我认同确定性量表》题项与《自我认同重要性量表》的题项对应,但是排序不同,其计分方式不变:在第一层中选择"正向"为正向得分,选择"负向"为负向得分,选择"都不是"则得0分,再到第二层选项选择确定的程度,分别为25%、50%、75%、100%,如果第一层选择"正向"则得分相应从+1分到+4分,如果第一层选择"负向"则得分相应从-1分至-4分。因此《自我认同确定性量表》平均分范围从-4到+4。此二者得分之差就形成了"认同落差",两份量表之间的分值差越大,表示认同落差越大,就证明个体感到的认同危机越严重。

二 自我认同量表的信度效度验证

本研究在多所大学随机选取学生作为试测对象对修订过后的量表进行验证,发放问卷822份,回收790份,回收率96.1%,除去废卷2份,

---

① [加]查尔斯·泰勒:《自我的根源:现代认同的形成》,韩震等译,译林出版社2012年版,第212页。

有效问卷788份,有效回收率95.86%。抽样情况遵循随机原则,所获样本情况如表2-1所示:

表2-1　　　　　　　　有效问卷的统计性分析

基本情况	类型	人数	百分比（%）
性别	男	388	49.24
	女	400	50.76
是否独生子女	是	186	23.60
	否	602	76.40
学生干部经历	是	583	73.98
	否	205	26.02
年级	大一	255	32.36
	大二	356	45.18
	大三	152	19.29
	大四	25	3.17
专业	文科	270	34.26
	理科	170	21.57
	工科	212	26.90
	商科	84	10.66
	医科	6	0.76
	其他	46	5.84
家庭所在地	省会城市	91	11.55
	地级市	224	28.43
	县级	148	18.78
	乡镇	132	16.75
	农村	193	24.49
政治面貌	中共党员	36	4.57
	共青团员	706	89.59
	群众	46	5.84
学校类型	985/211	103	13.07
	普通本科	488	61.93
	高职高专	197	25.00

将所得数据转入 SPSS 19.0 并检查各题可能因输入错误而出现的不合理数值，对数据进行进一步校正，之后对数据进行分析。

（一）自我认同重要性量表

本研究首先对 QII – III 分量表 30 个题项进行初始验证，结果发现拟合指标均不达标，表明量表的结构效度不够好，因此，首先对量表的结构模型进行修正。

依据理论标准，数据标准以及实际意义标准建立误差关联，删除题项和调整题项。比如，将题项"我的经济状况（如零用钱多寡、打工所得多寡）"与题项"我拥有的物质条件（如手机、衣物、电子设备）"放在"形象认同"维度中不合适，这两题在同一维度中的误差相关达到了 0.66。

采用项目分析的方法，通过反向积分、高低分组，并根据被试的测试结果分别计算出每一道题目的区分度与鉴别力。根据计算结果，每道题目与总问卷得分的相关系数在 0.254~0.680 之间，$p<0.01$，大部分题目在 0.45~0.60 之间，都达到了极显著，表明各题目的区分度较好。题目的鉴别力主要是指求出每一道题目的决断值，即通过高分组和低分组在每道题目上得分的独立样本检验结果来进行。按照决断值达到 0.05 显著水准且数值大于 3，区分度在 0.20 以上这三条标准，删除了三道不符合条件的题目，修正过后的《自我认同重要性量表》共保留 22 个题项，其中个人认同维度 7 题，社会认同维度 7 题，形象认同维度 8 题（见表 2 – 2）。

表 2 – 2　　　　　　　自我认同重要性量表维度及题项

维度	题项	内容
个人认同	202	我的情绪和感受
	203	我的想法和见解
	205	即使面对外在环境我有许多变化，我仍觉得内心里是"同一个我"
	206	我知道自己跟他人是不同的，也不会刻意去模仿他人
	210	我未来的方向
	220	我的价值观与道德标准
	221	我的理想和抱负，我想成为什么样的人

续表

维度	题项	内容
社会认同	201	我适应自己所处的社会文化
	207	他人能信任我
	208	我的谈吐及言行举止
	209	我对自己所属的集体容易产生归属感
	213	受到他人的肯定
	214	我的仪态和举止带给别人的印象
	215	与他人互动的方式
形象认同	204	我拥有的物质条件（如手机、衣物、电子设备）
	211	我的"音乐"表现
	212	我的"体育"表现
	216	我的"电脑"表现（如软硬盘、网络、电脑游戏）
	217	我的"美术"表现（如绘画、劳作、手工艺、雕刻）
	218	我的"学业"表现
	219	我的外形（如身高、体重、身材）
	222	我的"用功、勤劳"表现

接下来，本研究运用因子分析对数据进行分析，其目的是将原来较多的变数缩减为较少的因子，并能以少数的共同因子解释众多的变数[①]。

考虑到本问卷的设计架构为三个维度，因此，进行因素分析时直接设定要抽取的因素为3。如果原定各分问卷的题目能够落入设定的因素中，就代表本问卷具有建构效度。如果有题目没有落入设定的因素中，就必须剔除。因此，根据此原则及因素负荷量的绝对值大于0.4这两大标准，剔除218和222两个题项，剩余20题。分析结果如下表所示。

[①] 朱经明：《教育及心理统计学》，五南图书出版社2007年版，第428页。

表2-3　　　　　　　　因素分析旋转后的因素矩阵（a）

题项	因素负荷 1	因素负荷 2	因素负荷 3	因素命名
214	0.762			社会认同
213	0.730			
208	0.684			
207	0.666			
215	0.651			
209	0.548			
201	0.540			
217		0.739		形象认同
211		0.719		
216		0.712		
212		0.691		
204		0.477		
219		0.468		
202			0.718	个人认同
203			0.703	
206			0.628	
221			0.561	
210			0.541	
205			0.538	
220			0.453	

提取方法：主成分分析法。

旋转法：具有 Kaiser 标准化的正交旋转法。

a. 旋转在 6 次迭代后收敛。

最终，个人认同、社会认同和形象认同三个因子分别有 7 道题、7 道题和 6 道题得以保留，组成自我认同重要性量表。可以认为，《自我认同重要性量表》的因子结构具有良好的结构效度。

(二) 自我认同确定性量表

《自我认同确定性量表》预试问卷与《自我认同重要性量表》一样有22道题，其中121对应重要性量表的222题，而122则对应重要性量表的218题，考虑到与《自我认同重要性量表》的题目是平行的，二者题项得分之差构成"认同落差"，为了配合"认同落差"的形成，使《自我确定性量表》和《自我重要性量表》的题项保持一致，因此在《自我认同确定性量表》中同样删去121题和122题，保留20道题。

表2-4　　　　　自我认同确定性量表维度及题项

维度	题项	内容
个人认同	101	我无法/可以掌握未来的方向
	102	我无法/可以察觉并掌握自己的情绪和感受
	103	我没有/有一套属于自己的想法和见解
	104	我没有/有清楚的道德标准和价值观
	105	我对未来还没有/有自己的理想和抱负
	106	即使面对人生转折或外界改变，我不会/会知道我还是"同一个我"
	107	我不知道/知道自己有何独特之处或是与别人不同的地方
社会认同	108	我无法/可以对自己所处的社会文化感到适应
	109	我不/是受他人欢迎
	110	我的谈吐言行给别人的印象是糟糕的/良好的
	111	他人无法肯定我/我是受他人肯定的
	112	我不擅长/明了恰当地与他人互动
	113	我对自己所属的集体不容易/容易产生归属感
	114	他人无法信任我/我能受他人信任
形象认同	115	我无法/可以接受自己的"音乐"表现
	116	我无法/可以接受自己的"体育"表现
	117	我无法/可以接受自己的"电脑"（如软硬网路、网路、电脑游戏等）表现
	118	我无法/可以接受自己的"美术"（如绘画、手工艺、雕刻）表现
	119	我不满意/满意我拥有的物质条件（如手机、衣物、电子设备等）

续表

维度	题项	内容
形象认同	120	我无法/可以接受自己的外形（如身高、体重、身材）
	121（删去）	我用功、勤劳的程度不足/我是用功、勤劳的
	122（删去）	我无法/可以接受自己的学业表现

进行因素分析时参照自我认同的重要性量表，直接设定要抽取的因素为3，检查原定各分问卷的题目是否能够落入设定的因素中，根据此原则及之前因素负荷量的绝对值大于0.4这两大标准，探索性因子分析结果表明20个题项的因子负荷都在0.4以上，并且都落入原设定的三个因子中，表明该量表具有良好的结构效度（表2-5）。

表2-5　　　　　　因素分析旋转后的因素矩阵（a）

题项	因素负荷 1	因素负荷 2	因素负荷 3	因素命名
109	0.745			社会认同
110	0.718			
111	0.715			
112	0.660			
113	0.576			
114	0.512			
108	0.465			
103		0.737		个人认同
104		0.702		
102		0.653		
105		0.625		
101		0.539		
107		0.535		
106		0.410		
118			0.685	形象认同
117			0.605	

续表

题项	因素负荷 1	因素负荷 2	因素负荷 3	因素命名
115			0.566	
120			0.557	形象认同
116			0.498	
119			0.493	

提取方法：主成分分析法。

旋转法：具有 Kaiser 标准化的正交旋转法。

a. 旋转在 5 次迭代后收敛。

最终，保留社会认同 7 题，个人认同 7 题，形象认同 6 题，作为自我认同确定性正式量表题目。

（三）分量表及总量表的信度分析

在信度分析上，本研究采用 Cronbach's α（克隆巴赫系数）考察《自我认同确定性量表》和《自我认同重要性量表》及总量表的内部一致性信度（见表 2-6～表 2-8）。Cronbach's α 系数越高，表示问卷各层面内部一致性越高。

结果表明分量表及总量表的 Cronbach's α 系数均在 0.80 以上，其中总量表的 Cronbach's α 系数达到 0.873，自我认同重要性量表的 Cronbach's α 系数达到 0.836，自我认同确定性 Cronbach's α 系数达到 0.853，各分量表的 3 个因子 Cronbach's α 系数也都在 0.7 以上，根据统计学的一般要求，一般信度系数达到 0.70 以上即可接受，表明各分量表的内部一致性信度良好。

表 2-6　　　　　自我认同重要性量表 α 系数

因子名称	个人认同	社会认同	形象认同	自我认同重要性
题目数	7	7	6	20
α 系数	0.732	0.833	0.744	0.836

表2-7　　　　　　　　自我认同确定性量表α系数

因子名称	个人认同	社会认同	形象认同	自我认同确定性
题目数	7	7	6	20
α系数	0.773	0.812	0.748	0.853

表2-8　　　　　　　　总量表的内部一致性信度α系数

量表名称	自我认同确定性量表	自我认同重要性量表	总量表
题目数	20	20	40
α系数	0.853	0.836	0.873

三　实证结果

本研究在广东省内11所高校中随机抽取大学生作为研究对象，抽取学校包括中山大学、华南师范大学、华南理工大学、华南农业大学、广东工业大学、广东技术师范学院（现广东技术师范大学）、顺德职业技术学院、广东农工商职业技术学院、广州商学院、广东第二师范学院、广东金融学院等，这些高校既有985或211重点大学，又有一般普通本科院校，还有高职高专院校，在学校层次上具有代表性；既有综合性大学，又有理工类大学，还有师范类大学、农业类大学和商科为主的大学等，学校类别也具有代表性。实施的过程严谨，由研究者主持测试，发放问卷822份，并当场回收问卷，回收有效问卷788份。本研究剔除了无效问卷，剔除无效问卷的原则是：整份问卷答案呈规则作答，如作答相同、波浪形作答或同一个题目选两个或两个以上答案的。问卷的基本情况见表2-1。

以该数据为样本，对两个因素的结构效度进行验证性因素分析，经过题项的调整、删除，原有的60个题项缩减为40个，其中每个分量表20题。验证表明，删除后两表的结构效度和内部一致性信度较好，在我国的文化背景下，用来测量大学生自我认同的内容和认同危机教育有一定的适切性。利用此次验证量表结构的样本，我们可以进一步得到目前当代大学生的自我认同状态，并对不同社会人口变量的自我认同进行显著性检验。

(一) 基本描述统计

1. 社会人口变量与自我认同得分均值的比较

表 2-9　　　　　　　　重要性　确定性与性别

	性别	N	均值	标准差	均值的标准误
重要性得分	男	388	2.522	0.446	0.0226
确定性得分	男	388	1.417	1.121	0.0569
重要性得分	女	400	2.547	0.416	0.0208
确定性得分	女	400	1.325	1.050	0.0525
重要性得分	总数	788	2.535	0.431	0.0153
确定性得分	总数	788	1.370	1.086	0.0387

表 2-10　　　　　　重要性　确定性与是否独生子女

	独生子女	N	均值	标准差	均值的标准误
重要性得分	是	186	2.515	0.457	0.033
	否	602	2.540	0.421	0.017
确定性得分	是	186	1.376	1.116	0.081
	否	602	1.365	1.075	0.043

表 2-11　　　　　　重要性　确定性与是否担任学生干部

	学生干部	N	均值	标准差	均值的标准误
重要性得分	是	585	2.567	0.421	0.0174
	否	203	2.444	0.445	0.0312
确定性得分	是	585	1.456	1.021	0.0422
	否	203	1.122	1.225	0.0859

表 2-12　　　　　　　　重要性　确定性与年级

	年级	N	均值	标准差	标准误	均值的95%置信区间 下限	均值的95%置信区间 上限	极小值	极大值
重要性得分	大一	255	2.547	0.421	0.026	2.495	2.599	1.30	3.70
	大二	356	2.501	0.445	0.023	2.454	2.547	0.90	3.70
	大三	152	2.589	0.415	0.033	2.522	2.655	1.15	3.65
	大四	25	2.583	0.385	0.078	2.420	2.746	1.80	3.20
	总数	788	2.535	0.431	0.015	2.505	2.565	0.90	3.70
确定性得分	大一	255	1.365	1.017	0.063	1.239	1.490	-1.60	3.30
	大二	356	1.249	1.111	0.058	1.133	1.365	-2.30	3.55
	大三	152	1.672	1.121	0.090	1.492	1.852	-3.00	4.15
	大四	25	1.389	0.828	0.169	1.0396	1.739	-0.25	2.45
	总数	788	1.370	1.086	0.038	1.294	1.446	-3.00	4.15

表 2-13　　　　　　　　重要性　确定性与专业

	专业	N	均值	标准差	标准误	均值的95%置信区间 下限	均值的95%置信区间 上限	极小值	极大值
重要性得分	文科	270	2.544	0.416	0.025	2.494	2.594	1.00	3.70
	理科	170	2.520	0.499	0.038	2.445	2.596	1.30	3.70
	工科	212	2.522	0.412	0.028	2.467	2.578	1.35	3.65
	商科	84	2.525	0.390	0.042	2.440	2.609	0.90	3.40
	医科	6	2.500	0.456	0.186	2.021	2.978	1.90	3.15
	其他	46	2.618	0.405	0.059	2.497	2.730	1.90	3.60
	总数	788	2.535	0.431	0.015	2.505	2.565	0.90	3.70
确定性得分	文科	270	1.335	1.094	0.066	1.204	1.464	-3.00	3.50
	理科	170	1.390	1.104	0.084	1.222	1.553	-2.00	3.55
	工科	212	1.436	1.032	0.070	1.297	1.576	-2.00	3.60
	商科	84	1.313	1.153	0.125	1.063	1.569	-1.90	4.15
	医科	6	1.083	1.177	0.480	-0.152	2.317	0.00	2.95
	其他	46	1.343	1.129	0.166	1.008	1.678	-1.10	3.25
	总数	788	1.370	1.086	0.038	1.294	1.446	-3.00	4.15

表 2-14　　　　　　　　重要性　确定性与居住地

	居住地	N	均值	标准差	标准误	均值的95%置信区间 下限	均值的95%置信区间 上限	极小值	极大值
重要性得分	省会城市	91	2.5291	0.524	0.054	2.420	2.638	1.25	3.70
	地级城市	224	2.5145	0.436	0.029	2.457	2.572	1.00	3.70
	县城	148	2.5557	0.433	0.035	2.485	2.626	0.90	3.50
	乡镇	132	2.5348	0.404	0.035	2.465	2.604	1.15	3.70
	农村	193	2.5472	0.394	0.028	2.491	2.603	1.60	3.65
	总数	788	2.5353	0.431	0.015	2.505	2.565	0.90	3.70
确定性得分	省会城市	91	1.3308	1.080	0.113	1.105	1.555	-2.00	3.55
	地级城市	224	1.4790	1.007	0.067	1.346	1.611	-1.70	3.35
	县城	148	1.4784	1.058	0.087	1.306	1.650	-2.30	4.15
	乡镇	132	1.4152	1.046	0.091	1.234	1.595	-2.00	3.45
	农村	193	1.1510	1.196	0.086	0.981	1.321	-3.00	3.60
	总数	788	1.370	1.086	0.038	1.294	1.446	-3.00	4.15

表 2-15　　　　　　　　重要性　确定性与政治面貌

	政治面貌	N	均值	标准差	标准误	均值的95%置信区间 下限	均值的95%置信区间 上限	极小值	极大值
重要性得分	党员	36	2.529	0.448	0.074	2.377	2.680	1.55	3.45
	团员	706	2.543	0.421	0.015	2.512	2.574	0.90	3.70
	群众	46	2.432	0.529	0.078	2.273	2.591	1.25	3.55
	总数	788	2.535	0.431	0.015	2.505	2.565	0.90	3.70
确定性得分	党员	36	1.675	1.001	0.166	1.336	2.014	-0.15	3.25
	团员	706	1.362	1.091	0.041	1.281	1.442	-3.00	4.15
	群众	46	1.311	1.022	0.152	1.003	1.618	-1.95	3.50
	总数	788	1.370	1.086	0.038	1.294	1.446	-3.00	4.15

表 2-16　　　　　　　　重要性　确定性与学校类型

	学校类型	N	均值	标准差	标准误	均值的95%置信区间 下限	均值的95%置信区间 上限	极小值	极大值
重要性得分	985/211	103	2.551	0.409	0.040	2.471	2.631	1.60	3.50
	普通本科	488	2.526	0.438	0.019	2.487	2.565	0.90	3.70
	高职高专	197	2.548	0.425	0.030	2.488	2.608	1.15	3.60
	总数	788	2.535	0.431	0.015	2.505	2.565	0.90	3.70
确定性得分	985/211	103	1.255	1.028	0.101	1.054	1.456	-1.60	3.15
	普通本科	488	1.406	1.090	0.049	1.309	1.503	-3.00	4.15
	高职高专	197	1.342	1.106	0.078	1.186	1.497	-1.80	3.50
	总数	788	1.370	1.086	0.038	1.294	1.446	-3.00	4.15

由于确定性得分均值范围在 -4 分至 4 分之间（按一级选项计分），而表 2-9 至表 2-16 显示，无论是不同性别还是不同年级、不同专业、不同居住地、不同政治面貌等，其确定性得分均值都在 1.1~1.5 分之间，处于中等偏高的状态，表明当代大学生能够对自我认同这一问题有所觉察，并对有关自我认同的部分议题感到确证，并以此去体验或经历日常生活提出的社会要求。

重要性得分均值范围在 0~4 分之间，无论是不同性别还是存在年级、专业等，其重要性得分均值在 2.4 以上，得分范围属于中等偏高，可反映出当代大学生对自我认同的普遍关注和较高的需求程度，自我认同作为一个向内追问的问题已成为当代大学生成长、成才必须要面对的一个问题。

2. 自我认同不同内容之间的得分比较

表 2-17　　　　　　　　　　描述性统计

确定性题项	N	总和	均值	标准差
104	788	1915	2.430	1.667
114	788	1704	2.162	1.499
102	788	1594	2.022	1.830
103	788	1459	1.851	1.904
110	788	1428	1.812	1.592
108	788	1381	1.752	1.932
111	788	1245	1.579	1.611
120	788	1222	1.550	2.226
109	788	1188	1.507	1.748
105	788	1118	1.418	2.129
115	788	978	1.241	2.368
117	788	899	1.140	2.647
119	788	877	1.112	2.242
116	788	868	1.101	2.528
107	788	840	1.065	2.273
113	788	831	1.054	2.295
106	788	711	0.902	2.278
112	788	662	0.840	2.256
118	788	487	0.618	2.572
101	788	196	0.248	2.467

表 2-17 显示的是自我认同确定性每个题项的总得分及均值的降序排列，从中可知，大学生最为确知的自我认同内容次序依次为 104、114、102、103、110 题，即"我没有/有清楚的道德标准和价值观""他人无法信任我/我能受他人信任""我无法/可以察觉并掌握自己的情绪和感受""我没有/有一套属于自己的想法和见解""我的谈吐言行给别人的印象是糟糕的/良好的"。其中，104、102、103 属于个人认同维度，114、110 题属于社会认同维度。

这证明处于"发展友谊、建立亲密关系"关键期的大学生对自我的认知以及自己与他人的互动、自我在同辈群体中的表现有更多的思考和关注，从而在个人和社会领域中的自我认同的确定性也相对更高。

表 2-18　　　　　　　　　　　描述性统计

重要性题项	N	总和	均值	标准差
220	788	2521	3.199	0.870
221	788	2451	3.110	0.804
210	788	2310	2.931	0.904
208	788	2275	2.887	0.736
203	788	2252	2.857	0.826
207	788	2227	2.826	0.816
202	788	2214	2.809	0.790
206	788	2160	2.741	0.933
214	788	2152	2.730	0.842
213	788	2053	2.605	0.837
215	788	2043	2.592	0.851
205	788	2034	2.588	0.907
201	788	1963	2.491	0.815
209	788	1916	2.431	0.901
219	788	1839	2.333	0.905
204	788	1571	1.993	0.919
216	788	1553	1.970	1.007
212	788	1519	1.927	0.945
217	788	1465	1.859	0.996
211	788	1439	1.826	0.954

表 2-18 显示的是自我认同重要性每个题项的总得分及均值的降序排列。在大学生看来，最为重要的自我认同内容依次为 220、221、210 题，即"我的价值观与道德标准""我的理想和抱负，我想成为什么样的人""我未来的方向"等，这些题目属于个人认同维度，说明处于自我意识发展期的青少年更加渴望明确自己未来的发展方向以及知道自己究竟是一个什么样的人，也就是在个人认同领域的心理需求要高于社会认同维度和形象认同维度。

(二) 社会人口变量与自我认同的差异显著性检验

为了解男生、女生等不同因素在自我认同确定性、自我认同重要性以及认同危机上的差异，本研究采用单因素方差分析（One-Way ANOVA）等统计方法对数据进行分析（表2-19～表2-46）。

1. 社会人口变量与自我认同确定性、重要性

表2-19　　　　　　　自我认同重要性、确定性与性别

	方差方程的 Levene 检验		均值方程的 t 检验						
	F	Sig.	t	df	Sig.（双侧）	均值差值	标准误差值	差分的95%置信区间 下限	差分的95%置信区间 上限
自我认同重要性	1.850	0.174	-0.795	786	0.427	-0.024	0.030	-0.085	0.035
自我认同确定性	2.824	0.093	1.181	786	0.238	0.091	0.079	-0.063	0.243

表2-19显示，均值方差的 t 检验 P 值大于0.05（分别为0.427和0.238），表明男女大学生在自我认同确定性和重要性上的得分不存在显著差异。

表2-20　　　　　　　自我认同重要性、确定性与是否独生子女

	方差方程的 Levene 检验		均值方程的 t 检验						
	F	Sig.	t	df	Sig.（双侧）	均值差值	标准误差值	差分的95%置信区间 下限	差分的95%置信区间 上限
重要性得分	3.32	0.068	-0.684	785	0.494	-0.024	0.036	-0.095	0.046
确定性得分	0.612	0.434	0.120	785	0.905	0.010	0.091	-0.167	0.189

表 2-20 显示，均值方差的 t 检验 P 值大于 0.05（分别为 0.494 和 0.905），表明无论是否为独生子女大学生在自我认同确定性和重要性上的得分都不存在显著差异。

表 2-21　　自我认同重要性、确定性与是否担任学生干部

	方差方程的 Levene 检验		均值方程的 t 检验						
	F	Sig.	t	df	Sig.（双侧）	均值差值	标准误差值	差分的95%置信区间	
								下限	上限
重要性得分	1.424	0.233	3.526	786	0.000	0.122	0.034	0.054	0.191
确定性得分	9.210	0.002	3.812	786	0.000	0.334	0.087	0.162	0.506

表 2-21 显示，均值方差的 t 检验 P 值小于 0.001（为 0.000），表明是否担任学生干部在自我认同确定性和重要性两方面都存在显著差异，为研究自我认同重要性和确定性与是否担任学生干部的关系，进一步进行均值分析。

表 2-22　　是否担任学生干部的自我认同重要性、确定性得分均值

	学生干部	N	均值	标准差	均值的标准误
重要性得分	是	585	2.567	0.421	0.017
	否	203	2.444	0.445	0.031
确定性得分	是	585	1.456	1.021	0.042
	否	203	1.122	1.225	0.085

表 2-22 表明，担任过学生干部的学生在自我认同确定性和重要性方面都比没有担任过学生干部的学生强，尤其在自我认同的确定性方面，

担任过学生干部的得分为 1.456,而未担任过学生干部的得分仅为 1.122,差距较大。表明担任学生干部的大学生对自己有更确定的认识。那么,担任过学生干部和没有担任过学生干部的自我认同重要性和确定性差异到底体现在哪些方面,可进一步作独立样本检验和细分统计量研究分析。

表 2-23　　　　　　　　　独立样本检验

	方差方程的 Levene 检验		均值方程的 t 检验						
	F	Sig.	t	df	Sig.（双侧）	均值差值	标准误差值	差分的95%置信区间 下限	差分的95%置信区间 上限
社会认同确定性	7.99	0.005	4.457	786	0.000	0.452	0.101	0.253	0.651
个人认同确定性	1.85	0.174	2.764	786	0.006	0.303	0.109	0.087	0.518
形象认同确定性	4.06	0.044	1.967	786	0.050	0.233	0.118	0.000	0.467
社会认同重要性	6.13	0.013	2.678	786	0.008	0.120	0.044	0.032	0.208
形象认同重要性	0.855	0.356	2.708	786	0.007	0.139	0.051	0.038	0.240
个人认同重要性	0.132	0.717	2.673	786	0.008	0.106	0.040	0.028	0.185

表 2-24　　　　　　　　　细分统计量

	是否学生干部	N	均值	标准差	均值的标准误
社会认同确定性	是	585	1.646	1.195	0.049
	否	203	1.194	1.380	0.096
个人认同确定性	是	585	1.498	1.317	0.054
	否	203	1.194	1.429	0.100

续表

	是否学生干部	N	均值	标准差	均值的标准误
形象认同确定性	是	585	1.187	1.410	0.050
	否	203	0.954	1.591	0.111
社会认同重要性	是	585	2.739	0.528	0.021
	否	203	2.619	0.613	0.043
形象认同重要性	是	585	2.021	0.622	0.025
	否	203	1.881	0.658	0.046
个人认同重要性	是	585	2.695	0.485	0.020
	否	203	2.588	0.507	0.035

由表 2-23 和表 2-24 可以看到，除了形象认同确定性外，其他因素如在社会认同确定性、个人认同确定性、社会认同重要性、形象认同重要性和个人认同重要性五个方面都存在显著差异，表明担任过学生干部的大学生自我认同感确定性和重要性在多个维度都普遍高于没有担任过学生干部的大学生。

表 2-25　　自我认同重要性、确定性与年级（ANOVA）

		平方和	df	均方	F	显著性
重要性	组间	1.135	4	0.284	1.531	0.191
	组内	145.109	783	0.185		
	总数	146.243	787			
确定性	组间	21.734	4	5.434	4.690	0.001
	组内	907.164	783	1.159		
	总数	928.898	787			

从表 2-25 可以看到，自我认同重要性检验的 P 值大于 0.05（为 0.191），表明不同年级的自我认同重要性不显著；而自我确定性 P 值小于 0.01（为 0.001），表明不同年级确定性得分显著差异，可进一步研究不同年级的自我认同确定性差异。

表 2-26　　　　　　　自我认同确定性与年级均值分析

	年级	N	均值	标准差	标准误	均值的95%置信区间 下限	均值的95%置信区间 上限	极小值	极大值
确定性	大一	255	1.365	1.017	0.063	1.239	1.497	-1.60	3.30
	大二	356	1.249	1.111	0.058	1.133	1.365	-2.30	3.55
	大三	152	1.672	1.121	0.090	1.492	1.852	-3.00	4.15
	大四	25	1.389	0.828	0.169	1.039	1.739	-0.25	2.45
	总数	788	1.370	1.086	0.038	1.294	1.446	-3.00	4.15

通过表 2-26 自我认同确定性与年级均值分析可以看到，在认同确定性的差异显著性方面，大三学生明显比其他年级高，这可能是因为大三是高年级，经过了大一大二，随着知识增长和阅历的增加，自我认同的确定性也增强；但进入大四后，不少学生面临找工作等各种选择，受到社会要求与自身条件的冲击，影响了自我认同感。

表 2-27　　　　　自我认同重要性、确定性与专业（ANOVA）

		平方和	df	均方	F	显著性
重要性	组间	0.426	5	0.085	0.457	0.809
	组内	145.817	782	0.186		
	总数	146.243	787			
确定性	组间	2.125	5	0.425	0.359	0.877
	组内	926.773	782	1.185		
	总数	928.898	787			

由表 2-27 可以看到，显著性检验 P 值大于 0.05（为 0.809 和 0.877），不能通过显著性检验，因此，可以认为不同专业大学生的自我认同重要性和确定性得分不存在显著差异。

表 2-28　　　　　自我认同重要性、确定性与居住地（ANOVA）

		平方和	df	均方	F	显著性
重要性	组间	0.189	4	0.047	0.254	0.907
	组内	146.054	783	0.187		
	总数	146.243	787			
确定性	组间	14.063	4	3.516	3.009	0.018
	组内	914.836	783	1.168		
	总数	928.898	787			

通过表 2-28 可以看到，不同居住地的大学生在自我认同重要性得分方面不存在显著差异（P 值为 0.907，大于 0.05），但在确定性方面得分 P 值小于 0.05（为 0.018），存在显著差异，表明不同居住地的学生自我认同确定性存在显著差异，进一步进行均值分析。

表 2-29　　　　　　自我认同确定性与居住地均值描述

	居住地	N	均值	标准差	标准误	均值的95%置信区间下限	均值的95%置信区间上限	极小值	极大值
确定性	省会	91	1.330	1.080	0.111	1.107	1.555	-2.00	3.55
	地级市	224	1.479	1.007	0.067	1.346	1.611	-1.70	3.35
	县级	148	1.478	1.058	0.087	1.306	1.650	-2.30	4.15
	乡镇	132	1.415	1.046	0.091	1.234	1.594	-2.00	3.45
	农村	193	1.151	1.196	0.086	0.981	1.321	-3.00	3.60
	总数	788	1.370	1.086	0.038	1.294	1.446	-3.00	4.15

通过表 2-29 可以看到，居住地为农村的大学生自我认同确定性得分最低，明显低于其他居住地的大学生。进一步细分自我认同确定性的维度，研究农村居住地的大学生自我认同确定性在哪一个维度得分低。

表 2-30　　　　自我认同确定性各因素与居住地（ANOVA）

		平方和	df	均方	F	显著性
社会认同确定性	组间	15.147	4	3.787	2.401	0.049
	组内	1235.026	783	1.577		
	总数	1250.172	787			
个人认同确定性	组间	8.175	4	2.044	1.118	0.347
	组内	1431.544	783	1.828		
	总数	1439.718	787			
形象认同确定性	组间	28.708	4	7.177	3.400	0.009
	组内	1652.724	783	2.111		
	总数	1681.432	787			

通过表 2-30 可知，在社会认同和形象认同方面，不同居住地大学生的自我认同确定性存在显著差异，进一步对不同居住地大学生的社会认同和形象认同确定性方面进行均值分析。

表 2-31　不同居住地大学生的社会认同和形象认同确定性均值分析

	居住地	N	均值	标准差	标准误	均值的95%置信区间 下限	均值的95%置信区间 上限	极小值	极大值
社会认同	省会	91	1.554	1.310	0.137	1.281	1.827	-2.000	3.57
	地级市	224	1.597	1.249	0.083	1.433	1.762	-2.285	4.000
	县级	148	1.695	1.177	0.096	1.504	1.887	-2.285	4.000
	乡镇	132	1.544	1.223	0.106	1.333	1.755	-2.428	3.714
	农村	193	1.302	1.316	0.094	1.115	1.489	-3.000	3.714
	总数	788	1.529	1.260	0.044	1.441	1.618	-3.000	4.000
形象认同	省会	91	1.047	1.476	0.154	0.740	1.355	-2.666	3.666
	地级市	224	1.329	1.422	0.095	1.142	1.516	-2.166	7.666
	县级	148	1.141	1.440	0.118	0.907	1.375	-3.500	4.000
	乡镇	132	1.255	1.262	0.109	1.037	1.472	-2.500	3.500
	农村	193	0.832	1.600	0.115	0.603	1.059	-3.166	4.000
	总数	788	1.127	1.461	0.052	1.022	1.229	-3.500	7.667

由表 2-31 可以看出，农村居住地的大学生在社会认同（得分为 1.302）和形象认同（得分为 0.832）确定性方面的得分都明显低于其他居住地的大学生，表明农村大学生的社会认同和形象认同确定性远低于在其他地方居住的大学生。

表 2-32　　自我认同重要性、确定性与政治面貌（ANOVA）

		平方和	df	均方	F	显著性
重要性	组间	1.402	3	0.467	2.530	0.056
	组内	144.841	784	0.185		
	总数	146.243	787			
确定性	组间	8.044	3	2.681	2.283	0.078
	组内	920.855	784	1.175		
	总数	928.898	787			

由表 2-32 可知，不同政治面貌的大学生自我认同重要性和确定性不能通过显著性检验（$P>0.05$），可以认为不同政治面貌的大学生自我认同重要性和确定性得分不存在显著差异。

表 2-33　　自我认同重要性、确定性与学校类型（ANOVA）

		平方和	df	均方	F	显著性
重要性	组间	0.098	2	0.049	0.262	0.769
	组内	146.146	785	0.186		
	总数	146.243	787			
确定性	组间	2.147	2	1.074	0.909	0.403
	组内	926.751	785	1.181		
	总数	928.898	787			

由表 2-33 可知，不同学校类型（985/211 重点院校，普通本科院校，高职高专）大学生的自我认同重要性和确定性得分没有经过显著性检验（P 值为 0.769 和 0.403，均大于 0.05）。

2. 社会人口变量与认同落差

认同落差是衡量自我认同差距，从而研究自我认同问题的重要指标，由自我认同重要性减去自我认同确定性得出。下面从不同维度研究不同背景大学生的自我认同落差（表 2-34~表 2-46）。

表 2-34　　　　　　　　认同落差与性别（T 检验）

	方差方程的 Levene 检验		均值方程的 t 检验						
	F	Sig.	t	df	Sig.（双侧）	均值差值	标准误差值	差分的 95% 置信区间	
								下限	上限
总落差	0.326	0.568	-1.559	786	0.119	-0.115	0.079	-0.261	0.030
社会认同	1.750	0.186	-0.323	786	0.747	-0.028	0.083	-0.203	0.146
个人认同	0.432	0.511	-2.492	786	0.013	-0.229	0.095	-0.410	-0.046
形象认同	0.000	0.994	-0.854	786	0.393	-0.092	0.105	-0.297	0.117

由表 2-34 可见，男女生在个人认同落差方面差异显著（P 值为 0.013 < 0.05），总落差和社会认同、形象认同落差则不显著（P 值都大于 0.05）。

进一步探究个人认同落差与性别的关系，进行均值分析。

表 2-35　　　　　　　　个人认同落差与性别均值

	性别	N	均值	标准差	均值的标准误
个人认同	男	388	1.1311	1.266	0.064
	女	400	1.3607	1.318	0.065

从表 2-35 可知，女大学生的个人认同落差均值（1.3607）显著高于男大学生均值（1.1311）。

表 2-36　　　　　认同落差与是否独生子女（T 检验）

	方差方程的 Levene 检验		均值方程的 t 检验						
								差分的 95% 置信区间	
	F	Sig.	t	df	Sig.（双侧）	均值差值	标准误差值	下限	上限
总落差	0.530	0.467	-0.406	785	0.685	-0.035	0.087	-0.207	0.136
社会认同	1.887	0.170	0.017	785	0.987	0.001	0.105	-0.204	0.208
个人认同	0.024	0.878	-1.10	785	0.271	-0.119	0.108	-0.333	0.093
形象认同	3.999	0.046	0.265	785	0.791	0.0329	0.12	-0.211	0.277

通过表 2-36 可以看到，是否独生子女的认同落差显著性不能通过检验（总落差及社会认同、个人认同和形象认同落差 P 值都高于 0.05），表明是否独生子女的自我认同落差不存在显著差异。

表 2-37　　　　　认同落差与是否学生干部（T 检验）

	方差方程的 Levene 检验		均值方程的 t 检验						
								差分的 95% 置信区间	
	F	Sig.	t	df	Sig.（双侧）	均值差值	标准误差值	下限	上限
总落差	15.693	0.000	-2.497	786	0.013	-0.211	0.083	-0.377	-0.047
社会认同	8.229	0.004	-3.170	786	0.002	-0.321	0.101	-0.520	-0.122
个人认同	3.145	0.077	-1.860	786	0.063	-0.193	0.105	-0.403	0.010
形象认同	7.050	0.008	-0.782	786	0.434	-0.094	0.120	-0.331	0.142

通过表 2-37 可以看到，在总的自我认同总落差（P 值为 0.013）和

社会认同落差（P值为0.002）方面，是否担任过学生干部的大学生存在显著差异。

表2-38　　　　　总落差、社会认同落差与是否学生干部

	是否学生干部	N	均值	标准差	均值的标准误
总落差	是	585	1.110	0.971	0.040
	否	203	1.321	1.216	0.085
社会认同	是	585	1.102	1.179	0.048
	否	203	1.423	1.414	0.099

通过表2-38的进一步分析发现，非学生干部总均值差（均值为1.32）显著比学生干部（均值为1.11）高；社会认同落差方面非学生干部（均值为1.42）也显著高于学生干部（均值为1.10），表明非学生干部自我认同落差更大。

表2-39　　　　　　　认同落差与年级（ANOVA）

		平方和	df	均方	F	显著性
总落差	组间	12.294	3	4.098	3.803	0.010
	组内	844.758	784	1.077		
	总数	857.052	787			
社会认同	组间	7.334	3	2.445	1.564	0.197
	组内	1225.402	784	1.563		
	总数	1232.737	787			
个人认同	组间	18.445	3	6.148	3.690	0.012
	组内	1306.413	784	1.666		
	总数	1324.858	787			
形象认同	组间	9.989	3	3.330	1.520	0.208
	组内	1717.850	784	2.191		
	总数	1727.839	787			

表2-39认同落差与年级（ANOVA）检验表明，不同年级在自我认同总落差（P值为0.01<0.05）和个人认同落差（P值为0.012<0.05）方面存在显著差异。进一步通过均值分析差异的主要内容。

表2-40　　自我认同落差和个人认同落差与年级均值描述

	年级	N	均值	标准差	标准误	均值的95%置信区间 下限	均值的95%置信区间 上限	极小值	极大值
总落差	大一	255	1.182	0.997	0.062	1.059	1.305	-1.05	4.00
	大二	356	1.252	1.059	0.056	1.141	1.362	-0.75	5.30
	大三	152	0.916	1.083	0.087	0.743	1.094	-1.60	6.45
	大四	25	1.240	0.829	0.165	0.897	1.582	-0.10	3.40
	总数	788	1.164	1.043	0.038	1.091	1.237	-1.60	6.45
个人认同落差	大一	255	1.239	1.243	0.079	1.085	1.396	-1.29	4.57
	大二	356	1.374	1.308	0.069	1.237	1.513	-1.43	5.86
	大三	152	0.958	1.270	0.107	0.755	1.163	-3.29	6.14
	大四	25	1.291	1.610	0.322	0.626	1.951	-0.57	4.29
	总数	788	1.247	1.297	0.046	1.156	1.334	-3.29	6.14

通过对表2-40进一步分析，发现大三学生在自我认同总落差（均值为0.916）和个人认同差距（均值为0.958）方面明显小于其他年级的学生，可以认为大三学生的自我认同落差是最小的，即达到了自我认同最佳状态。

表2-41　　　　　　　认同落差与专业（ANOVA）

		平方和	df	均方	F	显著性
总落差	组间	3.154	5	0.631	0.578	0.717
	组内	853.898	782	1.092		
	总数	857.052	787			

续表

		平方和	df	均方	F	显著性
社会认同	组间	6.852	5	1.370	0.874	0.498
	组内	1225.885	782	1.568		
	总数	1232.737	787			
个人认同	组间	10.085	5	2.017	1.200	0.307
	组内	1314.773	782	1.681		
	总数	1324.858	787			
形象认同	组间	6.660	5	1.332	0.605	0.696
	组内	1721.180	782	2.201		
	总数	1727.839	787			

表2-41表明认同落差与专业的检验不能通过显著性检验（P值均大于0.05），即不同专业学生的自我认同落差没有显著差异。

表2-42　　　　　认同落差与居住地（ANOVA）

		平方和	df	均方	F	显著性
总落差	组间	15.575	4	3.894	3.623	0.006
	组内	841.478	783	1.075		
	总数	857.052	787			
社会认同	组间	18.166	4	4.541	2.928	0.020
	组内	1214.571	783	1.551		
	总数	1232.737	787			
个人认同	组间	9.072	4	2.268	1.350	0.250
	组内	1315.786	783	1.680		
	总数	1324.858	787			
形象认同	组间	27.563	4	6.891	3.173	0.013
	组内	1700.276	783	2.171		
	总数	1727.839	787			

表2-42所示认同落差与居住地的方差检验显示，不同居住地的大学

生在总落差（P 值为 0.006）、社会认同落差（P 值为 0.02）和形象认同落差（P 值为 0.013）方面存在显著差异，进一步研究差异的主要内容。

表 2-43　　　　　　　认同落差与居住地均值描述

	居住地	N	均值	标准差	标准误	均值的 95% 置信区间 下限	均值的 95% 置信区间 上限	极小值	极大值
总落差	省会	91	1.198	1.007	0.105	0.988	1.408	-0.60	3.85
	地级市	224	1.035	1.002	0.066	0.903	1.167	-1.05	4.00
	县级	148	1.077	0.989	0.080	0.917	1.237	-1.60	5.30
	乡镇	132	1.117	0.954	0.083	0.955	1.284	-0.90	4.70
	农村	193	1.396	1.173	0.084	1.229	1.562	-0.80	6.45
	总数	788	1.164	1.043	0.037	1.091	1.237	-1.60	6.45
社会认同	省会	91	1.158	1.438	0.150	0.858	1.458	-2.29	4.86
	地级市	224	1.101	1.277	0.085	0.938	1.275	-2.57	5.00
	县级	148	1.000	1.074	0.088	0.826	1.175	-0.71	5.00
	乡镇	132	1.181	1.094	0.095	0.994	1.370	-0.86	5.00
	农村	193	1.431	1.326	0.095	1.243	1.619	-1.29	6.86
	总数	788	1.185	1.255	0.044	1.097	1.272	-2.57	6.86
形象认同	省会	91	0.965	1.469	0.153	0.660	1.270	-3.00	4.67
	地级市	224	0.637	1.489	0.099	0.442	0.832	-7.00	4.67
	县级	148	0.872	1.472	0.121	0.633	1.112	-2.17	5.50
	乡镇	132	0.746	1.203	0.104	0.539	0.953	-1.67	4.00
	农村	193	1.126	1.627	0.117	0.895	1.358	-2.83	6.33
	总数	788	0.857	1.481	0.052	0.754	0.961	-7.00	6.33

由表 2-43 所示认同落差与居住地均值描述可知，居住地为农村的大学生在自我认同总落差、社会认同落差和形象认同落差方面都显著高于在其他地方居住的大学生，表明在农村居住的大学生自我认同危机更为严重。

表 2-44　　　　　　　认同落差与政治面貌（ANOVA）

		平方和	df	均方	F	显著性
总落差	组间	3.684	2	1.842	1.695	0.184
	组内	853.368	785	1.087		
	总数	857.052	787			
社会认同	组间	4.222	2	2.111	1.349	0.260
	组内	1228.515	785	1.565		
	总数	1232.737	787			
个人认同	组间	5.523	2	2.761	1.643	0.194
	组内	1319.335	785	1.681		
	总数	1324.858	787			
形象认同	组间	2.831	2	1.415	0.644	0.525
	组内	1725.009	785	2.197		
	总数	1727.839	787			

在表 2-44 所示认同落差与政治面貌检验中，认同落差与大学生的政治面貌不能通过显著性检验（P 值均大于 0.05），表明中共党员、共青团员、群众三类大学生的自我认同差异不显著。

表 2-45　　　　　　　认同落差与学校类型（ANOVA）

		平方和	df	均方	F	显著性
总落差	组间	3.079	2	1.539	1.415	0.244
	组内	853.973	785	1.088		
	总数	857.052	787			
社会认同	组间	3.351	2	1.675	1.070	0.344
	组内	1229.386	785	1.566		
	总数	1232.737	787			
个人认同	组间	24.965	2	12.483	7.538	0.001
	组内	1299.892	785	1.656		
	总数	1324.858	787			

续表

		平方和	df	均方	F	显著性
形象认同	组间	1.331	2	0.665	0.302	0.739
	组内	1726.509	785	2.199		
	总数	1727.839	787			

在表2-45所示认同落差与学校类型检验中，不同类型学校的学生在个人认同落差（P值为0.001）方面存在显著差异，其他方面则P值大于0.05，没有通过显著性检验。

表2-46　　　　个人认同落差与学校类型均值描述

	学校类型	N	均值	标准差	标准误	均值的95%置信区间 下限	均值的95%置信区间 上限	极小值	极大值
个人认同	985/211	103	1.651	1.256	0.123	1.406	1.897	-1.14	5.29
	普通本科	488	1.129	1.292	0.058	1.014	1.244	-3.29	6.14
	高职高专	197	1.329	1.287	0.091	1.148	1.510	-1.43	5.29
	总数	788	1.247	1.297	0.046	1.156	1.338	-3.29	6.14

通过表2-46进一步研究发现，985/211等重点高校的大学生个人认同落差均值（1.651）明显高于其他大学的大学生，可以推断重点高校大学生在个人认同危机方面比其他高校大学生更严重。

四　研究结果的讨论

实证结果表明，大学生在认同确定性方面的得分均值在1.1~1.5分之间（总范围为-4到+4），处于中等略正向偏高，说明当代大学生能够较为清楚地觉察或确知自我认同；认同重要性得分均值在2.4以上（总分为4分），得分偏高，反映出当代大学生对自我认同的关注和需求程度较高，自我认同教育应成为思想政治教育的重要内容。通过对社会人口变量与自我认同确定性、重要性关系以及不同背景大学生自我认同落差关系的分析,可以看出当代大学生自我认同状况呈现出以下特点:

第一,自我认同发展领域的不协调性。从总体上看,大学生在自我认同确定性和自我认同重要性方面都得到了一定程度的发展,但是在自我认同确定性、自我认同重要性的不同领域发展程度不同,呈现出一定的不协调性。例如由问卷的数据结果可以看出,大学生对于个人认同维度重要性的需求要高于社会认同维度和形象认同维度,这与大学生进入大学阶段后随着社会交往扩大,对原有的自我认识程度不再满足的现实情况也相符合。尽管大学生群体被贴上了"非常自我""以自我为中心"的标签,他们对"做自己"的文化现象十分崇尚,但实际上对于做怎样的自己、什么是最好的自己没有概念,往往处于一种想做自己却又不知从何做起的冲突矛盾之中,于是在个人认同方面产生了认同落差。

第二,不同学生群体自我认同体验的不均衡性。不同群体的学生在自我认同体验方面的程度差异明显,从问卷的数据结果可见,居住地为农村的大学生在社会认同和形象认同确定性方面的得分都明显低于其他居住地的大学生,这与农村的学生在成长过程中良好教育资源稀缺有关。在新生入学时的班会中,经常可以听到农村生源和偏远地区生源的学生在自我介绍中说"来自农村,到了大学后发现有很多以前根本没听说过的事物""担心自己可能跟不上,还需要多适应"等。担任过学生干部的学生在自我认同确定性和重要性方面都比没有担任过学生干部的学生高,这与担任过学生干部的学生的社会交往范围较大以及拥有更丰富的实践经历有关。正如吉登斯所言"自我身份认同并非个体所拥有的一个特质(或特质集合)。它是每个人对其个人经历进行反身性理解而形成的自我概念"[①]。个人认同的形成与其经历的丰富性相关。男女生在个人认同落差方面差异显著,女生在对自身未来的方向、自身的独特之处、属于自

---

① [英]安东尼·吉登斯:《现代性与自我认同:晚期现代中的自我与社会》,夏璐译,中国人民大学出版社2016年版,第49页。

己的看法和见解等方面往往不太确定,女生群体的自我认同教育应受到更多的关注。

第三,自我认同发展过程的不稳定性。本研究实证表明,在大学生由大一到大四的自我认同发展过程中,大一、大二、大三呈现出逐年增强的趋势,大三学生在自我认同落差上明显小于其他年级,即在大三达到自我认同最佳状态,但到了大四自我认同落差又有所增加。这一结论与已有的一些研究结论契合,表明当代大学生自我认同发展在年级上有明显差异是一种较普遍的现象,而且自我认同的形成并不是一蹴而就,也不是一劳永逸的,即便形成了较高水平的自我认同状态也可能出现倒退,因此自我认同教育必须遵循不同年级的特点,有针对性地开展。

除了以上的共性特征之外,还有一些问题值得我们关注:在认同落差与政治面貌检验中,认同落差与大学生的政治面貌不能通过显著性检验(P 值均大于 0.05),表明中共党员和共青团员、群众三类大学生的自我认同差异不明显。信仰作为"超善"的一种形式,在个人自我认同形成中发挥着重大作用,大学生党员在马克思主义信仰上的坚定能够促进形成良好的自我认同,从调研数据结果反观当代大学生党员的信仰教育效果,仍需不断改善和加强;在认同落差与学校类型均值描述检测中,985/211 重点高校的大学生个人认同落差得分(1.651)明显高于其他类型高校的学生,表明重点高校大学生在个人认同危机方面比其他高校学生更严重,这与我们平常所认为的"重点高校大学生自我认同感更强"的认知恰恰相反。结合学生的个人访谈,推断其可能与重点高校学生所处的环境有关,重点高校学生在访谈中表示"来到大学后发现周围的同学都很厉害,以前对自己很自信,来了以后才觉得自己不够好",个人自我认同的形成离不开与身边"他者"的对话,重点高校相对激烈的竞争气氛使学生有更强的焦虑感,个人认同容易受到他人的影响。

第三节 叙事取向的自我认同团体辅导介入效果研究

目前国内学者对大学生自我认同的研究大多数是着眼于大学生自我认同现状与成因进行的分析,针对大学生自我认同提升的实践方案并不多见,国内学者用职业生涯团体对大学生自我认同进行干预研究(吴婷婷,2006;裴利华、李芳、谭志平,2008)效果显著;也有以叙事取向团体辅导对大学生自我认同的干预研究证实叙事取向团体辅导可以显著提高大学生的自我认同水平(赵君,2012)。但以上研究对自我认同的定义和测量以及介入方案和理论依据等方面的系统性还可以进一步深化。

本研究旨在建立一套叙事取向的大学生自我认同团体辅导方案,以期实现以下目标:第一,激发学生自我认同意识;第二,提升学生自我认知水平;第三,降低学生的认同落差。

一 团体辅导方案的理论依据和设计原则

本研究以大学生为样本进行自我认同团体辅导,以发展出具体可行的自我认同介入活动方案。研究基础是叙事认同理论以及台湾学者陈坤虎的研究成果《认同重要性、认同确定性及认同落差概念之生态效度:青少年自我认同介入方案之疗效分析》。

根据埃里克森和沃特曼的观点,认同的状态会反映在个体心理适应功能及心理健康的表现上,陈坤虎等人(2003)在此基础上进行的研究也指出,青少年的认同确定性越高,其自尊、正向、自我效能、主观幸福感亦越高,而负向自我效能感因子、认同落差为心理健康的危险因子,认同重要性在健康个体与适应不良的个体中,分别发挥着增益与减损的不同作用。"我们是靠表达而发现生活意义的。而现代人已敏锐地了解到我们的意义多么依赖于我们自己的表达力。"[1] 人们在解释自身的时候，就是把自己当成可被记忆、重构和再解释的过往存在，同时有足够丰富的想象力规划还没有到来的未来。对于"我是谁"的理解依赖于人们的语言表达，在丰富多样的生活事件和经历当中选取什么来叙述并构建自我，这种选择背后是有一个"角度"的，因此，我们可以说，我们选择了这些故事来塑造人和生活的关系。当然，将经验叙述成故事，进而达成连续感，产生意义，每一次叙事是无法涵盖整体丰富的活过的经验的，因此通过"角度"而选取的故事也就意味着叙事的建立需要诉诸筛选的程序。当我们实现言说时，会再体验事件与我的关系，这种实现不是去表达原本就存在于事件之内的意义，而是通过实践去推动建构生成新的意义。基于叙事言说和文本的这种不确定性，我们的生活以及我们和生活的关系才会有各种不同的"实现"（spectrum of actualization）。在这样的理论基础上，本研究结合当代大学生实际生活中的自我认同需求，设计出一套叙事取向的自我认同团体辅导介入方案。

二 研究设计及团体设置

本研究继续采用上一节验证过的《自我认同确定性量表》和《自我认同重要性量表》作为研究工具，测量实验组和对照组大学生的自我认同情况及其变化趋势。

（一）研究设计

本研究以大学生为研究对象。参加本实验的被试满足以下条件：自愿参加团体，愿意在团体中真诚分享；没有心理健康问题；承诺全程参与。在学校进行广告招募时，研究者对前来报名的 26 名学生进行筛选访谈，经过大学生健康调查问卷筛查，选取没有严重心理问题的 20 名被试参与本实验。20 名被试分为两组，每组 10 人，一组为实验组，一组为对

---

[1] ［加］查尔斯·泰勒：《自我的根源：现代认同的形成》，韩震等译，译林出版社 2012 年版，第 28 页。

照组。通过实验，研究参与团体辅导前后的大学生自我认同落差，探讨叙事取向的大学生自我认同团体辅导方案。

本研究采用实验组控制组前后测设计，并辅以追踪测量。将被试分配至实验组和控制组。实验组接受 5 次叙事取向团体辅导；控制组不接受任何实验处理，实验结束后再依其意愿邀请其参加团体。将两个组实验前后的自我认同分数进行比较。

（二）团体设置

1. 团体目标

本团体的整体目标：增强自我认同意识，促进自我认知，提升大学生自我认同感，激发投入未来自我的积极动力。

本团体的具体目标：促进成员进行自我探索，协助成员了解自己的个性、价值观、兴趣、能力等；通过团体活动，协助成员从自身的经历和故事中构建意义，达成自我认同的新视角。

2. 团体性质

本团体属于生涯发展成长性团体，以帮助成员形成自我认同为主要目标，以实现成员的生涯发展为长期目标；本团体是结构性团体，每次团体活动都有明确的目标和方案设计；本团体是同质性团体，团体成员都是在校大学生，且对自我认识、自我认同有探索意愿。

3. 团体时间和次数

团体共分为五个单元，每个单元为一次会面。每周一次，持续五周，每次团体活动时间为三个小时。

4. 团体成员

本科生 20 名左右。成员最好在性别、专业上稍平衡，对自我探索和自我认同有需求，具有主动参加团体的意愿。

三　研究结果及讨论

（一）实验组与控制组前测分数差异比较

由表 2 - 47 可知，在前测中，实验组与控制组自我认同的重要性总量表、确定性总量表和总落差以及三个维度上的分数均没有显著差异，t检验显著性没有通过检验（$P>0.05$）。说明实验组和控制组的前测分数基本是等值的，可以通过实验后测和追踪测来考察团体辅导的效果。

表2-47　　　　　　　　　　　前试结果

	实验组（$N=10$）		控制组（$N=10$）		t
	均值	标准差	均值	标准差	
自我认同重要性总量表	2.34	0.527	2.45	0.417	-0.435
个人认同重要性	2.83	0.843	2.79	0.388	0.141
社会认同重要性	2.46	0.507	2.66	0.500	-0.724
形象认同重要性	1.63	0.559	1.8	0.642	-0.553
自我认同确定性总表	1.36	0.931	1.22	0.956	0.333
个人认同确定性	1.1	1.218	1.22	1.084	0.266
社会认同确定性	1.65	1.090	1.41	1.090	-0.747
形象认同确定性	0.96	1.208	0.97	1.208	1.057
自我认同总落差	0.98	0.857	1.23	0.857	-0.555
个人认同落差	1.47	1.227	1.55	1.081	-0.136
社会认同落差	1.35	0.906	1.24	1.361	0.252
形象认同落差	-0.02	1.318	0.83	1.298	-1.225

（二）实验组与控制组后测增值分数差异比较

在辅导结束之后，对实验组和控制组进行后测。对后测增值分数进行独立样本t检验，对每个被试的后测分数减去前测分数得到的增值进行检验。

表 2-48 后试结果

	实验组 (N=10)			控制组 (N=10)			t
	均值	差额	标准差	均值	差额	标准差	
自我认同重要性总量表	2.67	0.330	0.484	2.58	0.130	0.590	2.155*
个人认同重要性	3.39	0.556	0.988	3.03	0.244	0.598	1.782
社会认同重要性	2.67	0.213	0.576	2.74	0.088	0.814	1.176
形象认同重要性	1.83	0.200	0.615	1.85	0.050	0.577	1.032
自我认同确定性总表	2.25	0.895	0.961	1.44	0.225	1.005	2.943**
个人认同确定性	2.77	1.412	1.392	1.41	0.187	1.119	3.216**
社会认同确定性	2.16	1.058	1.437	1.79	-0.143	1.502	2.324*
形象认同确定性	1.75	0.102	1.581	1.07	0.099	1.290	0.200
自我认同总落差	0.42	-0.565	1.157	1.14	-0.095	1.205	-1.544*
个人认同落差	0.61	-0.859	1.512	1.61	-0.059	1.517	-1.789*
社会认同落差	0.51	-0.843	1.535	0.95	-0.288	1.621	-1.737*
形象认同落差	0.08	0.101	1.796	0.78	-0.051	1.257	-0.176

* $p<0.05$, ** $p<0.01$, *** $p<0.001$.

由表 2-48 可知，经过 6 次的团体辅导，实验组被试后的自我认同的重要性总量表（$P<0.05$）、自我认同确定性总量表（$P<0.01$）和个人认同确定性（$P<0.01$）、社会认同确定性（$P<0.05$）4 个方面的得分增值均显著高于控制组，而自我认同总落差和个人认同落差、社会认同落差（$P<0.05$）的减少值也显著高于控制组。这说明：

首先，实验提高了大学生自我认同的重要性，进一步提高了对自身自我认同水平的关注，认同重要性的均值从 2.34 增长到 2.67，同时在个人认同重要性、社会认同重要性方面都有显著提高。

其次，在自我认同确定性方面，实验后的数据更是比实验前有大幅度提高，自我认同确定性总量表得分从 1.36 增长到 2.25，同时在个人认同确定性、社会认同确定性方面都有显著提高，表明实验对于提升大学生的自我认同确定性有非常正面的影响。

最后，自我认同的落差也随之降低，从均值0.98下降到0.42，下降幅度较大；在个人认同落差和社会认同落差方面也大幅度减少。落差的减少即表明实验对于缓解大学生自我认同危机，提升大学生自我认同感具有积极的正面影响。

(三) 研究讨论

本次介入方案的实证结果表明，叙事取向团体辅导对大学生提高自我认同水平有立即性辅导效果，可以促进被试增加对自我认同重要性的认识，提高自我认同确定性，降低自我认同落差，达到提高自我认同水平的目的。通过唤醒自我意识、探索自我认知、解构"单一故事"对自我认同形成的影响、对未来自我的清晰化四个单元共八次的封闭式、同质性团体辅导，参与学生的自我认同意识增强，对自我认知更加全面和深入，同时积极投入未来的意愿增强。在团体辅导过程中，带领学生重新审视过去经历，体验自己的独特性、一致性和连续性，形成内心和谐一致的感受；结合当代大学生最关心的实际生活议题——职业生涯，通过讨论社会环境信息，进而确定职业生涯发展目标，增强其对未来投入的愿望。叙事取向团体辅导以其独特的视角，整合过往经历中的自我，解构主流文化对被试自我认同形成的影响，使被试从固化的"单一故事"的禁锢中解脱出来，看到每个人生命中具有特殊意义的事件，从而获得正向的力量，积极投入未来自我发展中。

实证研究与思辨的逻辑演绎都是人文社会科学常用的重要研究方法，实证研究以科学的方法获得客观事实或经验，并以此为基础解释经验事实，获得理论观点，包括量的研究和质的研究，实证研究中所获得的数据及多元统计的结果有利于对复杂事物的把握；思辨的逻辑演绎是进行理论构思、理论概括常用的方法，也是产生问题和实证研究方法论的基础。只有将二者结合起来，发挥各自优势，才能使研究更加全面。对个体状况的了解，有利于我们推进对整体的研究，正如马克思所描述的，作为个体的个人"他的生命表现，即使不采取共同的、同他人一起完成的生命表现这种直接形式，也是社会生活的表现和确证。人的个体生活和类生活不是各不相同的,尽管个体生活的存在方式是——必然是——类生活的较为特殊的或者较为普遍的方式,而类生活是较为特殊的或者较为普遍的个体生活。"① 本章在第一章理论阐析的基础上,通过对当代大学生群体自我认同重要性、自我认同确定性以及自我认同落差的测量,对当代大学生自我认同教育介入效果进行实证分析,为进行当代大学生自我认同教育研究提供了直观、可靠的客观数据和结论参考:

第一,经过修订的自我认同确定性量表、自我认同重要性量表的效度、信度检验结果表明,量表具有良好的结构效度,内部的一致性信度良好,可以用于对大学生自我认同确定性与重要性的测量。通过对确定性和重要性之间的落差分析,能够测量大学生的自我认同危机程度。相比其他一些测量自我认同状况量表直接指向自我认同危机感受的问题,通过结合当代大学生日常生活议题的自我认同确定性、自我认同重要性的分别测量,能够帮助他们更准确地辨识自我认同状况,并更清晰地分析自我认同问题所在的维度。

第二,当代大学生的自我认同确定性测量的平均得分为1.1—1.5分(总范围在 -4~+4 之间),处于中等偏高的状态;当代大学生在自我认同重要性上得分均值均在2.4以上(总范围在0~4之间),处于中等偏高的状态。说明当代大学生普遍认识到了自我认同的重要性,同时对于自己在自我认同方面存在的问题也已有所觉察,对部分关涉自我认同的内容能够确知。但是,自我认同确定性的得分要比自我认同重要性低,也表明了当代大学生在自我认同方面总体上存在认同落差,对能够提升自我认知、自我确证、自我发展的自我认同教育的需求较为迫切。

第三,在自我认同确定性方面,得分最低的题项为101,其次是118、112、106,分别对应"我无法/可以掌握未来的方向""我无法/可以接受自己的'美术'(如绘画、手工艺、雕刻)表现""我不擅长/明了恰当地与他人互动""即使面对人生转折或外界改变,我不会/会知道我还是

---

① 《马克思恩格斯文集》第1卷,人民出版社2009年版,第188页。

'同一个我'"，表明大多数大学生对自己未来掌控力的信心不够，社会交往能力需要提升；在自我认同重要性方面，得分最高的题项依次为220、221、210题，分别对应"我的价值观与道德标准""我的理想和抱负，我想成为什么样的人""我未来的方向"等，这些题目均属于"个人认同"维度，说明处于自我意识发展期的大学生认为个人认同维度对于定位自己最重要，渴望明确自己未来的发展方向以及知道自己究竟是一个什么样的人。

第四，通过社会人口变量与自我认同确定性、自我认同重要性的差异显著性检验，可知不同群体的大学生在自我认同状态上具有不同程度的差异，结合个人访谈，可知主要与社会实践、与他者对话的广泛性、成长环境等因素相关。例如，担任过学生干部的学生在自我认同落差方面显著小于其他学生，这应与担任过学生干部的学生的社会交往范围相对大一些，所积累的社会实践经验丰富有关；大三学生在自我认同落差上的差距最小，应与随着时间的推移，大三学生所经历的社会交往与社会实践也有了积累有关，相对来说达到了最佳的自我认同状态，至于大四学生在自我认同状态落差上的差距有所回落，应与处于毕业班的大学生在找工作过程中进一步感受到社会要求与校园环境差异带来的冲击有关；居住地为农村的大学生在自我认同落差的各个维度上显著大于其他学生，表明农村生源的大学生在自我认同教育方面应是重点关注的群体；女大学生在个人认同维度上的落差显著高于男大学生，这与传统文化对女性的定义与现代社会对女性角色的要求存在冲突有关，多数女大学生在访谈中提到"主要是不知道自己要成为什么样的人"，"感觉家人对自己没有很大的期待，就是将来有一份稳定的工作，嫁一个好老公就好，但是自己会担心连工作都找不到，养不活自己"等，随着社会的发展，女性要扮演的角色不再像传统文化里所定义的"女主内""女子无才便是德"那样，而是同时要兼顾家庭和职场的多重角色，既要承担主要的家庭责任又要在职场上扮演一定角色，因此更容易处在冲突和矛盾之中。

第五，本章研究二的实证分析表明，叙事取向的团体辅导对当代大学生自我认同状况提升有即时性效果，应在当代大学生自我认同教育中有效运用这一方式。这也是释义学方法论在自我认同教育上的具体应用，也是对哲学、社会学领域有关自我认同与语言、他者、共同体之间密不可分的理论观点的验证。语言、叙事、对话能够以丰富多样的方式体现在自我认同教育中，提升自我认同主体的自觉意识、主体意识和自我效能感，并更好地整合思想政治教育资源，提升思想政治教育的内化效果。

总而言之，实证研究的结果表明了加强当代大学生自我认同教育的必要性与迫切性，同时也要求我们在自我认同教育过程中注重大学生群体之间的差异性，进行分类指导，注重学生的个体主体性。自我认同的形成与个体内在的价值观、道德观以及未来愿景密切相关，通过鼓励和辅导学生在这些方面进行探索和表达，有利于提升学生的自我认同确定性，从而形成更好的自我认同状态。

第 三 章

整合与回归：思想政治教育中的自我认同构建审思

"思想政治教育作用对象是人，坚持思想政治教育，就是要引导人们形成符合社会发展要求的思想道德素质，调动人们参与社会活动的积极性、主动性、能动性，进而推动人和社会全面发展。"[①] 促进学生的社会化是思想政治教育的主要目标之一，思想政治教育效果的实现需要经历一个过程："外部影响——主体通过活动和交往接受外部影响——思想矛盾运动——形成内部品德环境"[②]。在这个过程中，大学生形成正确的自我认同是接受外部影响和形成内部品德的前提，如果连自我认同都无法实现，就不可能在真正意义上实现社会化。世界百年未有之大变局，对思想政治教育工作来说既是机遇也是挑战，在认识论和行动论规约上达成价值共识是思想政治教育的核心要务，这一任务的实现既不能依靠外在理论灌输的强制同意，也不能流于形式的表面赞同，而是要靠主体在认识论和实践论层面的双重自觉，这也决定着自我认同作为思想政治教育功能发挥的基石作用更加关键。

---

① 陈万柏：《思想政治教育学原理》，中国人民大学出版社2013年版，第5页。
② 陈万柏：《思想政治教育学原理》，中国人民大学出版社2013年版，第219页。

第一节 当代大学生自我认同现状成因分析

从调研数据显示的当代大学生自我认同状况来看，当代大学生自我认同落差普遍存在，主要表现为自我认同发展不均衡、不稳定、不协调。自我认同的形成受多方面因素的影响，但认同主体本身的群体特征以及所处的文化背景和社会状况是我们考察成因时不可回避的重要因素。马克思在他的博士论文中借伊壁鸠鲁的原子理论来表达自己的个人观，在关注个人自我意识和自由意志的同时，提出了"直接存在着的个别性，只有当它和他物发生关系，而这个他物又是它本身时，才是按照它的概念得到实现，即使这个他物是以直接存在的形式同它相对立的。所以一个人，只有当它与之发生关系的他物不是一个不同于他的存在，相反，这个他物本身即使还不是精神，也是一个个别的人时，这个人才不再是自然的产物"①。自我认同并非个体与生俱来拥有的一个特质，而是每个人通过对自己经历进行反身性理解而形成的自我概念，不同的社会背景、文化场景对于"人""自我"的理解无疑是各异的，因此必须得在查尔斯·泰勒所说的"我们的道德和精神直觉背后的'背景状况'"②中去讨论当代大学生自我认同问题。

一 文化基因：传统思想的影响

文化是一种社会历史现象，是人们在长期的社会生活中凝聚起来的生活方式的总体，是联结和壮大民族群体的社会纽带。"文化的基本特点在于它的总体性或叫做整体性。文化的整体性是以民族为单位形成的，不是也不可能是以世界为单位形成的，而文化的整体性则为一个民族保

---

① 《马克思恩格斯全集》第1卷，人民出版社1995年版，第37页。
② [加]查尔斯·泰勒：《自我的根源：现代认同的形成》，韩震等译，译林出版社2012年版，第16页。

持和发挥文化优势提供了可能性"①,文化是一个整体,但它又是一个充满差异、不断变移的积累过程,任何一个国家的传统文化均具有鲜明的地域性、民族性和时代性,对身处其中的人产生着潜移默化的影响。

相比于西方文化思想史上对象化、客观化研究传统的"自我观",中国传统文化的"自我观"的形成有其独特之处。在古代中国悠长的历史文化发展进程中,关于"自我"的理解变化甚微,并没有现代意义上的自我认同问题,其中一个重要原因就是"在古代中国人的'天下'观中,并没有可以在本质上与中华相区别的他者,西方作为他者的形象直至19世纪末才由康、梁等维新知识分子建构起来"②。在中西文化的碰撞中,实际的经济、政治、军事、文化的弱势地位使中国在"师夷长技"图强之时,出现了在价值层面上认同他者而疏离自我的矛盾状态,自我认同危机意识开始凸显。近现代以来的知识分子在反思传统和寻求自我文化精神根基的冲突中努力探寻,从康有为、梁启超到五四运动中的文化先驱(如胡适被称为"新文化的先锋,旧道德的楷模"),他们的著作中出现的"许多看似矛盾的思想和言论,其实都表达了在这种极其尴尬的局面中寻求自我认同的努力及其困境"③。这种态度仍然是我们今天面对当代自我认同问题所应采取的,对传统思想进行扬弃,在传统思想的影响中找到自我认同问题产生的原因。

第一,自我界限模糊,导致自我同一性偏低。中国传统思想中"自我观"的重点不在对"自我是什么"的本体追问上,而更关心对"自我"的现实控制和塑造,也就是将焦点置于"自我怎么做"的问题上。众所周知,占据中国传统文化主流的儒家文化着眼于实现人性的统一和人际的和谐,将"自我"放置在人伦关系中,从整个社会秩序出发设计

---

① 沙莲香:《中国民族性(贰)——1980年代中国人的"自我认知"》,中国人民大学出版社2012年版,第5页。
② 李里峰:《"东方主义"与自我认同——梁启超中西文化观的再阐释》,《福建论坛(人文社会科学版)》2005年第1期。
③ 李里峰:《"东方主义"与自我认同——梁启超中西文化观的再阐释》,《福建论坛(人文社会科学版)》2005年第1期。

和规定"自我"。在宗法人伦社会中讲究亲亲尊尊的仁爱、礼乐,以达到"天人合一"的人格修养和"天下大同"的社会和谐。这种观念有利于形成一种超稳定结构的社会治理模式,但是在这种模式中"自我"完全隐匿在与他人共生的人伦关系中,"儒学的人伦关系规范来源于人的生活实际,但一旦规范化、知识化、制度化以至本体化,它就既构成人的精神家园,同时又构成对真实生活的遮蔽,理想的精神家园就可能异化为创造性转换的自我的桎梏"[1]。在中国传统思想中,一个中国人似乎不是为了自己而存在,这种思想影响着中国人在经济、政治等各方面的观念,例如"伦理社会中,夫妇、父子情如一体,财产是不分的。……要之,在经济上皆彼此顾恤,互相负责;有不然者,群指目以为不义"[2]。伦理社会就是一个重情谊的社会,人们要认清人与人之间的各种关系,于彼此关系中互以对方为重,这对维持社会稳定发挥了重要作用,但同时也深刻地影响着中国人的自我观,即以有关系的他人界定自我,因此自我的界限不清晰,有很强的依赖性,"通过人际关系来界定,以面子功夫的磋商来维持及奠定。不同关系与情境下的自我有着较大的差异性,即自我一致性偏低"[3]。体现在大学生群体当中则是将自我认同与家庭背景紧密相连,对社会上流行的"官二代""富二代"赢在起跑线上的说法一方面表达不满,另一方面又会放大自己家庭背景和经济状况对自我认同的作用,例如有一部分同学会有"这个社会就是这么黑,你出身不好,再努力了也白搭"的消极想法。本书第二章的调研结果显示居住地为农村的学生自我认同落差显著高于居住地为城镇的学生,在一定程度上就是受到了这种思想的影响。

第二,为了光耀门楣而努力奋斗,自我完善动力呈外源型。以"孝"为人伦起点的血缘性的家族关系是其他非血缘的人际关系展开的起点,

---

[1] 李祥俊:《儒学的人伦关系规范与自我认同》,《中国哲学史》2005年第2期。
[2] 梁漱溟:《中国文化要义》,上海世纪出版集团2005年版,第74页。
[3] 郭斯萍、林蓉:《中国人自我观理性分析——基于儒家伦理文化的视角》,《战略决策研究》2012年第4期。

正如梁漱溟在其著作《中国文化要义》中所指出的："举整个社会各种关系一概家庭化之，务使其情益亲，其义益重。由是乃使居此社会中者，每一个人对于其四面八方的伦理关系，各负有其相当义务；同时，其四面八方与他有伦理关系之人，亦各对他负有义务。全社会之人，不期而辗转互相连锁起来，无形中成为一种组织。"① 这也是很多学者认为的中国人"私德"发达而"公德"薄弱的原因之一，正如金耀基曾分析的："凡中国人活动范围接触所及，他都会不知不觉间以'亲人'目之，因此亦以'亲人'相待，而献出殷勤与关怀，乃充满一片人情味。可是，在一个人亲属或拟亲属关系圈之外的人即属'外人'，外人则人际关系中断，而不免显出无情。"② 在儒家孝文化以及耻感取向的作用下，为父母、家人争口气而努力的动机成为完善自我的外源型动力。不少大学生所学专业、所定的职业目标并非以内在意志的自我体察为主，而是为了满足父母或重要他人的期待，因此必须要努力提升自己，否则就会有负罪感。他们常常有这样的表达"爸妈培养我上到大学很辛苦，很不容易，我如果不顺着他们，实现他们对我的期待，就觉得很内疚"。这与挖掘潜能、彰显个性、自我实现的自我完善动机大相径庭。

二　价值裂变：当代中国社会现代转型的冲击

美国历史学家、汉学家孔飞力（Philip A. Kuhn）认为："使得一个国家成为'现代'国家的，是它所面临的为我们所处时代所特有的各种挑战：人口的过度增长，自然资源的短缺，城市化的发展，技术革命的不断推进，等等。"③ 经历现代转型的国家都要面临共同的现代性问题，但是不同的国家有不同的历史经验和文化背景，通过不同的特点表现出来。

---

① 梁漱溟：《中国文化要义》，上海世纪出版集团2005年版，第73页。
② 沙莲香：《中国民族性（壹）——一百五十年中外"中国人像"》，中国人民大学出版社2012年版，第257页。
③ ［美］孔飞力：《中国现代国家的起源》，陈兼等译，生活·读书·新知三联书店2013年版，第2页。

当代中国正处在一个深刻变革的时代，从国际形势看，世界多极化和经济全球化的趋势在曲折中发展，各国之间的竞争与合作呈现出复杂态势，全球化、更广泛的互联性、极端天气、不断接近临界点的动态新技术等，正在使人类社会以前所未有的速度发生着深刻变化；从国内形势看，我国正处在深化改革的社会转型中，"'社会转型'是一个有特定含义的社会学术语，意指社会从传统型向现代型的转变，或者说由传统型社会向现代型社会转型的过程，说详细一点，就是从农业的、乡村的、封闭的半封闭的传统型社会，向工业的、城镇的、开放的现代型社会的转型"[①]。中国的现代化进程是本土文化和西方经验相互影响的结果，一方面受到了西方现代性的影响，另外一方面又根植于中国悠久的未曾中断的文化历史中，这两方面交织在一起，塑造了中国社会转型的独特路径。

尤其是自改革开放以来，中国的经济发展取得巨大成就，中国社会发展速度加快，这个发展过程与市场经济的不断完善成熟密不可分，甚至有学者认为："从根本上讲，中国的现代化进程与市场化是一致的，当代中国社会转型的现实基础以及现代化的推动力就在于社会主义市场经济的加速发展以及它对原有的计划经济模式的彻底打破，在市场化与现代化的进程中，社会各领域随即都发生了深刻而巨大的变化，当然，归根到底，这种变化的深层动因就在于社会主义市场经济的确立与完善。"[②] 市场经济的发展极大丰富了人们的物质生活，同时也不断刺激着人们欲望的不断膨胀，由此出现了资源短缺问题，人与自然、物质与精神的和谐关系本是中国传统文化中的核心要义，但现在成了笼罩在当代人周围的迷雾；市场经济市场化的社会存在与生存方式，打破了中国传统社会的宗法人伦秩序，随着劳动力的加速流动，熟人社会共同体已经瓦解，使社会形态日益呈现出多元化的特征，如何在失去原有的人伦之网后定

---

① 郑杭生：《改革开放三十年：社会发展理论和社会转型理论》，《中国社会科学》2009 年第 2 期。

② 王虎学：《当代中国社会转型及其价值意蕴》，《甘肃社会科学》2016 年第 4 期。

位自己，成了困扰当代人的新问题；市场经济所内含的契约精神和竞争精神催生的公平、公正、自由、法治观念，冲击着中国传统社会中"公共领域"的薄弱之处；同时市场经济的开放性也带来了多样化的价值观和社会思潮，影响着当代人的价值选择和道德观念。总的来说，当前中国社会的快速转型具有鲜明的两重性和复杂性，既取得了进步又付出了代价，自然环境恶化、社会发展失衡、贫富分化引起的公正问题、社会产业机构优化问题、社会道德滑坡问题等是发展过程中面临的困境。

"中国的现代性启蒙应立足于当前中国市场经济发展的基本现实状况。市场经济是市民社会的内生主导动力，市场经济的充分发展培育了独立自主的市场主体、平等互惠的契约关系、自由独立的个性意识，界定了产权关系和社会资源以及个人财产的占有和分配原则，这些都是形成市民社会的必要条件。"[1] 伴随着市场经济在我国的不断完善和发展，自主意识和权利观念渐渐深入人心，进一步形成了现代性的批判意识和理性的思维方式，这必然促使我们追问"我是谁""我要成为谁"，不断地摆脱"不成熟状态"，实现自身的自我完善与发展。借用康德所说的一句话来形容当前的转型时期："如果有人要问：'我们目前是不是生活在一个启蒙了的时代？'那么回答就是：'并不是，但确实是在一个启蒙运动的时代'。"[2]

三　内在冲突：主体意识增强与自我认同构建能力不足

大学生处在主动性和可塑性较强的人生阶段。当代大学生的年龄区间在18~24岁，这个阶段正是埃里克森所称的同一性形成时期，是一个自我探索、发现自我的关键时期。相对于中小学简单的生活模式，他们面临的社会关系更为复杂，所要承担的社会角色从过去读好书就行的单一化慢慢转向复杂，逐步从校园过渡到社会，是社会化的关键时期，现

---

[1] 韩升：《现代性启蒙与中国的社会转型》，《华南农业大学学报（社会科学版）》2010年第2期。

[2] ［德］康德：《历史理性批判文集》，何兆武译，商务印书馆1990年版，第25页。

实要求他们必须对自我、自然、社会等人生问题进行深入思考。"他们的主体意识普遍迅速增强,他们的个人需要,要求自我奋斗的意识日渐高涨,在行为过程中追求自我支配,自主决策,在生活中追求自立,在精神上追求自我价值的实现。"① 同时,他们正处于智力发展的鼎盛时期,也是个性心理品质逐步成熟的时期,是人才成长的黄金阶段,因此这个阶段无疑是学习、成长的高峰期,具有较强的可塑性。主体意识增强促使大学生渴望获得自我认同,但在现实中自我认同的达成面临着诸多冲突。

随着社会经济和科技水平的发展,当前已经是一个多元文化并存的时代,一些传统的权威观念开始瓦解,对于大学生群体来说,在这个时代面临的不只是对与错、是与非、黑与白的简单二元判断的选择,呈现在他们面前的是一个前现代、现代、后现代交织,传统文化与西方社会思潮并存的复杂局面,何去何从成了一个全新的没有标准答案的命题;当代大学生有便利的条件接触到有关社会发展的丰富信息,视野广阔,然而由于成长经历相对单一,缺乏实践体验,因此容易出现"成熟"的假象:看起来很独立而且知道的很多,但在实际生活中却难以通过主动探索真正建构起自己对世界的认知,想建构价值体系又缺乏建构的经验和途径。美国社会心理学家乔纳森·布朗引用埃里克森有关"同一性危机"的描绘来说明大学生在这个阶段面临的冲突:"伴随青春期而来的许多变化都是突然性和暂时性的,并不会一直存在。这会造成自我概念的混乱和不稳定。青少年必须在青春期前的自我和现在的自我之间寻找连接点。他们还要把他们关于自己(包括新的社会角色和责任)的各种想法结合到统一的自我概念当中去。换言之,正如他们在婴儿期时所做的那样,青少年必须形成稳定和统一的自我观念。"② 个人主体性的积极建构不仅表现为外在的改造世界的对象化活动,也表现为内在的对自我个

---

① 黄书光:《价值观念变迁中的中国德育改革》,江苏教育出版社2008年版,第267页。
② [美] 乔纳森·布朗:《自我》,陈浩莺等译,人民邮电出版社2004年版,第86页。

性、能力等的探索和确立，合理地统整过去自我、现在自我与未来自我，对大学生来说是一个十分具有挑战性的任务。

对代际特征的过度关注和放大给当代大学生的群体认同与自我认同也带来了冲突。"一种身份的确定，需要一个明确的自我认同，也需要一个相应的社会定义。"[①] 社会标签理论认为，社会定义本身具有一种暗示性的作用，在这种暗示性作用下大学生群体的自我认知和自我塑造会受到社会评价和期待的影响，同时作为当代大学生群体的自我认同以及基于自我意识支配下的群体思想、价值观、行为导向等，也必然反过来影响到社会对大学生的认知与评判，影响大学生群体社会功能的发挥。随着我国高等教育的发展，高校的不断扩招，当代大学生"天之骄子"的身份今非昔比，但不可否认的是大学生仍然备受关注，中国传统文化对知识分子学识、德行的高期待仍是主流，但在现实生活中，大学生的理想形象和社会评价之间的落差频频见于媒体舆论，例如对当代大学生整体有这样的评价：迷茫的一代、颓废的一代、垮掉的一代……这种评价在某种程度上跟当前大学生中出现的一些失范行为有关，但这些现象未必能作为整个大学生群体的标签，而这种评价带来的影响就是使大学生对自身身份角色认同感的削弱，淡化了他们对自身身份的使命感，影响了自我认同的稳定性。

第二节　当前大学生自我认同教育问题剖析

我国思想政治教育工作一直强调与时俱进，特别要增强时代感和加强针对性、实效性、主动性，自我认同是在现代性危机中出现的一个新命题，直面时代形势，剖析目前大学生自我认同教育中存在的问题，才能使思想政治教育工作不断创新，真正保持旺盛的生机和活力。

---

① 菅志翔：《族群归属的自我认同与社会定义——关于保安族的一项专题研究》，民族出版社2006年版，第33页。

一 个体缺失和个人主义：自我认同教育理念的极端倾向

自我认同的主体是现实的人，作为教育对象的大学生，只有在教育关系中获得其主体特征才有可能取得自我认同。目前思想政治教育由于受到传统文化和时代背景的影响，在自我认同教育方面容易出现个体缺失和个人主义的极端倾向。

（一）个体缺失的极端倾向

在我国悠久的历史长河中，儒家思想作为主流意识形态影响着中国传统政治、经济、社会、文化的发展，以儒家教化为主的道德教育对维护和巩固中国传统社会的长治久安发挥着重大作用，但封建统治阶级为了加强统治，礼乐教化逐渐以法律化、政治化的方式出现，以便强化渗透到社会生活的方方面面，导致道德教育的教条化倾向。以现代教育的视角来看，传统教育体制下学生的主体性、理性和自由精神受到了束缚和限制，使得他们在教育中主要处在"被教化"的状态。受此影响，思想政治教育功能中的政治功能、社会功能突出，甚至被当作思想政治教育的唯一目的，与思想政治教育以人为本的本质逐渐偏离。长期以来，我国的思想政治教育强调的是规范制约，对学生的自我定位以服从律令条款为主，"既不是以人特别是受教育者为主体的，它所传授的又是剥离了人性内涵的空洞的道德规范，在实施中又背离了把握人性所特有的过程和规律。正因为如此，本来应当是充满了人性魅力的德育，变成了毫无主体能动性，没有道德意义，枯燥无味，令人厌烦的灌输和说教"[1]。这种现象被一些学者称为"无人"的空场，体现在自我认同教育方面就是对教育对象主体性能动性的忽略，导致认同主体责任感淡漠、依赖性强，自我认同的自发性和自觉性较低。

对"听话的学生才是好学生"培养目标的过分追求导致大学生对自

---

[1] 鲁洁：《人对人的理解：道德教育的基础——道德教育当代转型的思考》，《教育研究》2000年第7期。

我成长责任的淡漠,从小要求孩子言听计行,使不少大学生认为自己在学习、能力上的提高由老师、家长负责,自己只要等待他们下"指令"即可。对这种惯性的纵容使高校学生工作对其服务职能的曲解——替代、包办,进一步造成大学生主体性的丧失,形成了一种恶性循环。大学生自我认同的自发性和自觉性受阻,失去了依靠主体力量克服困难认知自我、发展自我的内动力,在自我评价方面或者无法察觉或者将自己无法达成自我认同的原因全部归结为社会、学校、老师等外部因素,充满与青春朝气不和谐的怨天尤人。

自我认同教育的首要任务就是要复归教育对象在自我认同中的主体地位和主体性。个人的自主性是在社会关系中确立的,自主性意味着人与人依赖关系的消除,使人在社会生活中走向独立自主。马克思曾用一个例子来说明人的社会本质:"有人说:从社会的角度来看,并不存在奴隶和公民;两者都是人。其实正相反,在社会之外他们才是人。是奴隶或是公民,这是 A 这个人和 B 这个人的一定的社会存在方式。A 这个人本身并不是奴隶,他在他所隶属的社会里并通过社会才成为奴隶。成为奴隶和成为公民,这是社会的规定。"① 所以说,个人的主体本质取决于他在社会关系中的地位,人作为对象性活动的主体总是社会性的主体。因此,个人的发展离不开社会的发展,要使人能够真正驾驭自身的活动,必须首先使自己在社会关系中获得独立自主的地位。"总起来说,人正是在对象性活动和社会交往活动中形成自己独特的能动性、创造性和自主性,而这些特性也只有在这些活动中才能得到进一步的发展。"② 自我认同教育的目标不是塑造一个"省心的学生",而是将教育看作一个"属人过程",一个在这一过程之中需要激发学生主体性去反思,弘扬价值的真实活动。

(二) 个人主义的极端倾向

全球化进程的深入和各种西方社会思潮的涌入,对人们的思想观念、

---

① 《马克思恩格斯全集》第 47 卷,人民出版社 1979 年版,第 173 页。
② 丰子义:《走向现实的社会历史哲学》,武汉大学出版社 2010 年版,第 120 页。

价值取向和行为方式产生了冲击，尤其是对于世界观、人生观、价值观正在形成的青年大学生们影响巨大。个人主义思潮因其内含对个人自由、个人本位、个人权利的主张契合了大学生渴望彰显自我的需求，对当代大学生思想的影响比较广泛。

个人主义在《简明不列颠百科全书》中的定义是："一种政治和社会哲学，高度重视个人自由，广泛强调自我支配、自我控制、不受外来约束的个人或自我。……作为一种哲学，个人主义包含一种价值体系，一种人性理论，一种对于某些政治、经济、社会和宗教行为的总的态度、倾向和信念"。[①] 但实际上关于个人主义的内涵要复杂得多，泰勒对个人主义在西方思想史上的源起与嬗变做了详细的回溯，他指出："个体在现代西方文化中无可置疑的优先性，这是现代道德秩序构想的核心特质。……因为对于我们而言，个人主义已经是常识。现代人的错误，便认为这种对个体的理解是理所当然的。"泰勒通过从古希腊时期"人、神、自然"统一秩序中的个体认识，到宗教改革以及近代资本主义发展催生的"个体主观化"，再到原子式的个人主义的横行，在肯定个人主义所包含的个人主体性力量的同时，对原子式的个人主义所带来的严重后果进行了批判。

当代大学生更多的是通过网络媒体、影视作品等快餐文化接受"个人主义"中的个体至上、个人权利思想，这些快餐文化中传播的"个人主义"实际上更多的是一种"原子式的个人主义"，这种绝对化的个人主义使人们陷入了无意义、无标准的迷途。在这种思潮的影响下，自我认同教育的另一个极端就是放任自由的倾向，认为每个人都有过自己想要的生活的权利，不应对个人的自主选择多加干涉。但是这种不干涉并未带来个体良好的自我认同，面对多元化、多样化的社会文化和纷繁复杂的选择，孤立、原子化的主体性也滑入了相对主义的虚无中。这也是为何当代大学生一边高喊"我的地盘我做主"一边常常陷入迷茫的无力感

---

① 《简明不列颠百科全书》第3卷，中国大百科全书出版社1985年版，第406页。

的原因。"自由主义者往往简单地把自由理解为自由选择。他们没有看到自主性（autonomy）能力对本真性（authenticity）理想的依赖。一种有价值意义的选择能力的自主性是建立在一个本真的、成熟的人格基础上的。"①

二　理想化：自我认同教育目标对生活世界的忽视

"生活世界"这一概念的明确提出者是现象学运动的奠基人胡塞尔，他用这个概念来批判性地考察近代自然科学对于我们身处其中的世界的形式化和抽象化，他认为我们所处的生活世界是"现实地由感性给予的世界，总是被体验和可以体验到的世界——我们的日常生活世界"②。泰勒在考察现代认同根源的过程中，论证了现代本性观的兴起，认为它体现在对日常生活的肯定中，泰勒考察了对日常生活的肯定所蕴含的18世纪浪漫主义的根源，包括对人内在自然本性的崇敬、强调忠于内在的表现主义、对多样性和复杂性的承认。生活世界是自我认同教育所在的真实世界，马克思说："社会生活在本质上是实践的。凡是把理论诱入神秘主义的神秘东西，都能在人的实践中以及对这种实践的理解中得到合理的解决。"③ 生活世界作为自我认同教育的现实基础，不仅是一个具体事物构成的世界，而且是一个价值世界、意义世界，更为重要的是一个实践的世界。忽略了生活世界这一现实根基的理想化使自我认同教育日益变得统一化、形式化。

（一）忽视差异的统一化

教育本身就是具有层次性的，根据教育对象在实践活动表现的程度差异应有不同的教育目标和要求，自我认同教育要更加重视个体差异。

---

①　张容南：《一种解释学的现代性话语：查尔斯·泰勒论现代性》，上海世纪出版集团2011年版，第208页。

②　[德] 胡塞尔：《欧洲科学的危机与超越论的现象学》，王炳文译，商务印书馆2001年版，第64页。

③　《马克思恩格斯文集》第1卷，人民出版社2009年版，第505—506页。

然而我们在培养学生人格方面，存在着一种理想主义的向往，将理想人格的最高境界泛化在教育实践当中当作唯一、统一的目标，忽视学生不同层次和差异需求的存在。就连课堂这一高校育人的主阵地也难逃当下工业化和技术化的冲击，以统一的内容、统一的程序、统一的标准生成统一的教育成品，使得课堂上的学生成了抽象的存在。将道德教育预设成一个完美的、理想主义的境地，认为道德教育应是一步到达这个理想之地的，从而使道德教育变成了悬置在现实世界、实际生活之上的空中楼阁。这种理想化往往把最高目标界定为统一化的起点，把根源于生活世界的较低层次的需要和目标屏蔽在一边，把高层次的"道德的"定为唯一终极之善，并以此为标准塑造了"榜样模范"的标准，这些"榜样模范"脱离了感性的、现实的、生活化的语境，被冠以"无限崇高""圣人形象"的光环，并以这样的标杆要求和衡量所有的普通人。那些低层次的道德行为的善则与道德无关，从而遭到否定或轻视，这种无法企及的统一目标如拔苗助长，使自我认同教育脱离了认同主体的可接受性，无疑不能帮助学生在"道德地形学"的空间中找到自我的位置，反而令学生干脆放弃积极寻求，宁愿处在"非道德的"轻松生活中。

(二) 忽略感性的形式化

在生活世界中不但有各种各样的矛盾，而且还有直观明证的、主体间可以分享的确定性，这种确定性来自人们对这个世界某种相同的、直观证明的感性经验，"这就不仅使得教育者与受教育者在世界观及其他思想观点上的差距和分歧能够通过回溯到生活世界的原初自明性上，从而在原则上得到解决"[1]。自我认同强调主体的感性体验，在自我认同教育中回溯到生活世界的原初自明性能够在一定程度上消除教育者与受教育之间的沟壑，成为引发共鸣的来源。然而在现实中，自我认同教育往往采用理论灌输、说教方式。

无论是对自我的认识还是对客观世界和社会现实的了解，理论知识

---

[1] 张澍军：《思想政治教育理论前沿论略》，人民出版社2015年版，第101页。

讲授和说教都是我们常常采用的方式,在新生入学的新生教育中我们可以看到各种有关自我认识和适应性调试的专题讲座;在自我认识和自我发展方面着重以课程的方式开设理论课程;对理想信念的理解停留在口号和标语上……就在人们对科学知识的偏执追求中,学生也以自己能学到多少知识来评价学习的有用性,人类内在的德性逐渐地在对知识的追求中被遮蔽和遗忘。理论知识对于学生形成关于自我、外部世界的认知显然是必要的,但是脱离了感性经验的理论知识将落入形式化的套路中。例如,当我们在探索个人价值观时,可以从概念上掌握价值观是什么,但能够说出价值观的定义并不代表澄清了自己的价值观,还必须向深层基础回溯,回到主体生活世界中对事实的感性直观,从生活事件中去体验价值观带来的强大内驱力。因此不仅要有理论知识的照本宣科,教育者还必须通过这种生活世界中的感性直观与受教育者联系起来,形成受教育者作为自我认同主体的内部体验。教育的根本性目的在于达成处于教育过程中的人的品质的完满、个人生活的完满,这是内在的、第一性的目的,其他外在的掌握了多少知识点、学会了什么技术等都是为了内在的根本性目的服务的,不应在这些外在的目的中迷失了本质目的,否则人只能成为一个盛满知识的容器。而只有激活了个体内部体验的教育才是生动、多样的,才能避免僵硬的形式化。

三 工具化:自我认同教育内容与精神世界的疏远

康德指出:"人是目的,人在任何时候要被看成目的,永远不能只看成是手段。"[①] 人能够自觉地意识到自身的存在并不断地追求理想的更合乎人性的生活;同时,人作为目的而存在,只能是受尊重的对象,体现了人的尊严,"目的王国中的一切,或者有价值,或者有尊严。一个有价值的东西能被其他东西所代替,这是等价;与此相反,超越于一切价值

---

① [德]康德:《道德形而上学原理》,苗力田译,上海人民出版社1986年版,第81页。

之上，没有等价物可代替，才是尊严"。① 泰勒认为"人的尊严"问题是人自我认同中的三大核心问题之一，对尊严的理解和追寻决定了自我认同的去向。然而在经济思维盛行的今天，物质欲望掩盖了"人是目的"的本质，更能满足物质欲望的科学主义和工具理性大行其道，人与人之间的关系变成了工具和手段的关系。

（一）工具理性横行中的浮躁与功利

无论中西，古代的德育理念都将德性的养成作为教育的最终目的，例如孔子认为贤人就是有才德的人，能"志于道，据于德，依于仁，游于艺"（《论语·述而》）；尼采认为"在古代，科学是很难获得尊崇和赞扬的，即便对科学最热心的学人也把追求道德放在首位；把知识当作道德的最佳工具加以赞美，这就已经是对知识的最高奖赏了"②。然而，到了现代社会，现代教育与现代科学技术和工业生产密切相连，导致教育远离了古典人文教育的传统。大学课堂几乎成了知识生产、加工和出售的流水线，课程设置和教学导向往市场化实用化方向看齐。因为人们对科学、技术的崇拜使得教育成为促进科学技术发展的手段，适应科学技术和社会经济发展成为教育的首要目的，受此影响，工具理性成为衡量是否有用的标准，价值理性丧失的人不再是目的，而成为了手段。

工具理性与价值理性是人的理性不可分割的两个方面。价值理性以主体为中心，关注行为所体现的价值，即是否能实现社会的公平、正义、忠诚、荣誉等；"'工具理性'强调手段及其与目的的可能的协调，它是一种只限于对工具而非目的领域的理性。它只追求工具的效率，它的价值由对人和自然的操纵与控制的效率来衡量，而对目的的合理性并不在意。显然，'工具理性'只关心怎么做，而不关心是否应该去做。"③ 工具理性主义是近代启蒙精神、科学技术和理性自身演变的结果，它在人类征服和改造自然的过程中发挥了巨大作用。但近代工具理性主义和知

---

① ［德］康德：《道德形而上学原理》，苗力田译，上海人民出版社1986年版，第87页。
② ［德］尼采：《快乐的知识》，黄明嘉译，中央编译出版社2001年，第125页。
③ 李芒：《对教育技术"工具理性"的批判》，《教育研究》2008年第5期。

识论的强势地位排斥了"探寻意义"这一关乎人生的智慧问题,结果过犹不及,正如泰勒所说,"技术的支配地位也被认为是助长了我们生活的狭隘化和平庸化"①。

曾经风靡一时的成功学之所以蛊惑人心就是因为它利用了人们希望快速复制"成功"的欲望;如今流行于网络媒体的各种"心灵鸡汤"式的短文,换了一种方式鼓噪着人们功利主义的"进取"。在这种环境之下,当代大学生对成功人生的理解简化成了对财富、名望的追求,"有没有用"是他们条件反射式的疑问,而这种"有没有用"的衡量标准是能否带来金钱、物质、名利的功利化标准。笔者曾在大学生中做过关于人生目标的调查,结果"财务自由"位列第一,其次是"家庭幸福""功成名就",而"精神世界丰富""道德高尚""造福社会"等选项选择的人数较少。当代大学生对精神境界和道德理想的漠视程度可见一斑。甚至连学校为了提高管理效率使学生个体化作一串串学号,用分数来衡量学生成绩仍然是主流,以就业率来评价某个专业的培养效果,工具理性的影响无处不在。在公平、正义、尊重等价值理性和道德理想沦为"无用"之物的同时,"教育成为制造劳动者的一台机器,通过教育的塑造,人被变成追求物质利益的人,掌握生产技术成为受教育的全部目的,这样,人愈是受教育,他就愈被专业和技术所束缚,愈失去作为一个完整的人的精神属性"②。人的自我感渐渐丧失。

(二)"娱乐至死"标榜下的庸俗和空洞

美国媒介文化研究者和批评家尼尔·波兹曼的著作《娱乐至死》初版于1985年,该书认为电视媒体的出现改变了公众话语的内容和意义,原本正式严肃的公共领域内容,例如政治、教育、体育、宗教等都日渐以娱乐化的形式呈现,形成了一种新的文化精神,将人们在不知不觉中变成娱乐的附庸,导致人类成了一个娱乐至死的物种。在自媒体时代的

---

① [加]查尔斯·泰勒:《本真性的伦理》,程炼译,上海三联书店2012年版,第8页。
② 王坤庆:《当代西方精神教育研究述评》,《教育研究》2002年第9期。

今天，人们获取信息和享受娱乐的方式和途径更加多样化，正如陈丹青评价《娱乐至死》时所言："我们今天已经处在尼尔描述的世界里，处在一个信息和行动比严重失调的时代，在空前便利的电子传媒时代，我们比任何时候都聪明，也比任何时候都轻飘。《娱乐至死》的预言指向了我们今天的现实。"① 互联网的迅速发展带来的信息化时代，导致"泛娱乐化"倾向更深入地扩散到人们的工作、学习、休闲、社会交往当中去，谈论道德、责任，探寻内在的自我这些沉重的话题不再进入人们的视野。网络空间就像是一个人人戴着面具的假面舞会，这种狂欢与享受的放纵吸引着大学生青年，成为网络空间里的狂欢客，对他们的自我认同产生了很大的影响。

网络文化崇尚快乐至上原则，具有明显的"去道德化"倾向，为了吸引注意力，放大对感官刺激的追求，存在着炫富、时尚、不劳而获等不良信息，基于道德、正义、理性的思考遭到排斥。不少大学生以戏谑的"人类一思考，上帝就发笑"作为口头禅来回避深刻问题，网络虚拟世界中的无所顾忌、玩世不恭和消费主义影响着大学生们在现实世界的行为方式。其次是加剧了逃避责任的倾向。在网络这个虚拟空间中说什么、怎么说都是我的自由，我想扮演什么角色就扮演什么角色，这种虚幻性导致大学生青年逃避现实，沉迷于眼前的"自由"和"快乐"之中。当增强的个体自主性在面对自我认识、自我成长现实的实践要求时，一旦遇到困难就会退缩，加剧了对自我认同的主体责任的逃避。在移动互联网时代，新媒介像雨后春笋般层出不穷，图片、动态图像、视频、特效都在刺激着人们的神经，极大地延伸了人的感官作用。多媒体时代催生了"读图"和"碎片化"的阅读习惯，影响了大学生思考习惯的养成，沉迷于直白、感官刺激的图片，快餐式的碎片化信息取代了思考的持久性，理性思维和价值信念逐渐被销蚀，习惯于机械、简单、外在、浅层次的动脑方式，而懒于思考深邃话题，不愿意向内挖掘自我。

---

① ［美］尼尔·波兹曼：《娱乐至死》，章艳译，广西师范大学出版社 2011 年版，封底页。

四 滞后性：自我认同教育话语的失势

马克思揭示了语言在人类形成发展过程中的重要性："首先是劳动，然后是语言和劳动一起，成了两个最主要的推动力，在它们的影响下，猿脑就逐渐地过渡到人脑，后者和前者虽然十分相似，但是要大得多和完善得多。"① 人以语言表达精神和意识，通过语言来理解和把握世界，表达自身的存在，意义在语言的流动中得以生成和传递。近现代以来，巴赫金、海德格尔、伽达默尔、哈贝马斯等哲学家都从人的存在和个人意义出发强调语言的重要性，"对话"作为彰显思想政治教育主体间性特征的教育方式在当代大学生自我认同教育中发挥着重要作用。

（一）传统的说教方式影响力弱化

纵观思想政治教育发展历程，从主—客体关系角度出发，思想政治教育活动中的主—客体关系经历了主体客体论到主体间性论的认识转变。这种认识论上的转变有利于推进大学生自我认同教育，思想政治教育活动中的教育者和受教育者是交互主体关系，主体间性的观点得到了普遍认可。然而在教育实践中，传统话语权威的影响仍然存在，滞后于主体间性的认识论，导致在自我认同教育中的话语失势。以主—客体二分认识论为基础的思想政治教育，在话语表现上就是以命令、灌输、教导为主，这些方式在思想政治教育活动中是必要的，一种理论不会自发地在人们的头脑中产生，需要有意识地加以灌输。但是仅有这种话语方式不利于接受主体的有效内化，尤其是在话语权威性随着社会制度变迁逐渐消解的时代背景下，当代大学生对于"你应该怎么做""这是为你好""没有为什么"不再一味听从，对于这种说教方式感到反感，将其贴上"形式化""教条化"的标签。当代大学生渴望有自我表达的机会，希望有自主言说的空间，一味的说教削弱了接受主体的主体性参与，漠视学生的主体性和创造性，不利于锻炼学生分析问题、解决问题的能力。

---

① 《马克思恩格斯文集》第9卷，人民出版社2009年，第554页。

(二) 语义共识、意义共享的缺失无法引起共鸣

有学者认为："思想政治教育话语困境的一个明显原因,是主体(教育者)和客体(受教育者)双方共识域的缺乏,即共同话语的缺失。这种缺失,在教育操作层面有多种现象,其中受教育者对这类话语兴趣不大、冷漠以至抵触,教育者的无奈甚至对自身职业价值的怀疑,可以说是其主要表现。"① 作为话语失势的教育者不能和受教育者达成语义共识、意义共享,从而失去了加强大学生自我认同教育的前提条件。正如罗洛·梅所举的例子那样:"以'爱'一词为例,它显然应该是在传达个人情感方面最为重要的一个词。当你使用这个词时,那个你正与之谈话的人可能会认为你指的是好莱坞式的爱,……或者是诸如此类的东西。"② 失去语义共识的话语在教育关系中将变得苍白无力,往往导致高校思想政治教育工作者唱着"独角戏"。相对于以权力话语、文件话语为主的传统话语形式,学生更愿意接受植根于其真实日常生活的生动化、多样化的话语,这样的话语才更容易激发他们对生活的理解和感悟,或是对周围人和事的各种体验和情感。远离这种语境的教育话语无法打开学生的耳朵,更不用说打开学生的心灵,启发他们的自我体验,更不能帮助学生进一步形成自我认同。

(三) 新媒体、网络虚拟空间的发展冲击了交往形式

新媒体、网络的发展使传统的教育话语空间突破了时空的限制,得以无限延展,对于过去那种主要以受教育者集中在统一的时间、地点开展的课堂式的教育方式来说,其超越了传统意义上的交往范围,为实现自我认同教育话语内容和形式的拓展带来了新机遇,但同时也带来了新挑战。第一,网络媒介使人们的交流手段脱离身体和语言的在场性。在传统的教育沟通方式中,往往在现实世界中采用面对面的方式,除了语言内容上的交流,还包括肢体语言、动作表情、情感体验的传递,而新媒体、网络空间的匿名性与虚拟化,使交流失去了这一部分内容,将

---

① 黄禧祯:《思想政治教育的话语困境片论》,《学术研究》2007 年第 8 期。
② [美] 罗洛·梅:《人的自我寻求》,郭本禹等译,中国人民大学出版社 2013 年版,第 43 页。

"人"隐藏在信息化的传播之后，交往主体在虚拟空间中可以不同的身份出现，沟通双方对对方的身份和角色常常带有很大的虚构性，与在现实生活中，通过动作、表情等协调完成沟通是不同的。"在互联网中，头脑在出场，但身体却不见了。接收者几乎得不到有关人个性和情绪的任何线索，只能猜测信息为何被发出，是什么意思，该如何回应。信任实质上被抛弃了。"① 真诚和信任在虚拟空间中变得愈加不可捉摸，人与人之间的对话交流作为促进自我认同重要的途径变得扑朔迷离。第二，信息的大爆炸使我们被无数的知识碎片包围，加剧了个体身份的碎片化。个体在获取知识和信息碎片时，其中包含的繁杂内容甚至有对抗性的意见、相互抵触的内容给个体整合信息带来了挑战，人们所获得的生活经验也日益失去了整体感，对外在世界的认知也越来越远离直接感受到的经验和具体事物。"在电子媒介交流中，主体如今是在漂浮着，悬置于客观性的种种不同位置之间。不同的构型使主体随着偶然情境的不确定而相应地被一再重新构建。"② 个体的自我认同也随之处于分散化、碎片化的状态，从而增加了自我整合的难度。

第三节 思想政治教育中自我认同的机理分析

教育是师生之间的交往活动，强调在尊重学生个性、主体性的基础上，促进学生人格品质的发展和完善，最终成为他们不断自我完善和自我实现的必要支持，因此教育是一种交往关系，从事教育活动首先要思考什么是自主性、自我同一性的问题，教育的目的是完成人的建构，即应当造就怎样的人的问题。在这段关系中，从学生主体性的构建到追求自我实现，都离不开自我认同这一个关键过程。现实中的教育活动却对其在塑造个体自我认同方面承担的任务有所忽视，在基础教育阶段以考

---

① ［英］安东尼·吉登斯：《社会学》，李康译，北京大学版社2009年版，第126页。
② ［美］马克·波斯特：《信息方式：后结构主义与社会语境》，范静晔译，商务印书馆2000年版，第19—20页。

试、分数为中心的教学模式下,学生的主体性和自我意识没有得到良好的发展,对于学生的自我认同几乎主要是以学业表现和考试分数来标签的;一旦从中学的基础教育进入大学的高等教育阶段,突然转变的大学校园生活和除了"专业学习者"这一角色之外的多重身份,冲击着他们原有的自我认同模式。遗憾的是,目前高校教育对大学生自我认同教育的重视程度还不够,对于大学生自我认识方面的探索以及如何在自我与自然、自我与社会、自我与他人的关系中定位自己,如何在过去的自我、现在的自我和将来的自我的连续性中生成自我,没有给予系统关注。"现代思想政治教育学既要坚持以马克思主义基本理论为自己的理论基础,又要借鉴吸取许多相关学科的知识和方法,才能建设成中国特色的社会主义思想政治教育学。"[①] 自我认同是思想政治教育以人为本、追求人的全面发展的应有之义,牵涉到多个学科,查尔斯·泰勒在现代认同理论领域中的研究成果能够为思想政治教育学科在加强当代大学生自我认同教育作用方面提供借鉴和创造性转化思路。

一 自我认同的机理分析:主观前提、客观条件和认同体验获得

个体自我认同的形成是一个多样、复杂的过程,想要像描绘一幅工笔画那样呈现每一个个体自我认同的发生机制是徒劳的,因此只能在马克思主义理论的指导下,通过机理分析方法,对自我认同系统进行研究,进而找出其形成规律。自我认同的生成离不开自我意识这一主观前提条件,也需要社会关系这一客观条件,如此才能获得完整的自我认同体验。

(一)自我意识的产生是自我认同的主观前提

黑格尔曾对动物与人的区别做出概括,指出"动物就不能说出一个'我'字。只有人才能说'我',因为只有人才有思维"[②]。黑格尔认为"我"的存在与人的思维密切相关,"就思维被认作主体而言,便是能思

[①] 张耀灿等:《现代思想政治教育学》,人民出版社2006年版,第41页。
[②] [德]黑格尔:《小逻辑》,贺麟译,商务印书馆1995年版,第82页。

者,存在着的能思的主体的简称就叫做我"①。可见,人是一种具有理性和反思能力的动物,只有具备这种自我意识的能力才能有自我认同。马克思、恩格斯进一步使这种"反思"的自我意识走出了纯粹思想的领域,走向了人的"感性活动",以实践的方式使"反思"转向了"思维与存在相统一"。马克思在他的博士论文中通过研究伊壁鸠鲁自然哲学与德谟克利特自然哲学的差别,指出了自我意识哲学产生的必然性,在论述人与动物的区别时指出,"有意识的生命活动把人同动物的生命活动直接区别开来"②。人能够意识到自己与自己的生命活动之间的区别,"使自己的生命活动本身变成自己意志的和自己意识的对象"③。自我认同就是对自己角色的自我确认,即个人对"我是谁"这一问题以及他作为人的本质特征的自我理解、自我回答。

对自我意识的准确表达必须借助语言。费尔巴哈在对黑格尔"自我"的批判中发现了"你","真正的辩证法并不是寂寞的思想家的独白,而是'自我'与'你'的对话"④。哈贝马斯采用一种"语言理性范式"来说明人的社会行为,人的交往活动就是以语言的有效性要求为前提,以语言或符号为媒介,在遵循一定语言和社会规范基础上达成意见一致并实现个人同一性与社会化相统一的合法化、合理性的内在活动。当"自我"在相互交往的双方中被其中一方用语言明确表达时,也就表明了这一自我与被称为"他我"的其他自我划清了界限,因此自我意识不是直接而是间接地通过他人作用所产生的,正如马克思所言:"因为人来到世间,既没有带镜子,也不像费希特派的哲学家那样,说什么我就是我,所以人起初是以别人来反映自己的。名叫彼得的人把自己当做人,只是由于他把名叫做保罗的人看做是和自己相同的。"⑤ 由此可见,当自我的

---

① [德] 黑格尔:《小逻辑》,贺麟译,商务印书馆1995年版,第68页。
② 《马克思恩格斯文集》第1卷,人民出版社2009年版,第162页。
③ 《马克思恩格斯文集》第1卷,人民出版社2009年版,第162页。
④ [德] 费尔巴哈:《费尔巴哈哲学著作选集》(上),荣震华等译,商务印书馆1984年版,第185页。
⑤ 《马克思恩格斯文集》第5卷,人民出版社2009年版,第67页。

反身性和关系性特征被确立,并以"自我"与"他我"的明确称谓相区分时,自我与他者的分立最终实现,个体的自我意识才真正得以彰显。

(二)社会关系的建立是自我认同的客观条件

正如前文所述,对于"自我"这一概念的内涵不同学科有不同理解,但无论是哲学、社会学还是心理学,都肯定了自我概念的形成离不开人的社会化过程,自我认同包含个体在社会化过程中逐步形成和发展起来的关于自我及其与环境关系的多方面多层次的认知和评价。泰勒在其认同思想中特别强调"框架""背景""共同体"的作用,强调自我概念的形成离不开重要的他者,也离不开主体所在的语言共同体。马克思指出:"人们之间一开始就有一种物质的联系。这种联系是由需要和生产方式决定的,它和人本身有同样长久的历史;这种联系不断采取新的形式,因而就表现为'历史',它不需要用任何政治的或宗教的呓语特意把人们维系在一起。"① 人的需要构成了人们活动的原动力和原目的,需要构成了人的世界的价值基础,否则世界就只是一种"自在的存在"。人的需要也是人的各种社会关系存在的根本原因,不能脱离社会关系来谈自我认同。正如马克思所说:"我决不用玫瑰色描绘资本家和地主的面貌。不过这里涉及的人,只是经济范畴的人格化,是一定的阶级关系和利益的承担者。……不管个人在主观上怎样超脱各种关系,他在社会意义上总是这些关系的产物。"② 人的本质是社会关系的总和,从社会关系出发来看个人,个人在社会之外是不存在的。虽然社会关系并不直接回答"我是谁"的问题,但却是个体理解自我的方法论原则。人通过社会实践塑造和表现自己,"人不仅像在意识中那样在精神上使自己二重化,而且能动地、现实地使自己二重化,从而在他所创造的世界中直观自身"③。各不相同的现实主体正是在生产实践活动的基础上,建立起社会关系以达到自我认同的真正完成的。

---

① 《马克思恩格斯选集》第1卷,人民出版社2012年版,第160页。
② 《马克思恩格斯文集》第5卷,人民出版社2009年版,第10页。
③ 《马克思恩格斯文集》第1卷,人民出版社2009年版,第163页。

(三) 认同体验的获得与自我认同构建

泰勒在论证自我认同形成的过程中，提出了"强势评估"的概念，其前提是主体具有道德直觉，并处在有性质差别的道德空间中，在这样的一幅道德地形图中，人们根据自己距离超善的远近来确定自己的趋向，这也是认同体验的获得。而超善、善的确定是无法离开主体所在的道德背景的，强势评估是基于语言的对比特性，背后所涉及的不是个人主观的创造，而是社会性的公共资源。因此个体作为认同主体，实质上体现在个体自身的认同形成以及个体所处群体的认同形成两个层面。"在个体层面上，认同是指个人对自我的社会角度或身份的理性确认，它是个人社会行为的持久动力。英国社会家吉登斯的'自我认同'概念就属于这个层面……在社会层面上，认同则是指社会共同体成员对一定信仰和情感的共拥和分享，它是维系社会共同体的内在凝聚力……认同对于个体的生命活动及社会共同体的存在和发展都是极为重要的。"[①] 自我认同并不仅仅局限于个体自身的自我考虑，成为一种主观主义，而是将个体与社会的相互确认纳入认同的体验过程。

人是自我解释的动物，人通过表达和叙事构建认同，而自我解释是不可能实现完全表达的，因此自我认同的构建是一种在实践中不断表达、不断生成的过程。"亚里士多德的见解表明了我们道德生活中的一个极其重要的维度——默会（implicit）理解。这种默会理解可能不会被我们清晰地表达，但我们知道它的确存在，比如我们常常说的直觉，就是它的一种表现，而且我们也不是通过程序来获得默会理解的，而是往往经由诸如讲故事、道德实践这些其他方式"[②]，实践理性在变化过程中进行推理，经由每一次的实践和表达，人们获得认识论的进步，而叙事将这些整合到个人的自我认同中。

[①] 汪信砚：《全球化中的价值认同与价值观冲突》，《哲学研究》2002 年第 11 期。

[②] 马庆：《多元论下的本真性理想——查尔斯·泰勒现代性思想研究》，上海社会科学院出版社 2015 年版，第 36 页。

二 自我认同教育的目标取向：自我认知、自我发展、自我实现

马克思主义人学理论是马克思主义哲学的核心内容，是思想政治教育学的重要理论基础和直接理论依据，思想政治教育服务于社会的全面发展进步是通过提高社会成员的思想道德素质实现的，提高人的思想政治素质、促进人的全面发展是所有思想政治教育的目的，这个促进过程的实现也是自我认同教育目标的达成。

（一）自我认知

自我认知是一种个体对自我的内在肯定，是对自己作为主体性存在的觉察感知，良好的自我认知是形成自我认同的基础。"自我认识是指一个人对自己各种身心状况的认识，包括自我感觉、自我观察、自我概念、自我分析和自我评价等层次。其中自我概念和自我评价是自我认识中最主要方面。"[1] 大学生进入大学阶段摆脱了高中时以高考为指挥棒的生活，失去了统一的行动目标，对自我探索的需要增强，希望能对自我形成更全面、理性的认知。威廉·詹姆斯将经验自我[2]分为物质自我、社会自我、精神自我。物质自我可以分为躯体自我和躯体外的自我，躯体自我很容易理解，指的是我们身体的组成部分，躯体外的自我是延伸的自我，包括自然、他人、财产、我的劳动成果等，正如马克思所揭示的那样："我们连同我们的肉、血和头脑都是属于自然界和存在于自然界之中的。"[3] 社会自我指的是我们被他人如何看待和承认，包括我们所拥有的各种社会地位和我们所扮演的各种社会角色。"精神自我指的是我们所感知到的内部的心理品质，它代表了我们对于我们自己的主观体验——我们对我们自己有什么样的感受。"[4] 精神自我是我们的内部自我或心理自

---

[1] 吴继霞、黄辛隐主编：《大学生心理健康学》，学林出版社 2007 年版，第 28 页。

[2] 威廉·詹姆斯在其著作《心理学原理》中用术语"经验自我"来指代人们对于自己的各种各样的看法。

[3] 《马克思恩格斯文集》第 9 卷，人民出版社 2009 年版，第 560 页。

[4] ［美］乔纳森·布朗：《自我》，陈浩莺等译，人民邮电出版社 2004 年版，第 21 页。

我，态度、情绪、兴趣、动机、特质、愿望等都是精神自我的组成部分，其中也包含了泰勒所论证的自我认同当中最根源的对善的理解。

戈登（Gordon，1968）对詹姆斯的分类做了详细的阐述，并用8大类30子类编制了一个问卷，用于帮助个体澄清自我。这8大类包括了归属特性（年龄、性别、姓名、种族等）、角色和从属关系（家庭关系、职业、社会地位、群体成员等）、抽象（意识形态和信念等）、兴趣和活动（喜好、艺术活动等）、物质所有物（财产、身体等）、主要的自我感觉（能力、自主性、团结、道德感等）、人格特征（人际类型、心理类型等）、外部关系（给他人的印象、当前状况等）。相对而言，对精神自我的探索难度较高，罗洛·梅认为："理解一个人作为自我的同一性的最好方法，就是观察自己的体验。"[①] 而这些体验既是生活中最简单的体验，也是最为深刻的体验。

（二）自我发展

人在自己的生命过程中不断地追求自我发展，这也一直被看作人的本性。正如哲学家尼采所认为的，认识一个未限定的可塑性，人完全可以设定任何形式，并将这种形式赋予自己；海德格尔把可能性看作人的本质，人是被抛进这个世界中的，充满了各种可能性，人不得不去筹划这种可能性，正是通过自我筹划，人得以不断更新，不断获得自己成为自己的内容；而20世纪的生物人类学也认为人是"未完成""未确定"的生物，因此人需要解释和确定自己，需要发展和完善自己。从这个角度看，人不仅可能是创造性的，而且必须是创造性的。对于处在人生发展黄金时期的大学生来说，"我要成为什么样的人"成为了他们必须要思考和回答的问题，现实的表现就是对职业生涯目标的选择、能力、价值观等方面的条件准备，形成自己对于世界观、价值观、人生观的思考。因此，自我发展的目标实际上是与社会需求紧密结合的，社会心理学家

---

① ［美］罗洛·梅：《人的自我寻求》，郭本禹、方红译，中国人民大学出版社2013年版，第65页。

米德非常强调社会交互作用在自我发展中的作用,"个体作为非社会存在而来到这个世界,但在其生长的文化里,他开始采纳其中的标准和规范。米德认为,他们这样做,从而使自我得以发展,也获得了通过他人眼睛看到自己的能力"①。人的生成离不开人的创造性的实践活动,只有在创造性的实践活动中并通过创造性的实践活动人才能真正地完善自己。相比于过去的成长阶段,大学生活为个体在自我发展能力上的增长提供了广阔的实践平台,社会交往的范围和领域也极大地拓宽了,我们的教育应该为大学生的自我发展提供实践条件、注入追求自我发展的动力、培育自我发展所需要的能力。

(三) 自我实现

"自我实现是指人这一能动的主体,通过对象化的实践活动以及对这一活动产品的占有、消费和享受,来充实自我和完善自我的一种活动。这种活动突出地表现了人所特有的能动性。自我实现是超越性、对象性和感受性三个方面的有机统一,这三者构成了从主体出发,经过对象性的实践活动,最后又回到主体的圆圈式运动。"② 自我实现不仅是指一种存在状态,更多的是指一种发展过程,正如泰勒所认为的,人的自我认同需要在连续的"实践理性"推进变化中形成。马克思主义哲学把实践的观点贯彻到自我实现观中,指出人是在从事着实践活动不断生成的社会的现实主体,通过生产实践不断地生产社会、生产文化、创造历史,同时也是一个不断追求和发展自己的自我实现过程。因此,自我实现作为自我认同的呈现,是指一种在任何时刻、任何程度上实现个人潜能的过程。"教育的功能、教育的目的——人的目的、人本主义的目的、与人有关的目的,在根本上就是人的'自我实现',是丰满人性的形成,是人种能够达到的或个人能够达到的最高程度的发展。说得浅显一些,就是帮助人达到他能够达到的最佳状态。"③

---

① [美] 乔纳森·布朗:《自我》,陈浩莺等译,人民邮电出版社2004年版,第90页。
② 赵政一:《论青年学生的自我实现》,《思想教育研究》2008年第6期。
③ [美] 马斯洛:《人性能达到的境界》,林方译,云南人民出版社1987年版,第169页。

人本主义心理学家马斯洛认为自我实现既是指某种最大限度地实现个体潜能的人类的基本趋向，也是指一个人的成长动机，是个人内部不断趋向统一、整合或协同动作的过程。自我实现需要在自我认知和自我发展的基础上进行整合，一方面是个体内部各方面的和谐统一，另一方面是个体与社会的协调发展；一方面是对同一时空下自我状态的把握，另一方面是个体对自己的过去、现在、未来的辩证认识。这就要求我们要合理地看待自我特性的多样性、差异性、对立性，"从包容中见胸襟，从定位中显边界，从融合中出整体"①。

三　自我认同教育的价值追求：人的自由全面发展

人的全面发展是马克思主义的终极关怀，体现了人们对人类社会历史发展最高目标的一种理想和追求。人的自由全面发展不仅仅指物质需求上的满足，还包括精神上的提升，意味着人对真、善、美的追求达到了高度统一，人类的心灵最终找到了归宿。"人的全面发展的含义的厘清以及对其价值的规定，其意义不仅在于其指向的内容具有完美性与目标具有终极性，更为重要的是，它给人类带来内心感觉的稳定性和文化性。"② 自我认同教育以自我认知、自我发展、自我实现为目标，内含的对人与自然、人与社会、人与自我的关系理解，最终应指向人的全面发展的价值追求。

（一）人的全面发展的基本内涵

马克思认为，人的全面发展就是"人以一种全面的方式，就是说，作为一个完整的人，占有自己的全面的本质"③。人的全面发展有着多方面的规定性，主要包括人的劳动、人的能力、人的素质、人的社会关系、人的个性等方面。劳动活动的全面发展就是要克服劳动的固定化、片面

---

① 彭运石：《人的消解与重构——人本主义心理学方法论研究》，吉林大学出版社2000年版，第59页。
② 陈飞：《回归生活世界》，人民出版社2014年版，第158页。
③ 《马克思恩格斯文集》第1卷，人民出版社2009年版，第189页。

化，在劳动过程中，人们能够真正根据自己的特长、爱好进行自由选择，而不是屈从于被迫分工；能力的全面发展，不仅是指全面发展自己的一切能力，还包括各项能力深度的发展，每个人都能够最大程度地发挥自身的能力，包括智力、体力、潜在能力和现实能力等；素质的全面发展就是要均衡发展和提高包括生理素质、心理素质、思想品德素质、科学文化素质等在内的人的素质；正确处理人的发展与社会关系之间的关系，就是要通过克服不合理的社会关系对人的限制，克服外在的异己力量对人的发展的强制，从而使个人的发展拥有更大的自由度；个性的自由发展，就是指要提高人的自主性、创造性，增强个人的独特人格气质，使人成为个性鲜明、性格健全的人。目前我们还处于人对物的依赖阶段，劳动者在生产过程中还不能完全摆脱"物"的束缚和反制，容易使人的发展越来越片面化，只有正确认识到人的全面发展的含义，才能够在个人的生产生活实践中树立发展目标，为正确处理自我认同教育中内含的个人与自然、个人与社会、个人与自我的关系提供长远和强大的动力支撑。对人的全面发展的终极关怀克服了以往"神性人""道德人""经济人""工具人"的片面局限，是个人自我认同的全面实现。当然，人的发展的全面性并不是人的发展取向与各种素质的平均，而是对人的本质的辩证把握，"必然既包括个人能力的普遍的、全面的发展，而且还包括共同体中个人的社会关系之普遍和全面发展，个人的全面性不是想象的或设想的全面性，而是他的现实关系和观念关系的全面性。显然，对个人的自由而全面发展问题，马克思是从个体主体和社会力量双重向度上来论证的，彰显了个人和社会的辩证统一关系"[①]。

(二) 人的全面发展的价值引领

"马克思主义和一切以往的哲学包括当代西方哲学的根本不同之处，就在于它对人类彻底解放和社会发展前途的关怀。它不同于张扬终极关怀的宗教哲学，也不同于只关心个体或所谓类的人本主义哲学。马克思

---

① 刘同舫：《理想与现实之间的人类解放境界》，人民出版社2013年版，第159页。

主义哲学切切实实关怀的是无产阶级和劳动人民的解放,是用社会主义社会来代替资本主义社会。马克思把哲学称为'人类解放的头脑',就非常准确生动地表现了马克思主义的这种本质。"① 自我认同教育就是要激发人的自我意识,解放人的主体性,从而更好地建立起健全的理性能力和自由人格,最终逐渐摆脱外在的、异己的力量束缚。在人的全面发展的价值引领中考察自我认同教育,揭示出自我认同教育的终极追求是实现人自由而全面的发展,其中既有主体力量和主体性的发展和发挥,也有社会力量和社会制度的变革和完善,完整的自我认同体验的获得内在地蕴含了个体与共同体的共同要求。

马克思认为:"只有在共同体中,个人才能获得全面发展其才能的手段,也就是说,只有在共同体中才可能有个人自由。"② 个人只有在成为共同体的成员的时候才能获得自我实现的条件,才能实现个人自由。在共同体中,每个人都有自己的人格特征和不同身份,这种人格特征和身份是在共同体中塑造起来的,共同体的制度环境是人实现自由和全面发展的条件,这种制度环境与人的关系不是被迫强加的,而是人自己创立的,是合乎人的自由发展的。马克思所提出的全面发展的人不是抽象、孤立的"某一个人",而是指现实的、具体的、社会中的"每一个人",马克思所提出的人的自由和自我实现不是在抽象意义上讨论人的自由和自我实现。也就是说要看到每个人之间的差别,这种个别性和差异性应该得到承认。"人不是由于具有避免某种事物发生的消极力量,而是由于具有表现本身的真正个性的积极力量才是自由的。"③ 这种积极力量是建立在个人真正的个性基础之上的,也是人的自我认同实现的过程,这个过程的终极价值指向就是人自由而全面的发展。

---

① 陈先达:《走向历史的深处——马克思历史观研究》,中国人民大学出版社2010年版,第369页。
② 《马克思恩格斯文集》第1卷,人民出版社2009年版,第571页。
③ 《马克思恩格斯文集》第1卷,人民出版社2009年版,第335页。

第四章

创造性转化:自我认同构建的思想政治教育资源

西方对"自我"问题的探寻有着悠长的历史传统,从耳熟能详的古希腊德尔菲神庙"认识你自己"的神谕开始,就开启了哲人对"我是谁""如何能做更好的我自己"的追问,但正如前文所论,对自我同一性的发问伴随着西方哲学认识论的转向而产生,自我认同作为问题或危机是伴随着现代性的进程而不断凸显和复杂的,这样的问题仍处在无休止的争论中,可见解答这个问题不是一件容易的事,但我们可以从当代西方对这一问题交出的种种答卷中找到一些有代表性的、可借鉴的资源。

如果以西方近代以来的认识论、方法论的传统作为"模板"来评判中国文化中关于自我认同的思想成果,也许会轻易得出中国文化中缺乏关于自我同一性问题的逻辑推证、忽略"自我认同"问题的论断,但实际上,博大精深的中华文化宝库中蕴含着中国人关于如何审视自身的智慧。早在诸子百家时期,先贤就致力于在现实中获得个人幸福,努力寻找一个理想的社会关系。儒家、道家以及后来在东汉时期传入中国的佛教都有各自关于人格完善目标下的自我观。因此,中国文化中的"自我观"与西方文化的"自我观"有所区别,相对于西方对象化、客观化的方法论传统而言,中国的"自我观"是从习性、修养、主体化开始的。总的来讲,中国的"自我观"的思考焦点不是在"何为自我"的本体讨论上,而是更重视"如何为我"的问题,也就是对"自我"的现实接纳、管理和塑造。同时，由于中国长达数千年的历史变迁，关于"自我"的具体内涵也随着时代不同而有所变化。

第一节　当代西方自我认同理论的发展与批判性吸收

当前西方政治哲学领域中呈白热化的社群主义和自由主义之争，核心的焦点问题就是对自我观的不同见解。可以说正是在对自由主义抽象的、原子式个人主义的自我进行批判的前提下，社群主义自我认同理论出场了。因此，社群主义对自我问题的认识是以超越自由主义自我观的理论体系为目标的，值得我们关注和重视。

一　社群主义的自我认同理论

20世纪80年代以来，西方学术界在批判新自由主义的过程中形成了一股新的政治哲学思潮，与以罗尔斯为代表的新自由主义主张自由优先于社群不同，他们强调社群之上的价值观。虽然目前有许多学者认为社群主义是对新自由主义的批评性反应，这种批判是建立在批判者各自不同的理论视野、理论工具和个人学术立场基础之上的，因此得出的结论和所持的态度不尽相同，算不上一个完成了的、系统的理论体系，但人们习惯于将这些理论统称为社群主义（名称的由来很大程度上源于他们具有共同的批判对象——新自由主义的个人主义）。其主要代表人物有麦金太尔、泰勒、桑德尔、沃尔泽和小丹尼尔·贝尔，基于构建自我认同资源的需求，本书选取在自我认同理论方面具有代表性的麦金太尔、泰勒两位学者的主要观点进行考察。

（一）麦金太尔的自我认同理论

阿拉斯戴尔·麦金太尔（Alasdair Macintyre）是当代英美最享有盛誉的哲学家，他的研究领域非常广泛，涉及哲学、政治学、社会学、心理学等，其研究重点是道德哲学，作为当代西方德性伦理学复兴的旗帜性人物，他的德性伦理思想代表了当代西方伦理学中主张批判近代理性和启蒙传统、恢复德性的思潮。

麦金太尔反对以罗尔斯为代表的情感主义自我，批评他们预设了一种不能自洽的关于人（自我）的概念。麦金太尔以一种历史主义的方式，论证了现代自由主义的规范伦理学是与亚里士多德主义的德行伦理相对的伦理学，他指出，正是因为在15世纪到17世纪时期人们逐渐丢弃了亚里士多德以理智为核心的道德传统，因而形成了一种非历史、反传统的规范伦理学。在这样的背景下，人的存在就好像是在海上遇难后，流落到荒岛上的一群互不相识的冷漠的人。罗尔斯的正义原则就是基于这种对人的预设，在"无知之幕"之后进行选择的结果。"这种特殊的现代自我、情感主义的自我，在获得其自身领域的主权的同时，却丧失了由社会身份和被既定目标规定的人生观所提供的传统边界。"[①] 这种语境中的自我是一种缺失连续性的肉体形式的人，没有身份，不存在标准，取而代之的是随机性和任意性的自我。"这种不具有任何必然的社会内容和必然的社会身份的、民主化了的自我，可以是任何东西，可以扮演任何角色、采纳任何观点，因为它本身什么也不是、什么目的也没有。"[②]

麦金太尔提倡在理解性、合理性的条件下，重新寻回亚里士多德式的伦理道德传统，帮助人们走出当下失序的道德状态，将人们从轻浮无根的现代生活中解救出来，恢复像古代城邦中那样丰富厚重的生活。因此，麦金太尔认为，现代国家的产生历史本身就是一部道德的历史，现阶段应该加倍重视经过历史洗练的美德传统，构建各种地方性共同体，以便文明、理智和道德生活能够存续下来。麦金太尔运用历史主义方法对美德产生的历史过程进行了考证，从古希腊英雄社会的美德直到现代社会的美德，在此基础上指出亚里士多德美德伦理的践行者便是具有美

---

① ［美］阿拉斯戴尔·麦金太尔：《追寻美德》，宋继杰译，译林出版社2003年版，第43页。

② ［美］阿拉斯戴尔·麦金太尔：《追寻美德》，宋继杰译，译林出版社2003年版，第40页。

德的自我。对于如何挽救西方道德的衰败，麦金太尔阐述了与新自由主义的个人主义不同的叙事性自我观，他把个人生活描述为文化群体的一个叙述系统，自我通过叙述系统在社群生活中生成自己的特性，"因为我的生活的故事始终穿插在我从其中获得我的身份的那些共同体的故事中。我与生俱来就有一个过去；而试图用个人主义的模式将我自身与这个历史切断，也就是要扭曲我现在的各种关系"①。按照麦金太尔的理解，"在成功地确认并理解他人的行为的过程中，我们总是趋向于将特定的事件放到一系列叙事性历史的语境之中，这些历史同时包括所涉及的各个个人的历史和他们在其中活动与经历的背景的历史"②。因此可以说人在行为和实践上是叙事的动物，我们根据我们所经历过的叙事生活来理解我们自己的生活。这种叙事性的自我是有双重含义的，个体我是他人叙述的客体对象，我的叙事和他人的叙事同时发生，互相成为彼此的组成部分。这些叙事及其角色构成自我生活的既定部分，也构成自我活动的道德起点；个体我是主体或自我叙述的主角，又是一个历史主体，有自身独特的意义，与他人相区分。个体在自己的社群生活中通过叙述选择自己的行动方案，形成自己的人格品质，同时也成为社群传统的一部分。

　　叙事者通过叙述来理解自己，而被叙述的故事也反过来塑造了叙事者的自我与人格，这个过程产生的故事就是人对"自我"的认同。所以，麦金太尔把个人生活描绘为特殊文化群体的一个叙述系统，任何自我要成为可以理解的，就要置身在一个历史传统的叙述结构中进行描述，只有在这样存在与连续的历史传统中，才是一个完整的人，自我才得以被识别，才能获得自我理解的能力并过上有意义的生活。"在许多前现代的传统社会中，个体通过他在各种各样的社会团体中的成员资格来确定自己的身份并被他人所确认。我可以同时是哥哥、堂兄和孙子，可以既是

---

　　① ［美］阿拉斯戴尔·麦金太尔：《追寻美德》，宋继杰译，译林出版社 2003 年版，第 280 页。

　　② ［美］阿拉斯戴尔·麦金太尔：《追寻美德》，宋继杰译，译林出版社 2003 年版，第 268 页。

家庭成员，又是村社成员，还是部落成员。这些并不是偶然属于人们特性，不是为了发现'真实自我'而须剥除的东西。作为我的实体的一部分，它们至少是部分地，有时甚至是完全地确定了我的职责和义务。"①个体只有通过社会生活，在其他"自我"的映照当中才能是自我，否则就永远无法得到叙述。"每个个体都在相互联接的社会关系中继承了某个独特的位置；没有这种位置，他就什么也不是，或者至多是一个陌生人或被放逐者。"自我认同的统一性就是一种叙事探寻的统一性，叙事形式是理解其他人行为的适当形式。自我是历史的一部分，无论在主观上是否喜欢，在客观上我们都是历史的承载者之一。

麦金太尔通过对叙事性自我的论证，揭示了自我与社会、自我与他人、自我与历史的关系，强调了自我的内涵只能在对美德的追寻、德性的实践历程中，在一个相互联结的叙述系统中得以不断完善。麦金太尔认为，要克服当前西方社会面临的道德危机，拯救道德失序的局面，就必须放弃启蒙运动以来的以个人主义为基础的道德论证方式和个人主义至上的道德价值理念，采取社群主义或共同体主义的价值理念。

(二) 查尔斯·泰勒的自我认同理论

查尔斯·泰勒（Charles Taylor），加拿大哲学家，西方社群主义代表人物之一，其对黑格尔哲学的解读、对西方文化中自我认同观念的梳理、对承认的政治的研究等强烈地影响着西方思想界。泰勒一再提醒人们不要将"自我认同"与"自我意识"完全等同起来，实际上认同问题是一个现代话题，像柏拉图、奥古斯丁、笛卡尔等人的任何关于人类本性的一般学说都无法充分地跨越时代完满地回答这个问题。"研究认同可以被看作研究我本质上所是的东西。但是，这再也无法根据关于人类主体性的某些普遍描述，诸如灵魂、理性或意志，加以充分界定。"② 自我认同

---

① [美] 阿拉斯戴尔·麦金太尔：《追寻美德》，宋继杰译，译林出版社 2003 年版，第 42 页。

② [加] 查尔斯·泰勒：《自我的根源：现代认同的形成》，韩震等译，译林出版社 2012 年版，第 278 页。

追问的是我为何是我,而且为何独独是这一个我的问题。"除非我们弄清了关于自我的现代理解是如何从人类认同的较早情景中发展而来的,否则我们就不能把握这种丰富性和复杂性。这本书试图通过描述其起源,来界定现代认同。"①泰勒将现代认同的形成放在整个西方思想史中进行考察,分析了自我和善、自我和语言、自我和共同体之间的关系,强调了自我认同的道德根源和背景,语言的自我认同形成的关键性作用,以及自我与重要他人、共同体之间的关系。

道德空间中的自我。受到自然科学革命的影响,现代自然主义道德哲学认为个体的道德应该像科学那样是客观的、中立的探索,把人的道德回应等同于生理反应,认为人们对痛苦、同情、怜悯的反应就像见到某些酸的食物会产生唾液、见到恶心的东西感到反胃一样,这种理论不承认关于对象性质的内在描述,而把道德看作一种原始的生理反应。把道德回应仅仅看成是社会生物学式的态度是行不通的,道德回应还应包含有关人的本性或地位的主张,就是同意或肯定一种既定的关于人的本体论,也就是说包含着道德回应的对象本身就"值得"或"要求"我们这样做,而这在类似"反胃"的生理反应中是不存在的。"在泰勒看来,对'成为一个人意味着什么'有两种提法。一种是科学的提法,一种是(实践的)道德的提法。科学的提法问的是我们如何解释人类的行为;而道德的提法问的是,什么是好的/体面的/可接受的生活形式?"②这种现实主义的道德本体论表明,处在人们最深层次的道德本能还包含对所涉对象的要求的内在承认,而这种道德本体论的要求是可以辨识的,也是可以加以论证和筛选的。

泰勒进一步探讨了处于道德和精神直觉背后的背景状况,这种背景状况被泰勒称为"不可逃避的框架",正是它使道德论证成为有意义的和

---

① [加]查尔斯·泰勒:《自我的根源:现代认同的形成》,韩震等译,译林出版社 2012 年版,第 2 页。
② 张容南:《一种解释学的现代性话语:查尔斯·泰勒论现代性》,上海世纪出版集团 2011 年版,第 70 页。

可理解的，全盘拒斥背景框架的理论是不可能存在的。框架为研究我们的道德直觉——平等尊重、圆满生活的意义以及公共空间的个人尊严的基本问题提供了背景，泰勒通过分析西方历史上框架的演变，将那些人们以为是恒常的现有概念包含了各种不同的甚至是冲突的框架揭示出来，而这些框架共同塑造了现代认同。泰勒用"地形学"来比喻道德空间，一个人要明确自己的地理位置，需要知道表示静态地形及其相互关系的地图，其次是自身在此地图中的坐标；同样地，如果我们要明确自我认同感也需要具备两方面的条件，"一是构成个人'道德空间'的一系列'性质差别'（即个体认可和追求的价值、善）及其相互关系（其中，作为'超善'[①] 又拥有无与伦比的重要性），二就是个体对自己与各种善之间的距离的判断——这种判断不是固定的，而是（更重要的）包括了对自己正在靠近或者远离各种善的运动趋势的判断"[②]。在道德地形学中，超善决定生活之善，生活之善指导我们的日常选择，更重要的是我们对善的观念的实践，并不是我们对善的忠诚或敬仰定义了我们的认同，而是我们朝善的定位和行为确立了我们的认同。"我们的认同是这样的东西，它允许我们规定什么对我们重要以及什么不重要。是它让这些区分，包括那些依靠强势评价的区分，成为可能。由此，没有这种评价它不会是完整的。"

语言共同体中的自我。泰勒在此所指的"语言"是宽泛意义上的使用，它不仅涵盖我们所说的语词，还包括艺术、手势等我们定义自身时使用的其他表达模式。但是，"没有任何人独自地获得自我定义所必需的语言。通过与那些跟我们有关系的他人乔治·赫伯特·米德称之为'重要的他人'——的交流，我们被引导到这些语言中。人类心灵的起源在

---

① 泰勒将一些得到高度尊重的善称为超善（hypergoods），超善作为道德根源的善是构成性的善，它有三个特征：生活之善依赖于它、它要求我们的道德敬畏或忠诚、这类构成性的善被称为"道德根源"。

② 张容南：《一种解释学的现代性话语：查尔斯·泰勒论现代性》，上海世纪出版集团2011年版，第94页。

此意义上不是'独白式'的,不是每个人都能够独自完成的,而是对话式的。"① 一个人只有在其他自我之中才是自我,在不参照他周围的那些人的情况下,自我难以得到描述,我们总是在与重要的他人想在我们身上承认的那些特性的对话中来定义我们的认同。泰勒的这种观点直接针对的是当代原子式的个人主义对自我的理解,泰勒认为"认同"概念本身就隐含了共同体的含义。语言只能在语言共同体中存在和得到保存,根植于一种文化或生活方式之中,泰勒引用杰罗姆·布鲁纳在其著作《儿童的谈话》中所证明的儿童最初的、前语言的交流,是围绕关联对象的共同空间的形成。泰勒认为正如维特根斯坦所揭示的意义的一致与判断的一致有关,"因而我只能在某种公共空间中,通过我和他人对这些为我们而存在的客体的经验,才知道愤怒、爱、焦虑、对完满的渴望等等是什么"②。当然,人总是能创新的,能够超越同时代人的思想和视野,但这种创新也是以某种方式与他人的语言和视野相联系,否则将遇到障碍,最终丧失在内在的混乱中。

泰勒指出自我认同的形成是一个漫长的过程,由于人同时是解释者和被解释者,语言改变的同时也是自我的改变,因此人才具有历史性和可能性,自我认同在时间维度上的连续性得以体现,我不只是我之所是,而且是正在是和将要是。泰勒吸收了海德格尔、麦金太尔、布鲁纳等人关于人们用叙述把握我们的生活的理论。"为了使我们的生活有最低限度的意义,为了拥有认同,我们需要向善的方向,它指的是性质差别和无与伦比的优异性的某种含义。于是,我们看到,善的这种含义必定编织进我对我那作为展开的故事的生活的理解中了。"③ 人是叙事的主体,这种叙事并非是任意选择的东西,而是趋向善的方向的叙事。泰勒采用海

---

① [加]查尔斯·泰勒:《本真性的伦理》,程炼译,上海三联书店2012年版,第41—42页。

② [加]查尔斯·泰勒:《自我的根源:现代认同的形成》,韩震等译,译林出版社2012年版,第51页。

③ [加]查尔斯·泰勒:《自我的根源:现代认同的形成》,韩震等译,译林出版社2012年版,第69页。

德格尔在《存在于时间》中描述的不可逃避的暂时的存在结构来形容我们怎样生成以及我们走向何方,这是我们为了具有我是谁的含义所必须具有的概念:根据已生成的意义,在一系列现存的可能性中,我们规划着我们未来的存在。

二 对社群主义自我认同理论的批判性思考

社群主义自我认同理论批评新自由主义将自我当成是先验的实体,而新自由主义也在与社群主义的辩论中指摘社群主义把"自我"与"身份"混为一谈。通过二者的激辩,我们不难看出,他们立场分明,自我观以及随之出场的自我认同理论均有不足之处,都存在"向上还原论"的硬伤。"向上还原错误地将不切实际的特征强加于人性。自我是物理有机体的一种特征;自我用某种最低程度的内心一致性,从第一人称视角参与内心对话。向上还原丢弃了上述特征,并用社会组织的、互动的及文化符号特征,来取代真正能够定义自我的特征。"[1] 诺伯特·威利指出无论是新自由主义强调的自我独立于社群存在的自我决定论,还是社群主义强调的自我不能脱离于一定的社会结构存在、是归属于社群的,都呈现出一种封闭的、将自我作为一种固定实体的存在。这一症候与西方"我思"主体性的意识哲学传统不无关系,自笛卡尔以降,"我思主体"虽然彰显了人的主体性,推动了认识论上根本特征的变革,但是内在于意识的"自我"如何切中外在对象,实现思维(自我)与存在(外在世界)的统一,成为影响深远的一个理论难题。"我思主体"的这种先验、无根和封闭的特征,必然会带来"向上还原论"的问题。

马克思对传统意识哲学中的"我思主体"问题有着深刻的认识,他指出意识哲学从根本上脱离了实践活动这一现实的人的存在方式,要想解答意识哲学深陷的"自我"与"外在世界"二元对立的理论难题,就

---

[1] [美]诺伯特·威利:《符号自我》,文一茗译,四川教育出版社2011年版,第175—176页。

必须变革抽象的主体性观念，重建主体性自我的根基。因此，马克思从科学的实践观出发，重新思考现实的人的主体性，从人的"类本质"进一步提出与"我思主体"不同的"类主体"概念，构建了一个有现实根基的、开放的现实的人的主体性。马克思以"类主体"来诠释现实的人的主体性，扬弃了纯粹理论优先的原则，同时确立了实践在先的原则，实现了在自我主体性问题上的本质性超越。通过实践这一现实的人的本源性，可以有效地突破和消解意识的内在性，从而实现思维（自我）与存在（外在世界）二元对立的内在统一。社群主义与马克思主义对自我与群体关系的理解具有一定的继承性和一致性，社群主义对自由主义的早期批判就动用了马克思的思想资源，把财产集体所有制和平等的政治权利看作良好社会的标志，如今我们从社群主义主要学者的思想中也能看到马克思理论的影响。例如麦金太尔对情感主义和自由主义现代性的批判以马克思主义的异化理论为基础，他的美德伦理思想深受马克思实践哲学的影响；查尔斯·泰勒的自我认同理论中的"超善"概念、共同体思想也有马克思关于人的类本质相关理论的影子。应该说马克思主义理论对自我认同有关问题的深刻回答能够为思想政治教育中的自我认同构建提供系统的理论指导，但由于自我认同是一个复杂的系统工程，尤其是随着时代变迁，在分析自我认同的具体问题时，也要适当借鉴和吸收西方学者已有的研究成果。社群主义自我认同理论在对当前时代背景的剖析、对自我认同形成的根源追溯以及有关语言、叙事的释义学对自我认同教育研究的方法论意义具有一定的现实意义。

首先，自我认同问题与现代性有着密不可分的关系，不能割裂这一时代和社会背景孤立地谈论自我认同问题。随着全球化浪潮席卷全球，现代性问题作为一种世界现象出现在各个国家已是既成事实，自20世纪后半叶西方学术界重启现代性论域至今，现代性一直都是思想学术界的高频概念之一。尽管对现代性的解读视角丰富多元，对"现代性"一词的理解也十分复杂，但"现代性"包含的指向主体自身的概念得到了人们的广泛认可。现代性问题虽肇始于西方，目前西方学术界对现代性问题的讨论多以批判性面貌出现,"但对于在现代性问题上处境截然不同的中国来讲,首先需要做的,似乎应当是辨明自己的现代性事实处境,而不是在价值上的轻率拒斥"①。因此,对于我们来说,考察现代性问题在一般意义上表现出的特质,辨识其在中国表现出的特点,对于研究当代大学生自我认同教育来说,具有更现实的意义。

查尔斯·泰勒不同意将西方现代性描述成一种统一的现象,并批评了西方自由主义讨论现代性时存在的问题:第一,将道德问题狭隘化了,把责任等同于善。第二,在程序自由主义的引导下,坚持政治中立性使政治的讨论难以进行。第三,文化问题被政治化了。例如亨廷顿提出了"文明的冲突"的说法,实际上是用西方价值裁判其他文化共同体实践引发的冲突。泰勒将现代性理论分为非文化的现代性理论和文化的现代性理论,"所谓'文化的'现代性理论,顾名思义,是从文化的角度研究现代性。这里所说的文化是一种人类学意义上的文化,包括语言以及对人生、社会关系、心灵、好与坏、善与恶等一系列事物的理解。……所谓'非文化的'现代性理论,则是从独立于文化的视角出发,把现代性的变化看成一种传统社会消亡,现代社会兴起的发展过程,这种过程与某种特殊的文化无关,是任何文化都得经历的"②。泰勒倾向于"文化的"现代性理论,提醒人们仅从"非文化"现代性理论来讨论现代性问题将无法看清现代性问题的实质,处于一种西方文化中心主义之中。这种对多重现代性的分析提醒我们要注意自身所处的文化因素,这将是人们形成自我认同的重要背景和框架。

其次,自我认同形成的根源与人们对善的理解和表达有关。不回答人们关于"什么是善"的疑问是怎么来的,就不能对自我认同有真正清楚的把握。当代社会出现了一种对道德哲学给予过于狭窄关注的现象,

---

① 任剑涛:《现代性、历史断裂与中国社会文化转型》,《厦门大学学报》(哲学社会科学版)2001年第1期。

② 马庆:《多元论下的本真性理想——查尔斯·泰勒现代性思想研究》,上海社会科学院出版社2015年版,第120页。

"这种道德哲学倾向于把注意力集中到怎么样做是正确的而不是怎么样生存是善的,集中到界定责任的内容而不是善良生活的本性上"①,出现了将"道德"简化等同于"行为准则"的倾向。要深刻理解自我认同问题,就要扩大关于合理道德描述的范围,恢复和阐明道德和精神直觉背后更丰富的背景性语言,除了关于正义以及其他人的生命、幸福和尊严等议题之外,也要考察对支撑个体尊严的东西的感受,或者是对"什么是使我们的生活富有意义和完满的"问题的追问。一个人要达到自我认同,首先就要确定自己所在的方位,这就需要一个"超善"作为地标,来指导我们判断离所要去的地方有多远、从什么方向走。无论是麦金太尔还是泰勒都特别强调了自我认同与道德的这种定位、定向、牵引作用。

正如马克思所言,"思想、观念、意识的生产最初是直接与人们的物质活动,与人们的物质交往,与现实生活的语言交织在一起的"②。思想是不能脱离语言而存在的。道德根源需要阐明和表达,只有在语言中我们才能表达不同的欲望与要求,并在它们之间进行比较。"我作为自我或我的认同,是以这样的方式规定的,即这些事情对我而言是意义重大的。而且,正如被广泛讨论的那样,这些事情对我意义重大,而且,只能通过已经接受的关于这些问题的有效表达的解释语言,才能制定我的认同问题。与他或她的自我解释分离去问一个人是什么,就是从根本上误导了的问题,这种问题原则上说是不能回答的。"③ 但是,我们不可能全面表达我们认为应给予的内容,因此自我解释绝不可能是完全清晰的。语言只能在语言共同体中存在和得到保存,是根植于一种文化或生活方式之中的,正如维特根斯坦所揭示的意义的一致与判断的一致有关。当然,人总是能创新的,能够超越同时代人的思想和视野的限制,但这种创新

---

① [加]查尔斯·泰勒:《自我的根源:现代认同的形成》,韩震等译,译林出版社2012年版,第3页。
② 《马克思恩格斯文集》第1卷,人民出版社2009年版,第524页。
③ [加]查尔斯·泰勒:《自我的根源:现代认同的形成》,韩震等译,译林出版社2012年版,第49页。

也是以某种方式和他人的语言和视野相联系的，否则将遇到障碍，最终丧失在内在的混乱中。

最后，释义学①对研究自我认同问题的方法论意义。释义学源于希腊语 hermeneuein（理解），最早是作为对古典文献的注解和解释的技术发展起来的，文艺复兴后，释义学超出了注解的范围，具有了认识论和方法论的意义，不仅是一个哲学探究的领域，也在社会科学的方法论讨论中被普遍运用。施莱尔马赫和狄尔泰被认为是释义学理论的奠基人，施莱尔马赫在 1838 年出版的文集《解释学与批判》标志着哲学释义学的诞生，其将释义学定义为"理解"的理论；狄尔泰享有"释义学之父"的声誉，他强调精神科学的独特性，根据自然科学和精神科学研究对象的不同，提出精神科学必须有自己独有的方法——释义学。"释义学哲学在本世纪经历了一个根本的转折，其主要特征是释义学从认识论和方法论问题变成了本体论问题。这一转折的奠基人是德国哲学家海德格尔。"②海德格尔是胡塞尔的学生和继承者，他通过研究胡塞尔的现象学来重新研究亚里士多德，从而发现对于思维来说至关重要的是"存在者"之存在，也就是存在本身的意义。他认为本体论研究的是世界的最高本源。海德格尔将人作为"存在者"，不是从人类学、生物学或心理学的角度来规定人，不是把人看作"理性的生物"或"思辨的主体"，而是着眼于人询问他自己和世界上其他存在者之存在，始终理解他自己的存在。海德格尔的"存在"学说，可被称为"释义学的现象学"，它是一种本体论意义上的方法论，而不是认识论或方法论意义上的方法论。海德格尔的释义学思想由他的学生伽达默尔继承并进一步发展，将基本本体论与古典释义学传统结合起来，从而正式形成了哲学释义学这一新兴的现代西方哲学流派。"伽达默尔的哲学释义学是以海德格尔本体论释义学思想为理

---

① 英文为 hermeneuties 一词，目前中文有多种译法，比如"解释学""阐释学""论释学"等，本书采用较常见的"释义学"。
② 张汝伦：《理解：历史性和语言性——哲学释义学简述》，《复旦学报（社会科学版）》1984 年第 6 期。

论基础,他把释义学现象看作是人类的世界经验,通过强调理解的普遍性,确立了释义学作为一种以理解问题为核心的哲学的独立地位。"① 20世纪 60 年代后,为了实现哲学释义学的普遍性,伽达默尔的哲学释义学又逐渐向实践哲学转变,理解的视域获得了进一步的扩大。

"哲学解释学与马克思主义经典哲学一样根植于德国古典哲学传统特别是黑格尔辩证法传统,内在包含了深厚的历史主义和辩证法意识。人们可将哲学解释学方法看成是唯物辩证法在精神活动领域中的具体应用。"② 自然科学思维下的语言理论把语言看成是对世界进行描绘的工具,主要任务就是再现客观世界,具有客观性;哲学释义学理论站在内在构成性自我主体的基础上,强调能够刻画自身情感的表达性语言,侧重于强调语言显示其背后所隐含的主体以及主体自身所蕴含的意义。马克思认为:"思维本身的要素,思想的生命表现的要素,即语言,具有感性的性质。"③ 在他看来,语言乃是人的感性存在的一个维度。对于语言意义的形成,一方面不能把语言完全工具化,完全摆脱符号的物质性;另一方面也不能脱离广泛的经验基础。马克思以人的感性活动为载体,将语言指向人的活动,认为语言是人活动的结果和表现,从而体现人的生存境遇。

第二节 中国文化中自我观的发展与启示

"框架"这一术语在泰勒现代认同理论中被多次强调,自我认同的形成离不开我们的道德和精神直觉背后的"背景状况",结合泰勒的现代认同理论对多重现代性的理解强调多元文化的重要背景,世界各国在各自文化传统上追求对我们至关重要的善。"全球化在嵌入文化价值性的过

---

① 马庆发:《作为教育科学方法的释义学(上)》,《外国教育资料》1997 年第 6 期。
② 蒋平:《哲学解释学视域中的高校思想政治教育对话转型》,人民出版社 2015 年版,第 96 页。
③ 《马克思恩格斯文集》第 1 卷,人民出版社 2009 年版,第 194 页。

程，也是现代性社会重建自身文化价值体系的过程。现代性社会未竟之图景的实现，决离不开其文化方案的规划与实施。"人的存在方式不是断裂性的，传统文化始终具有它不可剥离的意义和价值，其中合理因素必定在人的嬗变中留下印记。钱穆先生言："今天的世界问题，最主要者，还是一思想问题。在西方，宗教与科学，唯心与唯物，个人主义与社会主义，理性主义与经验主义，处处矛盾，处处冲突。但在中国思想史里，则并不见有此种矛盾与冲突之存在。"① 因此，钱穆认为对中国思想史进行研究"不仅对于中国今天的思想界可得一反省，一启示。实于近代西方思想之冲突矛盾获不得解决处，可有一番意外之贡献与调和"②。中华优秀传统文化经历了几千年的积淀，是凝聚中华民族的精神纽带，已深深地融入我们的思想意识和行为规范之中，渗透到社会政治经济之中，特别是精神生活的各个领域蕴藏着影响社会历史发展、支配人们思想行为和日常生活的强大力量。当然，对传统文化的吸收和转化并不是简单地拿来，不加区分或是形式上地复制传统，而是要古为今用，推陈出新，有鉴别地加以对待。中华优秀传统文化千百年来不懈追求忘却自我，以达到自我与更高层事物的融合。如儒家追求与天伦纲纪的合一，道家追求与天地自然的统一，释家追求"成佛"，其中所蕴含的丰富意蕴可以转化为当代的自我认同构建资源。

一　儒家文化中的自我观转化

以儒家为代表的中国传统文化以伦理为本位，重视人与人之间的关系，由"子不语，怪力乱神""未能事人，焉能事鬼""未知生，焉知死"，都能看出儒学是注重此岸人间的学问。儒家文化中构建的伦理世界不是平面的，它具有"个人—家庭—宗族—乡党（社会）—国家"的层次性，这一过程则是通过礼乐制度来实现的。汉武帝时期，董仲舒为适

---

① 钱穆：《中国思想史》，九州出版社2012年版，第9页。
② 钱穆：《中国思想史》，九州出版社2012年版，第9页。

应社会和统治者的需要,以儒家思想为核心,糅合了道家、法家和阴阳家等学说,对儒家思想进行发展,形成了适应大一统时代需要的儒学。董仲舒提出"三纲""五常"之说来维护君主集权制度和宗法家庭伦理,奠定了儒家思想的文化主流地位,经过宋明理学的发展,儒家推行礼乐教化,强调伦理之"上行下效"的示范效应,造成了双重效果,一方面使礼法规则简便易行而向社会一般成员推广,另一方面也带来了泛化问题,例如将礼的最高标准当成了道德的最低要求,导致"礼"之恶,"可以说儒家所建立的道德评价原则本身是具有合理性的,但如果在实践上把'理'与合理的欲望对立起来,特别是统治者冒充为'理'的化身,片面强调被统治者的义务而抹杀其权利,其后果就会表现为普遍的道德压抑"[①]。儒家伦理思想由于时代限制固然有一些内容是要批判淘汰的,但如果用当代要求和西方现代性文化的标准一味对其进行抨击也是不可取的,而应以创造性转化的眼光来看待,看到"礼"的本质部分在于反映并体现天与人、人与社会、人与他人、人与自我等各种关系,主体之人是贯穿其中的在场者。主体通过真实的生活秩序以及政治伦理制度不断实体地建立主体的现实身份,立体、丰富的主体自我形象应当有创造性转化的部分。

(一)将立体关系中的"自我"转化为"自我"边界的包容性和伸缩性

许慎在《说文解字》中将"我"解释为"施身自谓也"。段玉裁注曰:"不但云自谓而云施身自谓者……谓用己厕于众中,而自称则为我也。"[②] 古代汉语常将"人我"对举,就是强调"我"是将自己置身于众人之中或他者之间的自称,自我意义需要通过与众人(或他人)的区分来获取。这种自我观在关注社会秩序的儒家思想中表现得非常突出。儒家把"人"看成是关系的"人",对"人"的定义是"仁者,人也"。

---

① 谢放:《中外文化发展历程》,长春出版社2013年版,第85页。
② (汉)许慎撰,(清)段玉裁注:《说文解字注》,上海古籍出版社1988年版,第632页。

"仁"是"人"字旁加一个"二"字,只有在"二人"的对应关系中,才能肯定和确认一方。例如"五伦"的君臣、父子、夫妇、兄弟、朋友,在这里"自我"不是单独存在的,而是隐匿在社会关系中,要依赖于另一个相对应的关系而存在。"自我"通过找到别人,才能找到自己的定位,单独的"个人"脱离人伦与集体关系是很难被接受的。有研究者在对世俗时代的意义探寻中回溯了儒家思想在五四运动中的变化与影响,认为在五四时期出现的启蒙思想中的新道德观,既包含着传统儒家理想人格圣贤君子的价值判断,也延续了传统儒家伦理中追求"大同"社会的理想;一定程度上超越了"小我"的自由、快乐与利益,包含了更加崇高的社会乃至全人类这一"大我"的福祉。儒家伦理思想的社会理想正是从现实人之性情、人伦关系出发,追求以礼乐平治天下的目标,对于社会理想的追求是同个人不断"生成""完善"的历史过程一致的,将个体置于一个秩序和意义当中。"儒家文化的理想社会,由个人到天下,原是一级一级地扩大,一级一级地升高。个人并不是因为是群体的一部分,而丧失了个体的自我。"[①]

也就是说,儒家文化中的"我"内在地包含了"他"和"和他人的关系",香港学者杨中芳提出要在"自我"的范畴内,区分"个己"与"自己"。前者在西方社会心理学的研究中通常被称为"自我";后者则代表一种不但包括个体的身体实体,而且还包括一些具有特别意义的其他人(即自己人),而儒家文化中的"我"则属于后者,儒家文化中"我"的这个"个己"与某些他人的区分不是坚实的和明确的。儒家的"我"的边界包括"个己"和"自己人",这个边界可以像涟漪一样层层"无限"向外延伸,超出个体容纳了他人、家庭、社会和国家。也正是他人、家、社会、国家和与他们的关系构成、支撑和扩展了儒家的"自我"。在全球化背景下的当今社会,中国人的这种自我观将更有利于推己及人的世界胸怀和共同体意识的形成。

[①] 许倬云:《中国文化与世界文化》,广西师范大学出版社2006年版,第216页。

（二）慎独内省的修养方法转化为自我认同的本真性追求

海外新儒家唐君毅、牟宗三、杜维明等均认为儒学具有"内向超越性"的特征，儒学"为仁由己""反求诸己"的向内寻的思维方式，使儒学在具有宗教超越性的同时，还具有内在性的因素，就像钱穆在比较中西文化特征时所描述的："大概西方文化比较重要的是宗教与科学，而中国文化比较重要的是道德与艺术。……宗教讲天，讲上帝；科学讲自然，讲万物；都在人的外面。而道德与艺术都属人生方面，是内在于人生本体的。"① 在个人德行的修养上，儒家文化教人自己省察，自己思考，形成辨别力。例如我们耳熟能详的"己所不欲勿施于人""吾日三省吾身""见贤思齐焉，见不贤而内自省"，而这种德行的实现要借助于"礼"，各种社会行为和日常行为要符合"礼"的要求，所谓"道之以政，齐之以刑，民免而无耻。道之以德，齐之以礼，有耻且格"（《论语·为政》）。在"修身、齐家、治国、平天下"中"修身"是中心环节，"自天子以至于庶人，壹是皆以修身为本"（《礼记·大学》）。也就是说，"它是以个人为中心，向内延伸到他的主观世界，向外延伸到他的客观世界。这就是以修身为中心，向内延伸到正心、诚意、致知，向外延伸到齐家、治国、平天下"②。内省修身的目的在于培养自己的道德品质，使自己具有较高的道德素质和人格境界而趋于完善，因此慎独也是儒家所倡导的一种修身方法。个人独处时，也要自觉约束自己的行为，《中庸》说："君子戒慎乎其所不睹，恐惧乎其所不闻。莫见乎隐，莫显乎微。故君子慎其独也。"从先秦时代开始，儒家学说努力把礼乐规制内化为人自觉的道德实践，这种道德实践一方面是通过对仁义礼智信的精神追求内化于心，另一方面又主张将这种内心修养推向自然、社会、人生，因此儒学的慎独内省既是一种连接精神世界的超脱，又是一种积极入世的道德实践。面对由现代经济世俗化变革裹挟着传统宗族原始血缘关系的伦

---

① 钱穆：《从中国历史来看中国民族性及中国文化》，九州出版社2011年版，第100页。
② 冯友兰：《中国哲学史新编》（中），人民出版社2001年版，第150页。

理亲情淡化而带来的道德危机,这种向内求索、慎独内省的修养方法具有极为重要的意义。

许倬云在论述现代文明的成坏时曾表达对"万物皆备于我"的认识:"将人与人之间的关系,比作一个大网上无数的明珠,每一个明珠都可以反映别的明珠而别的明珠又可以反映出自己。假如人心如明珠,就也可以用自己的心映照别人,又映照自己。层层回影,则方寸人心,可以参透全体,其大无外,其小无内。在这种情况之下,我们可以得到一个对自己更进一步的认识:万物皆备于我。这句话不是意指万物的一切,'我'都可以持有,而是意指'我'都可以体会,并由同情而得到彼此一体的感受。"[1] 这种由外及内、由人及己的内修使我们可以将对生活环境的关怀、对他人的关怀、对自己人生的关怀转化为自动自觉,对自己有所约束,抵抗经济膨胀的失控和欲望,"我们就可以从科技文明出发,建构整套人文价值,不必求神,而反求诸己,就可以找到安身立命之所"[2]。这个时代的焦虑症源于对自身内部需求的忽略,甚至直到陷于精神疾病困扰时才发现自己已经失去了表达内部感受的能力,内省、慎独就是要适时地保持和内部的联结,不至于迷失自我。

(三) 崇尚仁义转化为自我认同的道德指向

"仁"德是儒家最核心的价值追求,是儒家坚持君子仁人以至圣人之修身、齐家、治国、平天下思想的核心驱动力。在"仁者爱人"这一对人的内在价值或存在规定的道德界定中,自我的价值方向与他人相联结,并被确立为对道德存在与道德人格的尊严感。"杀身成仁""舍生取义",儒家学说将道德认同作为自我的精神方向与存在论依据,与此同时,道德价值相对于一切价值乃至感性生命具有优先地位。与作为道德价值的"仁""义"相对的是作为伦理规范的"礼",它体现了古代人的社会性存在方式与对群体和伦理的认同。孔子讲:"克己复礼为仁。一日克己复

---

[1] 许倬云:《许倬云说历史:现代文明的成坏》,上海文化出版社2012年版,第213页。
[2] 许倬云:《许倬云说历史:现代文明的成坏》,上海文化出版社2012年版,第213页。

礼，天下归仁焉。"(《论语·颜渊》)这说明"仁"是克己复礼的结果，克己复礼是"仁"的客观标准。

儒家文化以道德为旨归，倡导"仁"是最高、最根本的理想和准则。"仁"的价值高于生命，故有"杀身成仁"之说，对于行"仁"的主体并没有太多条件限制或要求，"我欲仁，斯仁至矣"(《论语·述而》)，只要愿意人人都可以做到。冯友兰评述："孔子用'仁'不光是指某一种德行，而是指一切德行的总和。所以，'仁人'一词与全德之人同义。在这种情况下，'仁'可以译成 perfect virtue（全德）。"① 在孔孟经典中，对于"仁"的诠释基本上是以叙事的方式来展开的，并没有统一的"定义"，这种非定义的叙述给"仁"的意义留下了极大的想象空间，作为终极真实它无法穷尽，作为道德规范它无限拓展。

除了"仁"，儒家还倡导"义"。"义"即道德原则，是"仁"的伦理表现。"道德是内在的修养，伦理是外在的人际关系。中国原始儒家的仁与义，颇能与此相当。因为人必须自尊也尊重他人，人性的充分体现，即是仁，人际以忠恕的基础即是义。"② "君子喻于义，小人喻于利。"以对待义和利的态度作为有德之君子和无德之小人的基本分界线。如果国君、士大夫至庶人，全部以追求利益为目标，那么人们就不会满足于现状，追求更高的利益，就会导致秩序混乱。

在现实中，仁爱之亲在亲情血缘之中都遭到了破坏，再推及其他人就更无法实现；义利之辨在当下的表现也往往是利重于义，在盲目追求经济利益、填补物质欲望沟壑的过程中无法停歇，成了一只失去方向的无脚鸟。泰勒认为探寻道德根源对自我认同的形成是必要的，因为在对道德根源的表达中，作为人们爱、忠诚和敬畏的对象，其激发着人们的想象力和情感，这些情感是推动人们向善的力量，也是人们能够进行强势评估的条件和方向。儒家对仁义的崇尚及其上行下效面向大众的济世

---

① 冯友兰：《中国哲学简史》，北京大学出版社1985年版，第53页。
② 许倬云：《中国文化与世界文化》，广西师范大学出版社2006年版，第232页。

致用，使得仁义能够融入社会生活成为"日常生活的善"，为自我认同提供方向感。

二　新文化运动中的自我观变化

"人"的观念的现代转型是西方哲学家思想家长期孜孜不倦地投入的研究主题，中国社会在现代转型的进程中也无法回避这个问题。儒家传统的自我观念中被抽掉个人私欲而形成的道德自我认同，到了明代晚期已经面临着来自儒家学说的内部批判，从而形成了"天理"的框架，使得自我的个性在其中得到了价值上的肯定；到了晚清，一些思想家的批判直指理学的天命论，但个体主体性这一现代性原则在自我观中的完成，是随着辛亥革命以来传统社会政治制度的更替，尤其是随着新文化运动作为中国新文化、新价值的里程碑事件的展开而逐渐确立的。尽管新文化运动领袖先锋们的出发点都是批判封建传统文化、重塑国民性，但在各自对个人解放内容的理解上不尽相同，甚至有重大差异。

(一)　新文化运动领袖对个体自我的不同理解

陈独秀认为中国社会之所以落后，在于宗法社会强调阶级，以家族为本位，破坏个人独立人格，人们无法享受权利，"宗法制度之恶果，盖有四焉：一曰损坏个人独立自尊之人格；一曰窒碍个人意思之自由；一曰剥夺个人法律上平等之权利；（如尊长卑幼同罪异罚之类。）一曰养成依赖性，戕贼个人之生产力"①。认为西方社会之所以在人权上取得了明显的进步，主要是因为个人主义的发达，个人主义的发达又因民主的发展，民主的发展使国家社会的发展都以实现个人幸福为目标。人是有天然欲望的个体存在，天性首先是利己，离开个体存在的集体没有意义，由此陈独秀大力批判以集体主义为形式的封建伦理纲常。

胡适则采取另一种不正面地与集体主义发生冲突的态度，秉承以科学为基础的怀疑主义方法论，提倡个人主义的易卜生主义。1918年从美

---

① 陈独秀：《东西民族根本思想之差异》，《青年杂志》1915年第1期。

国学成归国的胡适用易卜生戏中社会与个人互相损害而不是互相帮助的理论来提醒中国青年，社会偏好专制，专制摧毁人的个性、压制个人自由独立的精神，个人的独立精神泯灭，最终带来的也是社会损毁。胡适所主张的个人主义并不是只顾自己利益，独善其身的个人主义，他认为个人是无从脱离社会的，改造社会必须从改造造成社会的种种势力开始，例如制度、习俗、教育、思想观念等，改造这些也就是改造个人。因此个体与集体不必然是对立的，集体不必以牺牲个体自由作为代价，个体也无须忧虑"利我则不利集体"。胡适在个体自我的解放问题上，更强调的是精神自我的解放，个人具备怀疑精神，把握真理，可以掌握自己的命运，为自我的言行负责。

同时也有马克思主义者以唯物史观对个体自我、个性自由的理解。李大钊对个性解放与社会和谐的关系认识深刻："解放的精神，断断不是单为求一个分裂就算了事，乃是为完成一切个性脱离了旧绊锁，重新改造一个普通广大的新组织，一方面是个性解放，一方面是大同……这两种运动似乎是相反，实在是相成。"[①] 李大钊不仅看到了个人与社会之间统一对立的辩证关系，更是进一步提出必须同时进行"物质改造"和"精神改造"，正视现实而非被动地活在现在，被现在支配奴役，在"物质改造"中参与到改变现实的活动中去。李大钊不仅看到了进行"物质改造"完成是"精神解放"的坚实基础，还将个体（自我）解放与人类（永远的"我"）统一起来。另一位马克思主义者瞿秋白认为，绝对的利己主义的人生观与社会不相容，实际上无己可利，"人类往往以利己主义出发而得到利他的结果，一切利他互助主义都产生于利己斗争的过程里"[②]。个人与社会并不是绝然对立的，而应从统一的角度去理解。

（二）反思新文化运动带来的"群体"向"个人"价值观转换

毋庸置疑，新文化运动使中国社会关于人的观念由封建伦理道德的

---

① 李大钊：《李大钊文集》（下册），人民出版社1984年版，第597—598页。
② 瞿秋白：《自由世界与必然世界》，《新青年》季刊1923年第2期。

工具向人的价值回归前进了一大步,"新文化运动带来了社会对于人的观念和理想的一个剧变。在民国之后、新文化运动之前,社会崇尚的还多是孔子等传统圣贤人物;在这之后,崇尚的人物就再也不是以孔子为中心的传统人物了。新文化运动标志着传统人的观念的一个巨大转折"[1]。与旧文化相对而言,新文化是对千百年来的历史沉积的旧文化的扬弃和超越,是在器物和制度之后,西方近代文化同中国传统文化的整体对立引起的观念形态的革命。[2] 它以辛亥革命后的中国社会现实为认识起点,把批判矛头直指封建的纲常名教,主张以最彻底的态度向西方寻求真理,通过对全社会"人"的全盘改造从而实现完美社会的构想。完成人的改造归根到底是要建立新的价值观念和道德观念,其根本之处就在于"重人的价值",树立"独立的人格",正如陈独秀在《敬告青年》中所言"完成其自主自由之人格之谓也"。因此,新文化运动掀起的这场思想变革的核心就在于实现由"群体"到"个人"的价值转向,反思其中得失对当代人加强自我认同仍然有益。

新文化运动高举"科学"与"民主"大旗为人们熟知,但"真正促成的其实是思想的重心移向个体和自我。比之漫无边际的民主和科学,其中的着力点和落脚处显然都在个人主体和个人本位"[3]。对照中国的羸弱、愚昧、闭塞,在新文化运动中,透过西方这个强大的"他者",人们获得了一个批判中国传统的基点,凸显西方个人主义价值观在现代性中的位置,进而批判以专制制度、宗族、家庭为基础的"群体"观。但是,同时我们也应看到新文化运动并没有真正结束中西文化之间的分歧争论,也没有彻底完成自我观的现代转型,势必也无法从根本上提供一种重建中国人自我认同的答案。西方个人主义的内涵和本质在各种主张的"个

---

[1] 何怀宏:《学以成人,约以成人——对新文化运动人的观念的一个反省》,《安徽大学学报(哲学社会科学版)》2016年第1期。

[2] 梁启超在《五十年中国文化进化概论》中指出,中国近现代文化之进步经历了从"器物"层次到"制度"层次再到"文化"层次的转变。

[3] 杨国强:《论新文化运动中的个人主义(上)》,《探索与争鸣》2016年第8期。

人主义"实际历史进程中不可避免地会发生变形或者至少是有缺失的,譬如西方个人主义崇尚的人是大写的人、抽象的人,强调普遍的人的主体性,包含于主体人之内的平等、权利、独立本来有其与历史文化连在一起的意义,但在伴随着诸如易卜生的戏剧、新文化运动先驱者解读这些具象化的载体传播中,这种整体的、抽象的人就被接受为具体自我,"所以接受了个人主义的中国人,便常常会在自我意识中简单而轻易地把自己与国家、社会、家庭、团体断分开来,并驾而上之。这种断分和脱裂的结果,是实际上以社会关系的总和为自己存在状态的人,在观念上却可以是与他人不相对待,不相依存,不相勾连的单独的个体和孤独的个体"①。这种关于个人解放观念的局限性还体现为真正接受这一观念的群体实际上只是少数的知识分子精英,并没有成为大多数普通人的共识,在五四运动中的罢课、罢工集体运动中起到更显著作用的仍是"天下兴亡,匹夫有责"的观念,"从五四运动的进程看,包括广大青年学生在内的社会成员都尚未形成人的自由观念"②。

三 改革开放以来的自我观的发展

改革开放以来中国的"自我"观念的演变与经济体制的转变进程密切关联。随着国内思想解放的大潮以及国门开放而来的多元文化思潮的一起涌动,中国人的世俗化生活诉求启动,青年人作为时代先锋开始追求个人利益,追寻自我,中国人的"自我"开始彰显。改革开放以来国人的自我探寻过程伴随着中国经济社会的发展大致可以分成三个阶段,1978 年改革开放开始到 20 世纪 80 年代末的初期阶段,20 世纪 90 年代经历了一个徘徊期,21 世纪以来进入了一个新的发展期。

"主体性"问题成为学术界讨论的热点,第一个讨论高峰就形成于 20 世纪 80 年代,也从侧面印证了那时中国人自我觉醒的开始,而对"主体

---

① 杨国强:《新文化运动中的个人主义(中)》,《探索与争鸣》2016 年第 9 期。
② 陈廷湘:《中国文化核心价值观"人"的观念的近代转型》,《史学月刊》2008 年第 12 期。

性"问题的关注和讨论实际上指向的就是个体对"自我"的确证。随着深圳崛起的是深入人心的"时间就是金钱,效率就是生命",同时也在个体自我价值的确认上出现了新的声音。1988年,三位著名的青年教育家到深圳蛇口参观之后,与当地青年举行了一次座谈会,三位特别擅长做青年思想道德教育宣传工作的教育家没有想到,在这次座谈会上遭遇了蛇口青年的当场质疑,表明当时的青年一代对如何做自己有了不同的思考,敢于质疑权威的空泛说教。可以说这一时期"自我"被重新审视和定位,将人从改革开放以前相对封闭的文化思想环境中解放出来,人的个体、感性、现实性得到复归,"自我"这个概念在这个阶段显得生机澎湃,整个社会洋溢着自我解放的热情以及情感抒发的浪漫主义气息。

进入20世纪90年代,随着改革开放的深入,深层次的矛盾和冲突也随之而来,人们在追求自我的同时也逐渐陷入迷茫的徘徊中——传统的价值体系在多元化发展浪潮中逐渐消散,失去温度的以经济关系和效率利益为原则的价值尺度成为了衡量一切的标准。与此同时,社会主义运动进入一个低潮期,苏联的解体使人们对自身所处的方位产生了动摇和疑惑。可以说,改革开放带来的多元化的价值观和社会思潮对中国社会的影响在广度和深度上是空前的,从真正意义上将全体国人呈现于异质性的"他者"的对立面,带有现代性意义的自我认同问题得以生成、发酵。1992年邓小平明确回答了长期困扰和束缚人们思想的重大认识问题,同年党的十四大明确提出要建立社会主义市场经济,坚定不移地走中国特色社会主义道路。在这样的背景下,弥漫于社会的怀疑、徘徊心态慢慢复苏,在自由竞争的市场经济原则下,人们的主体性意识增强,对自我的价值评判也日渐多元。

2001年,我国加入世贸组织,标志着改革开放的进一步深化,更深层次地参与到经济全球化的浪潮中。伴随着经济的高速发展,人们的物质生活水平得到了极大的提升,精神生活也得到了极大丰富。经济、政治、文化、社会各方面的发展成就使人们对国家和党的信任度越来越高,随之共同成长的是个体的主体性和公共服务意识，全球化带来的机遇与风险并存，但随着时代条件的变化，社会的高速发展和转型裹挟着全民焦虑、信息网络时代拓展的虚拟空间、消费主义和数字劳动的崛起等新形势催生了新的自我认同危机。

在改革开放以来的自我观嬗变中，我们可以清晰地看到个人自我认同问题紧密地和中国经济社会的发展联系在一起，自我认同的实现并非仅是个体精神世界的活动而已，必然包含确认自我以及将我与他物、他人相区分并将我融入他物和他人之中。总体上看，改革开放虽然将个体从改革开放前封闭束缚的自我克制和压抑中解放出来，但由于加速发展的市场经济，席卷深入的全球化浪潮，在多元文化的冲击下，人们难以避免地受到不良思潮的影响，例如低俗化、拜金主义、工具理性、虚无主义等的影响，在自我认同方面过分强调个体自我的欲望，将自我认同等于欲望的自我满足，忽视自我认同的社会认同方面，从而造成青年群体中的不少人夸大物质自我，忽视精神自我，强调自我个性，无视社会自我，甚至自我放纵，以牺牲他人、集体、社会为代价来满足自我。回顾这段历程，启示我们当今解决思想政治教育自我认同构建问题，最根本的就是要立足当下中国的现实，不能"历史倒退"地回到前现代的传统文化中去寻求资源，更不能复制西方现代化的进程，套用西方现代性的思想体系，而是要找到符合中国特色社会主义发展实践和需求的现代性思想资源，以此再建自我认同的观念体系。

第三节　当代传媒景观中的自我认同资源

互联网已经全面渗透到社会生活的各个领域，人们在享受着网络信息技术带来的各种服务和工具性便利的同时，正深刻地感受到互联网技术对自身思维方式和行为方式的深刻影响，正如尼葛洛庞帝所言："比特（Bit），已经作为信息时代新世界的 DNA 迅速取代原子，成为人类社会的基本要素。"① 丰富多样的传媒应运而生，每个人与世界的联系通道日益发达，极大地扩大了人类的可见视野，层次丰富的传媒景观勾勒出人类表达自我、拓展自我的新场域，使得自我认同这一经典话题在这个时代又获得了新的符号表达。当然，网络技术、虚拟世界的"双刃剑"效应客观存在，但因新生事物不完善而全盘拒绝绝不是我们应该采取的态度，找到当中有利于自我认同构建的思想政治教育资源是本节内容的核心要义。

青年一代借由自媒体宣告自我独特性、捍卫自身文化身份和领土，形成了具有鲜明风格的全新景观，例如朋友圈"晒文化"与粉丝圈、短视频与直播、网络流行语与弹幕。尽管这些景观也无法逃避现代社会消费主义的支配，但我们应看到其中包含的当代青年对自身构建的亚文化话语的主权宣告，具有一定的解放意义和启蒙价值。

一 "晒文化"的自我构建与"圈层化"的认同寻求

发什么照片、编写什么文字发布到朋友圈几乎成了自媒体环境下人们的每日课题，大学生群体处在思想活跃、社交需求增长、寻求自我认同支持的关键时期，朋友圈的"晒文化"为他们进行自我表达、获取认同提供了平台。一方面大学生群体通过分享好物、美图、转发文章和视频等方式实现信息传播，完成社交认同，借由网络穿透时空的特性与旁观者建立一种共时性的经历。既希望自己有与众不同的标签，又希望获得更多的认同与共鸣，因此在"晒文化"场域下的自我暴露推动着分享者的主体探索——不得不将更多的注意力放到自己身上，做更多的审视，以便能够对自我呈现做出最优选择。有别于缺乏思考、随心所欲、封闭式的自我呈现，"晒文化"提供了一个多元的出口，同时由于技术上的"隐藏""删除"功能，允许主体对自我构建、社会关系进行反思、审视、修改，使主体能够在一种相对稳定的连续性中完成开放性的自我认同。

---

① [美] 尼葛洛庞帝：《数字化生存》，胡泳等译，海南出版社 1997 年版，第 4 页。

另一方面,"晒文化"彰显了这一代青年对世俗化价值的肯定,正视作为感性主体的人对物质和感官刺激的合理需求。从当代青年朋友圈所关注和发布的内容上看,日常生活化的内容占据主要地位,例如偏好美食、购物、明星、时尚、游戏、热门影视综艺等主题,在话语风格上闲谈、逗乐、自嘲、玩笑"梗"更受欢迎,他们希望通过这样的方式释放压力、紧张和焦虑,并从中获得放松,得到满足,找到意义。类似福柯的"自我技术"[①] 概念,在这个过程中,作为新媒体的弄潮儿,大学生以娴熟的技术操作能实现了对新兴社会交往空间的改造,完成了对自身身体、思想、行为、存在方式的操控,达到自我呈现、自我构建、自我认同的目的。

传媒景观下主体互动模式呈现出圈层化的特征。"圈层化"指在大数据背景下,基于算法的个人获取信息方式定制化,基于需求的个人交往圈子化、交互关系层级化,由此形成的只在自己的特定圈层中进行信息交互的现象和趋势。网络信息技术进一步打破了传统以血缘关系和地缘关系为依据的社会交往,在朋友圈、网络社群中大学生的现实社交与虚拟社交界限逐渐模糊,同时,网络空间拓展了以共同的兴趣爱好、共同的偶像、共同的短期目标(例如考级考证)等为基础的社交圈。虚拟空间中的社交关系圈层化特征越突出,这一社交群体的结构越稳固,其边界和内部关系越不容易被打破。在这种圈层化的社交群体中,社交主体能够与这一共同体获得良好的互动,从而更容易形成认同感。因此,无论是粉丝团还是豆瓣书友会,抑或是小众生活方式的审美和兴趣社群,都是当代青年试图找到自我展现与自我赋权共同体的方式,不是以单一的标准,例如学习成绩,来衡量自己在群体当中的位置,而是依据自己独特的经历、兴趣、品位来寻求个人定位。

[①] 福柯认为人类通过不同的方式发展出关于自身的知识,形成了科学,这些科学与具体的技术相结合而成为人类了解自身的工具,形成了四种类型的"技术",其中自我技术就是使个体能够通过自己的力量,或者他人的帮助,进行一系列对他们自身的身体及灵魂、思想、行为、存在方式的操控,以此达成自我的转变,以求获得某种幸福、纯洁、智慧、完美或不朽的状态。

二　短视频与直播的注意力生产

近年来，4G 技术的发展带动了短视频、直播时代的蓬勃发展。视频逐渐代替图文形式，成为人们接受新鲜事物或是展现自己的一大媒介。从国内外各类视频软件层出不穷，以及直播成为各大商家纷纷首选的营销方式可见其风靡程度。在生活水平日益提高的条件下，类型多样的物质时刻分散着人们的注意力，而网络直播、短视频凭借其更强的视觉化、参与性、立体化特征，满足了青年群体凸显差异、追求个性的需求，逐渐在注意力的争夺、生产、竞争中获得优势。

互联网信息技术拓宽了信息传播的广度，提升了传播的速度，彻底改变了传统认知中信息资源绝对匮乏的局面，海量信息的无限性和人们处理信息能力、理性判断能力的不足形成了冲突和矛盾，这种冲突将人们从信息不足的匮乏感推入另一种信息过剩的焦虑感之中。有限的注意力变成了各种信息争相夺取的稀缺资源，过剩的信息不仅消耗着人们有限的注意力，甚至还使人们陷入被控制的消极状态中，消解人的理性能力。由短视频、直播而产生的博主、主播在一定程度上解决了人们的信息过剩、注意力稀缺问题。以直播电商为例，通过主播的货比三家、亲自体验，加上信息筛选过后的专业讲解，观看者可以做出符合自己需求和消费能力的最佳选择；而短视频博主对各种主题分享的精心拍摄、提炼，成为大学生们喜爱的新"百度"，相对于搜索引擎搜到的真假难辨的图文信息，短视频中的博主体验、实景拍摄和更强的互动性给他们带来了更强的安全感和信任感。

同时，短视频、直播的高情感性特征提高了参与者的主体性和代入感。与传统媒介相比，直播间里的参与者并不仅仅是受众，即时性的交流互动能够得到主播的反馈，甚至能够根据参与者的要求调整直播策略、内容。而直播者将不同情感投入的参与者分层，给予不同的利益反馈，例如优惠、送礼物等，参与者的注意力情感化就在这个互动过程中不断得到形塑。对于高情感参与者，直播甚至还有情感寄托的功能，成为一种可依赖生活方式。这种高情感性特征不仅可以吸引参与者的注意力，还能够进一步生产注意力，有研究表明"随着情感劳动的兴起，社会学从情感的资本化角度出发分析了情感在商业资本中的生产和控制，认为情感作为一种社会控制系统，不仅是可用于交换的资源，也是行为控制的工具，用以形塑、规范甚至是操控人们的社会行为"[①]。可见，直播、短视频平台在注意力的生产过程中，使参与主体的注意力具有了交互性和价值性，一方面能够在注意力趋同的圈层中拓展社会关系，另一方面，也能够通过获取相似属性群体的互动和认同，赋予个人选择以价值和意义。

三 网络流行语的符号共享意义

对社会现象的关注、视频弹幕中的评论狂欢，最终都会以流行语的方式在网络空间流转。从早期的"小确幸""丧""锦鲤体质"到最近的"996""打工人""内卷""躺平"，从旧词新解的"白骨精"（白领＋骨干＋精英），到生造词"不明觉厉""尾款人"，再到颇具密码性质的字母代码"yyds"，都折射出青年一代正在试图构建一种属于他们的网络亚文化，是对文化话语权的一种表达。在传统媒体时代，大众文化主要由社会精英阶层主导，少数人通过掌控话语权和传播渠道，进行信息的单向输送，例如报纸、电视、电影等媒介资源掌握在少数人手里；随着自媒体的兴起，微博、微信、直播平台、短视频平台等降低了信息获取的门槛，加速了信息流动，信息接收者不仅是受众，更是以参与者的身份进入文化生产中，制造流行语、热门话题，形成各种态势的亚文化现象。这些网络流行语作为承载着共享意义的符号，在信息编码、解码、重组过程中实现了自我在群体中达成认同的使命。在此以近两年的网络流行语为例，通过将这些符号类型化，更好地识别其中蕴含的共享密码。

---

① 王艺璇、安真真：《注意力经济：电商直播中消费者注意力的生产与控制》，《中国青年研究》2021年第2期。

第一，反映社会发展与国家政策导向的词语相继入选年度流行语，可见当代大学生群体对主流价值观认同。例如"中国梦"（2013）、"不忘初心"（2017）、"人类命运共同体"（2018）、"逆行者"（2020）等流行语是当代青年以网络流行语为载体抒发家国情怀的方式，既是爱国主义、中国精神在新时代的传承和演绎，也是当代青年对前辈筚路蓝缕、艰苦奋斗所取得的建设成就的敬佩，对中国从站起来到富起来走向强起来的自豪感和自信心。

第二，对公共事件和社会热点的关注，是当代大学生正义感的表达。对公共事件和社会热点的聚焦体现出这一代青年人日益增长的公共精神，并通过对这些事件当中的流行语制造和传播来表达对社会失序、不公正现象的抗议。例如早期的"坑爹""躲猫猫""扶不扶"等，再到近年对两性平等话题的热议，对教育公平的关注，对明星道德失范问题的批判，催生了如"PUA""寒门难出贵子""知网是什么？""代孕"等热词，包含着对超出事件本身的社会秩序、公共权利的嘲讽、质疑和不满。

第三，对社会适应的现实焦虑，自嘲中化解重压。这同时也折射出社会转型、变动加剧的社会现实给当代大学生带来的风险感增加、可预期性降低的焦虑感，从更宏观的视角看，这是社会现代化转型所带来的现代性问题所致。一方面是"我不想奋斗了""内卷""打工人""996"的压力现状，另一方面又以一种自嘲、自我解脱的方式抒发对生存困境的负面感受，例如"躺平""我太难了""人间不值得"等，还有进一步的"凉凉""现在留下的泪都是当年脑子进的水""小丑竟是我自己"等解嘲式归因，通过化解情感体验的负面状态，转而化为轻松、戏谑式的自我表达。

第四，通过词汇、句法的改造、变异，营造一种身份特殊性的群体"密码"。改造的手段包括旧词新解、新造词语、缩略法、字母缩写、戏仿等。例如"凡尔赛""不明觉厉""奥利给""爷青回""u1s1""耗汁为之"等。通过编码、解码、再造的过程赋予语言新的情感色彩和价值观表达，彰显了青年使用话语权来创造阶层以及属于自己群体的身份表达的语言符码。使用这些流行语的过程也是青年的价值观得以彰显、情感得到满足的过程,"作为当代青年网络媒介沟通交流的重要语言,流行语狂欢是青年群体满足社交需求、获取群体归属感的重要手段"①。

网络空间是当代大学生成长的重要场域,与他们的自我认同形成密切相关,建构主义认为个体自我认同不是与生俱来、一成不变的,环境对人的自我认同发挥着重塑和同化作用。斯图亚特·霍尔（Stuart Hall）的身份认同理论认为,集体共有文化下的"一个真正的自我",包含着共同的历史经验和文化符码,文化符码在人自身内化的无意识过程中转化成了心理、精神意义的个体自我。借助文化身份达成的自我认同使个体生命通过文化符号、共同记忆形成连缀,产生个体对自我的认知和认同,反映了个体认同与群体认同之间的张力。个体通过建构文化符号、共享记忆确证自己的集体身份；而社会借助文化符号确证文化的连续性,形成一种整体意识继续影响个体的自我认同。在网络时代,由媒介构成的青年亚文化对自我认同的形塑发挥着巨大作用。

网络媒介拓宽了人们的生存空间,以虚拟的方式反映现实,突破了现实世界的各种限制,使人们在这一虚拟空间中获得了更多的体验和在场感,能够使主体更充分地发挥主观能动性的作用,通过媒介中的虚拟自我来实现原本只能在脑海中想象的虚构的自我。要将网络媒介打造为具有吸引力的公共空间,人们可以在虚拟空间中做自由真实的"本我",可以重设自己的身份和角色实现"超我",并在网络社群的交流过程中获得同伴,习得人际交往和平衡社会角色,而且这些经验技能还可以逐渐迁移到现实世界的情境中使用。公共表达场域要借鉴网络流行语、自媒体"微"话语的优势特点转化主流话语。主流话语是反映主流价值的语言和言语,其所包含的思想性、引领性和深刻性是不可替代的,但是如果无法得到有效传播和参与、回应,也就失去了其原有的价值。因此在

---

① 石立春:《流行语呈现的青年网络狂欢及潜藏的思想动向研究》,《思想教育研究》2019年第12期。

公共表达场域的话语应用上可借鉴网络流行语的构词方法，实现词句优化组合、朗朗上口、意义延展；借用动态图像、可视化文字的形象活泼，加强互动性，使深刻思想富有魅力。通过形象化、感性化、趣味化等方法，转化主流话语中严肃、生硬的部分，提升主流话语的可读性；通过图片叙事，增强参与者的在场感，从而使参与者更容易产生情感共鸣，生成公共表达场域的意义，提升主流话语的生命力。

第五章

自我认同构建的思想政治教育方案

在马克思主义指导下，借鉴哲学、心理学、社会学有关自我认同理论的合理内容，形成当代大学生自我认同教育的实施方案是本书的最终目标。思想政治教育过程并不是一个简单的知识灌输和思想形塑过程，思想政治教育是政治社会化的重要途径，其最终目的"不是为了说明知识本身的科学性，不是要使受教育者尊重和服从知识及其所揭示的规则，而是要使受教育者认同教育主体的思想体系及其所主张的意识形态的合法性，思想政治教育不是单纯的知识传授，教育者与被教育者将知识作为自己共同面对的对象，并将目标设定在对自身以外的知识所蕴含价值尺度的理解与认同上"[1]。自我认同教育能够培养大学生的自觉性意识、自主性能力，拓展学生的认知、情感、意志的体验与表达，提升学生在价值维度方面的理解与认同能力。

第一节　大学生自我认同教育原则

自我认同建立在个体自主性基础上，具有很强的主观性，但这些主观因素并不是人们随意想象的产物，而是来源于客观存在和社会实践活动，正如马克思所说："在表面上是偶然性在起作用的地方，这种偶然性

---

[1] 田鹏颖、赵美艳:《思想政治教育哲学》，光明日报出版社2010年版，第37—38页。

始终是受内部的隐蔽着的规律支配的，而问题只是在于发现这些规律。"①大学生自我认同教育要坚持马克思主义理论的指导，遵循思想政治教育的基本规律，同时合理借鉴有关认同理论的有益内容，这也是大学生自我认同教育的基本原则。

一　理论自觉：坚持马克思主义理论的指导

理论指导关系的是方向问题，只有坚定马克思主义理论的指导地位，才能使思想政治教育工作有强大的牵引力、汇聚力。尤其是随着经济的发展，思想文化领域的多样多变产生了深刻影响，人们的思想更加活跃，选择性、独立性、差异性特征显著，敌对势力打着文化交流的幌子在意识形态领域进行瓦解、渗透，这些新问题都冲击着马克思主义理论在意识形态领域的指导地位。"现代思想政治教育学的理论基础是马克思主义，坚持以完整准确的马克思主义科学体系为根本指导思想，是现代思想政治教育学能够得以建立和健康发展的根本条件，也是实现思想政治教育科学化的根本保证。"② 加强当代大学生自我认同教育一方面要坚持马克思主义理论的指导，一方面要坚持马克思主义开放性、创新性的理论品质，解放思想、实事求是、与时俱进。

马克思主义人学实现了对唯心主义和旧唯物主义人学观的批判和超越，马克思关于人的本质、人与自然的关系、人与社会的关系以及实践中人的生成和人的全面发展的论述内在地实现了辩证唯物主义和历史唯物主义方法论的统一。自我认同是一个以人为起点又回归到人的过程，坚持马克思主义人学原理的指导，就是要牢牢把握住以现实的人为逻辑起点和人的全面发展的落脚点。马克思指出："我们的出发点是从事实际活动的人，而且从他们的现实生活过程中还可以描绘出这一生活过程在意识形态上的反射和反响的发展。"③ 马克思主义从现实的人出发，认为

---

① 《马克思恩格斯选集》第4卷，人民出版社2012年版，第254页。
② 张耀灿等：《现代思想政治教育学》，人民出版社2006年版，第35页。
③ 《马克思恩格斯选集》第1卷，人民出版社2012年版，第152页。

其既不是黑格尔那种"绝对精神"的个体,也不同于费尔巴哈抽象的"类"概念,而是批判地考察个人的现实生活过程,处在现实的社会关系和历史进程中的活生生的个人。现实的人也意味着承认不同学生的差异,尊重学生的个性,根据不同的需求进行自我认同教育,而不是"统一化""批量化"的"生产"。

马克思主义将个人的全面而自由的发展与人类解放作为人学理论的价值目标,在改造人的客观世界与主观世界的同时改造人本身,实现个人与人类的发展和解放。马克思在《资本论》中将人的劳动力或者劳动能力"理解为一个人的身体即活的人体中存在的、每当他生产某种使用价值时就运用的体力和智力的总和"[1]。人的全面发展涉及包括智力、体力、道德、个性、精神等多个方面,全面发展的个人是走向"自由个性"的人,"要使这种个性成为可能,能力的发展就要达到一定的程度和全面性,这正是以建立在交换价值基础上的生产为前提的,这种生产才在产生出个人同自己和同别人相异化的普遍性的同时,也产生出个人关系和个人能力的普遍性和全面性"[2]。人的解放是以"现实的个人"为出发点,以劳动实践为根本途径,以生产力的发展和生产关系的丰富为条件,以"一切人的自由发展"为终极指向的自我解放运动。

坚持马克思主义理论的指导,还要坚持马克思主义理论的基本特征。坚持一切从实际出发,理论联系实际,实事求是,是马克思主义的理论品质,是马克思主义始终保持蓬勃生命力的关键所在。坚持马克思主义和发展马克思主义是辩证统一的,在当代大学生自我认同教育问题上,要结合实际情况,在运用马克思主义理论的过程中以马克思主义中国化的最新理论成果为指导,同时借鉴其他学科的合理方法,不断丰富、发展和创新马克思主义。

---

[1] 《马克思恩格斯文集》第5卷,人民出版社2009年版,第195页。
[2] 《马克思恩格斯文集》第8卷,人民出版社2009年版,第56页。

二 主体间性原则：激发自我认同的内在动力机制

人在自我认同形成发展过程中，不是先验地在脑海里植入一种认识、观念，也不是社会给定一个机械的程序，而是主体发现自我、实践自我、发展自我的一个过程。在这个过程中，人不仅仅是一个具有生理反应的自然主体，更重要的是能够做出道德判断的道德主体。"对'成为一个人意味着什么'有两种提法。一种是科学的提法，一种是（实践的）道德的提法。科学的提法问的是我们如何解释人类的行为；而道德的提法问的是，什么是好的/体面的/可接受的生活形式？"① 这种对"善"的追问、对道德判断的辨识，直接关联着自我认同感的获得。"在认同的不同条件或赋予其生活以意义的不同条件之间，存在着密切的关联，这是我一直在讨论的问题。人们可能以这样的方式表达：因为我们必须调整我们自己趋向善，所以决定我们不可逃避地以叙述的形式来理解我们的生活。……无论从哪个方向看，我都把这些条件看作是同一现实的相关方面，人类主体活动的不可逃避的结构性要求。"② 泰勒在这里论证了自我认同形成的条件，首先是人类的主体性拥有一种道德的维度，人类认同只有在与"善"的关系中才是可以理解的，人们在趋向善的道德空间中用语言表达自己的方位和感受以形成自我认同的概念；其次，道德空间中的道德判断与"强势评价"有关。

哈利·法兰克福（Harry Frankfurt）将人的欲望分为一阶（first order）欲望与二阶（second order）欲望，一阶欲望是人类与其他动物所共有的欲望，例如吃饭、睡觉、排除危险等；二阶欲望是对一阶欲望的反思，对不同的欲望进行反思和评价，是人类特有的欲望。这种对欲望的评价是主体自我的一种能力，这种能力包含着人对自身涉及价值判断的理解。

---

① 张容南：《一种解释学的现代性话语：查尔斯·泰勒论现代性》，上海世纪出版集团2011年版，第70页。

② [加] 查尔斯·泰勒：《自我的根源：现代认同的形成》，韩震等译，译林出版社2012年版，第52页。

当主体面对一阶欲望选择时，仅仅是判断这些欲望是否令我感到愉快；当主体面对所选的不同欲望进行价值衡量，形成赞同或者拒绝的倾向，最终确定哪个欲望更高时，就形成了更强势的价值判断，这种判断与认同紧密相关，最终判断的是生活方式的类型，是人的价值，我们认同什么样的善或价值就成为什么样的人，在这种强势的价值判断中才能获得我们对认同所需要的相关的自我概念。正如泰勒用"地形学"来比喻道德空间，个体自我认同的获得就如同是在这张"道德地形图"上找到自己位置的定位——距离"超善"的远近以及对自身移动趋势的判断。重要的不是是否到达了"超善"地标，而是对方位、距离、未来趋势的确定。

人的道德认识和道德判断的形成固然离不开外部环境的影响，但是归根结底还是要通过主体内在的思想矛盾运动来实现。如果主体内部缺乏积极的思想矛盾运动，外部环境因素就难以对其产生影响，因此要在自我认同教育过程中坚持主体性原则，挖掘受教育者自身的内在动力。自我认同教育既包含教育者对受教育者的教育活动，又包含受教育者自我教育的过程。坚持主体间性原则首先要充分发挥教育者的作用，强调主体原则并非是要否定和取消教育者的作用，相反，教育者在此过程中所起的是主导作用，因此为了发挥好教育者的作用，必须注重教育者素质的提高。其次，要培养受教育者自我教育的能力。只有激发受教育者自我教育的积极性，并使其具备自我教育的能力，才能实现他们在自我意识、自我认识、自我发展、自我实现方面的协调发展。最后，还要将教育者、每一个受教育者所在的共同体组建成自我认同教育共同体，为自我认同教育提供理想的生成场域。

三 实践性原则：呈现自我认同的形成和效果

必须将自我认同放在时间维度中去把握，将过去、现在和未来联系在一起，这三个维度时空的综合只有通过叙述才能实现，而每一次的叙述都可能带来自我认同体验的转变，这种在时间维度上"转变中的推理"

被泰勒称作"实践理性"。实践理性不是根据一种绝对客观的外在标准进行推理或判断的能力,而是一种比较型的判断。实践理性是变化中的理性,不是以建立一种绝对正确的见解为目标,而是某个优越于其他见解的见解,对实践理性的这种应用在个人生活上的表现是,我们能够感受到取得的进步,是因为我们在实践中经历了转变。

马克思主义强调物质生产在人类历史发展中的基石地位,实践内在地包含着人与自然的关系、人与社会的关系、人与意识的关系,实践在时间轴上的延续和展开,是人的本质的体现,也是考察人的生成发展、人的自我认同的逻辑起点。"人的思想品德是在主体社会实践的基础上,在客观外部环境的影响与主观内部因素的相互作用、相互协调和主体内在思想矛盾运动转化的过程中产生、发展和变化的。"[①] 在这个过程中主客体因素的相互作用是在主体社会实践的基础上实现的。外界环境因素的影响通过社会实践与主体相联系并通过主体的自觉调控,才有可能达到主客体的相互协调与平衡,使主体产生一定的认识。人的社会属性决定了解决人的自我认同问题必须依赖于交往实践,通过与他人的交往实践,与他者的对话看到自我,产生对自身认同的需要。因此,对自我认同进行考察和分析,必须立足实践。"实践的掌握就是主体把自己当作一种自觉的物质力量运动起来,按照自己所认定和追求的目的和价值,预设相应的方案,操作物质工具,对对象进行实际的分解和组合,改变它的自在形态和运动方式,使之成为具有有利于人的生命存在、发展和完善的客体形式。"[②] 实践是人的存在方式和基础,也是人自我发展的动力,人的发展就是通过实践活动,不断超越有限性的规定,敞开个人自我超越的空间而走向全面发展的过程。

"在德国哲学忽略实践的背景下,马克思重拾实践的旗帜,高喊'改变世界'的口号,在实践的思维下,发现了以现实个人发展为核心内容、

[①] 陈万柏:《思想政治教育学原理》,中国人民大学出版社2013年版,第218页。
[②] 王学川:《马克思主义历史哲学的学科性质、对象和任务》,《东岳论丛》2008年第3期。

以生产方式发展变化为动力、以社会联合体为目的三者有机统一所构成的唯物史观。"① 马克思主义以人的实践活动为起点,从生产关系的演进和人的发展的内在关联中论证了实现人的全面发展的可能性。自我认同教育也只能通过实践来实现,实践是人类一切矛盾产生和解决的渊源,人类是在其对象化的自我创造的主体活动中增进自我的力量、认识到自我的意义、产生自我认同感的,人在这一过程中,对自我有了新的认识,对自我发展有了新设定,这一设定同样要在实践中得到检验,因此自我认同的实践性还表现为对认同结果检验的自我实现过程。自我认同正是在这样一个"否定之否定"的螺旋上升的实践过程中不断达成的,最终接近人的自由全面发展。实践贯穿于自我认同主体过去、现在、未来的时间维度,也贯穿于自我认同从自我认知到自我成长的内容维度,是自我认同达成与否的"试金石"。

第二节　大学生自我认同教育理念创新

我国正处在社会结构全面转型时期,其复杂性、不确定性强烈地冲击着个体的存在状态,同时现代社会管理方式的变革实现了牢固的人身依附关系的解除,为个体提供了作为主体进行身份确认的多种选择,"自我认同"的需求逐渐明晰。但是对于处于社会转型的人们来说,从自我认同的需求者转变成具有反思延续性的自我认同构建者还有很长的距离。自我认同教育意识随着社会发展而推进的自我觉醒而具有新的内涵,需要我们在对于教育关系的理解、教育方法的更新以及教育载体的开发方面与时俱进,做出符合当下实际需求的创新突破。

一　变革教育关系:自我认同教育的双主体培育

在自我认同教育活动中,教育者与受教育者是主客体的关系,但是

---

① 刘同舫:《马克思的解放哲学》,中山大学出版社 2015 年版,第 137 页。

由于自我认同最终要通过受教育者作为认同主体才能完成整个过程，因此受教育者是个体形成自我认同过程中的认同主体，遵循主体间性原则，自我认同构建的完成需要思想政治教育活动中教育者与受教育者的双主体协同才能顺利完成。从思想政治教育的立场来看，当代大学生自我认同教育的教育者主要由高校辅导员承担。高校辅导员的身份存在于师生关系、社会需求之中，当前的时代变化使高校辅导员传统的身份理解遭遇迷失，作为自我认同教育的教育者，高校辅导员自身必须首先实现适应时代和实际情况要求的身份重构——由碎片化消耗向自我统整转变。"个体的身份及其所负载的一整套行为规范、互动关系和意义符号，都是在个体对他人的理解中作出的反应来加以呈现的。一个场景是由多方而非行动者一人所共同定义的，它既不是结构决定的产物，也不是纯粹个体的自我行动，而是一个互动、建构的产物。"[1] 完成高校辅导员的身份重构需要建立在社会认同语境和辅导员对身份认识的自我启蒙基础之上，通过影响力管理者直面现代性的"祛魅"所带来的意义虚无和价值真空；通过陪伴式服务者彰显现代性主张的个人主体性；通过学术培育对抗现代性对理性思考的消解；通过自我统整克服现代性的碎片化危机。

（一）高校辅导员作为自我认同教育者主体的身份重构

现代性所带来的语言环境、观念环境、文化环境推动了意识形态话语转型，所构成的社会认同语境是高校辅导员身份重构的生成条件之一。有论者认为当代中国意识形态经历了从"革命型"到"建设型"再到"和谐型"的两次历史性转型，目前基本上属于"和谐型"意识形态，其关注点在于提高用社会主义核心价值体系引领多元化社会思想的能力，形成一元主导与多元并存、批判性与建设性并存、开放性与包容性并存的共生范式。[2] 在当下的和谐社会建设时期，意识形态话语渐渐摒弃了过去的阶级斗争性、强制性，转向开放性、尊重个性、世俗性和共生性，

---

[1] ［美］欧文·戈夫曼：《日常生活中的自我呈现》，冯钢译，北京大学出版社2008年版，第212页。

[2] 参见郑兴刚《当代中国意识形态转型研究述评》，《上海行政学院学报》2011年第2期。

提升了思想政治教育功能的公共性面向，积极关注并充分利用社会公共空间，并帮助人们树立公共精神，构建公共生活。这就从宏观上为做好辅导员工作提供了更为广阔的空间，由传统的仅仅服务于"阶级斗争""政治需要"转向生活化、人性化，传播社会所需要的公共价值观，促进人的全面发展，增强了高校辅导员身份的社会公共性。

"启蒙就是人们脱离自己所加之于自己的不成熟状态。不成熟状态就是不经别人的引导，就对运用自己的理智无能为力。"[1] 在康德看来，启蒙精神是"理性精神""自己精神"，摆脱外在支配，敢于认知，敢于完全靠自身而不再是他者的理性来推进自我启蒙的进程。所以启蒙是一个主动的、持续的自我唤醒过程，彰显个人自主性和独特性。高校辅导员的身份重构首先要达成这种自我启蒙的觉知，使自我理性从不成熟状态挣脱出来，而不是消极被动地接受现状，困顿于成见、习惯的约束中，也不是等待和依赖于国家政策、学校、领导等外界力量。只有处于自我启蒙之光下的高校辅导员才能进一步获得批判意识，勇敢运用理性向内挖掘，摆脱现实的种种束缚，生成完整的身份意识，并通过以下路径生成适应时代的身份理解和身份塑造：

第一，由强硬式管理者向影响力管理者转变。如果高校辅导员若仍然过分强调政治性，以单向强硬的灌输方式为主，就会脱离实际，将无法实现管理的工作预期。孔子在《论语·子路》中说："政者，正也。""其身正不令而行，其身不正虽令不从。"突出了人格的作用，在强调人本、民主、竞争等理念的现代社会中，人们在管理过程中对非权力影响力更加关注，人的素质、人格力量甚至超过了权力的威力。"非权力影响力不带有强制性，具有不可剥夺性，其弹性的潜移默化的影响却比硬性的权力影响力要广泛、持久、深刻。"[2] 对抗由现代性文化多样、价值多元和标准混乱所带来的意义黯淡和道德失序是思想政治教育工作化解现

---

[1] [德] 康德：《历史理性批判文集》，何兆武译，商务印书馆1990年版，第22页。
[2] 孟新丹、孔秀娥：《大学教师的非权力影响力与管理效能》，《教育科学》2008年第4期。

代性危机的基础问题。首先，高校辅导员自身的修养境界的高低是能否以德取威、吸引学生追随的根本。只有自身坚定道德理想信念，不放弃对人生意义的追寻，才能够使学生在纷繁缭乱的社会中找到成长与发展的安定感，获得不断进取的正能量。其次，高校辅导员自身的学识和能力水平的高低是能否赢得学生信任的重要条件。高校辅导员只有具备包含心理学、教育学等在内的科学文化知识结构，掌握分析、推理、表达、决策、创新等综合能力，以渊博的学识和综合能力为基础，才能够在与学生的相处中融会贯通，得心应手，产生富有哲理的教育效果，产生强大的驾驭力和信服力。最后，高校辅导员要注重对情感力的修炼，人的认知活动是伴随着人的情感要素进行的，教育管理过程是一个辅导员与学生之间情感双向交流的过程。对学生的尊重、关爱可以引起学生的情感反应，从而实现沟通的目的，并转化为学生行为的思想动力，产生感染力和号召力。

第二，由包办式的服务者向陪伴式服务者转变。随着现代社会的日益分化，思想政治教育活动逐渐从单一走向多元，由粗放走向精细，由整体划一走向系统协同，高校辅导员所要面临的服务性工作也越来越细致繁多，工作对象除了学生之外还有多种相关部门。"以人为本"的服务理念在遭遇个性张扬但动手实践能力、独立性较差的新生代学生群体时，容易滑落包办式服务的误区中，不但会使辅导员筋疲力尽，也不能实现服务育人的效果。高校辅导员作为服务者，要充分适应现代社会协同创新发展的时代特征，一方面要以系统的思维和眼光投入思想政治教育服务工作，分清协同要素之间的职责，另一方面要在协同系统中抓住学生需求这一重点，关注学生的物质需求和精神需求。通过整合资源、提供条件以满足学生合理的物质需求；通过尊重、平等的关怀消解对学生可能造成的忽视、压制；通过体谅的情感理解学生的心理状况；通过陪伴、鼓励激发学生的主体意识，从而实现悦纳自我、为自己负责、主动成长的服务育人效果。

第三，由政策安排的外生型发展向学术培育的内向型发展。纵观高校辅导员队伍的建设历程，几乎每一次的转型和发展都依赖于国家政策的规定和安排，使得辅导员的高校教师身份更多地带有政策性的色彩，其专业性和学术性受到质疑。"享有较高声望的抽象性知识也意味着更有效的职业工作。因此，职业工作中所包含的抽象性专业知识越多，其诊断、推理与治疗过程中所面对的非职业性因素越少，这类工作的职业纯洁性就越高，其职业地位也就越高。"① 制度在高校辅导员职业形成的过程中发挥着重要作用，但是职业自身所包含的抽象性专业知识才是实现职业自主性的根本性前提。因此，高校辅导员作为高校教师的组成部分，必须增强对抽象专业知识的控制能力和自我评价的职业自主性。一方面要加强关于思想政治教育工作的专业培训，掌握科学化、专业化的学生工作技能，不断地深入研究专业理论，形成扎实的理论知识结构，加强对学术问题的钻研；另一方面要形成自我评价的标准体系和共同体，获得职业自主性的话语能力，从而真正走向职业化、专业化、专家化。

阿玛蒂亚·森认为："在当代，实现世界和谐的希望很大程度上取决于我们对人类身份多重性的更为清晰的把握，以及充分认识到，人们的这种多重身份是纷繁复杂的，并且坚决反对将人们按照某一单一的、鲜明的界限来进行划分。"② 高校辅导员如果片面地解构自己的身份，将会毫无疑问地淹没于机械式的劳作之中，被时间安排表所控制，被科技网络所异化，消耗在随机、细碎的事务性工作中，这种碎片化的身份认同无法在加强学生自我认同教育中做一名有力的"对话者"。只有将高校辅导员的身份置于各种现实关系中，在与重要他人的对话中，才能确认自我存在，心理学家罗洛·梅认为："人不同于动物之处，就在于他具有自我存在的意识"，"人在意识到自身的存在时，能够超越各种分离，将自

---

① 刘思达：《职业自主性与国家干预——西方职业社会学研究述评》，《社会学研究》2006年第1期。

② ［印］阿玛蒂亚·森：《身份与暴力——命运的幻象》，李风华等译，中国人民大学出版社2009年版，第4页。

己统整起来。"① 统整起来的高校辅导员身份认同，才能在当代大学生自我认同教育中更好地发挥教育者的主导作用。

(二) 受教育者作为自我认同主体的主体性培育

人的自我认同的形成并不完全是一个自然而然的过程，它需要选择、维护、创造和管理。大学生的自我认同塑造离不开社会变化的外部情境，更要面对探索自我的困扰。加强自我认同教育应通过各种途径激发受教育者作为自我认同主体的自我意识，最大限度地开发受教育者的能动性和创造性，促进受教育者在自我体验、自我评价方面的发展，推动大学生个体形成自我觉知的主动性和能动性，从而维护大学生群体的自我认同，为其全面发展夯实基础。

第一，激发自我认同主体自我意识。自我意识是人的精神世界最内部、最核心的问题，对自我功能的发挥具有重要作用，从设定理想目标，到选择行动方式，再到对生命意义的探寻，都会受到自我意识的影响。但由于自我意识反映的是被意识到的自我，自我既是意识的主体又是意识的对象，因此自我意识具有主观感受性和内隐性，"从功能角度看，它是满足自我实现和生存适应之需求的自我调节。……因此，自我意识的意义就在于：使自我从盲目的存在状态转化为有意识的存在状态，使无意识或潜意识层面的感知觉和不自主调节转化为在一个自我设定的目标参照下的自主调节"②。

自我意识是人的自由的内在前提。自由是人的自我意识在内外两方面合乎其本性的展开和实现。人有意识和意志，因此不会轻易顺从自己的冲动、情绪，能够将其把握在自己的意识和意志中。就像黑格尔所说："动物也有冲动、情欲、倾向，但动物没有意志；如果没有外在的东西阻止它，它只有听命于冲动。惟有人作为全无规定的东西，才是凌驾于冲动之上的，并且还能把它规定和设定为他自己的东

---

① [美]罗洛·梅：《人的自我寻求》，郭本禹、方红译，中国人民大学出版社2013年版，第16页。

② 张贝拉：《自我的接纳与反思——论自我意识及其意义》，《北方论丛》2011年第2期。

西。冲动是一种自然的东西,但是我把它设定在这个自我中,这件事却依赖于我的意志。"① 自我意识没有充分发展的人更大程度上处在"自在"的状态,是自然的一部分,生命也只是自然天性的释放,缺乏主体的自我体悟、反思,不可能提出认同问题。但是,自我意识并不是天然存在一成不变的,随着个人的成长,自我意识有一个发展的过程。就这个成长过程而言,经历"为所欲为""任性"式的自由追求是不可避免的,需要给予理解和善加引导才能达到成熟,也就是具备经由自我意识所达到的行动的自主性和责任力。这种自主性和责任力使人的心理活动和行为活动处于自觉状态,使人能认识、评价、调控自己的心理和行为,从而成为积极能动的主体。

自我意识的形成和发展是个体社会化的一项重要内容,是在一定的社会文化背景下,通过社会生活实践得以实现的。"自我意识是从感性的和知觉的世界的存在反思而来的,并且,本质上是从他物的回归。"② 泰勒在其著作《黑格尔》中对这一关于自我意识所经历的这两个阶段做了详细阐述,并指出了自我意识与自我认同之间的关系。泰勒认为,我们对外部事物或我们自己真实性的怀疑来自于我们在自己所拥有的两种感觉之间的摇摆:第一种感觉是我们自己的"自我同一性的感觉",第二种感觉是"我们对变化着的外在现实的依赖的同样真切的感觉"。我们基于一种怀疑的态度可以把我们时时感觉到的外部现实称为"无",但我们自己的"内在空虚性"会迫使我们承认"我们实体化在可变的和外在于自我的世界中"。当这个思想的摇摆处在某个单一的意识之中时,自我就将陷入自身分裂中:"一边是理想的、不变的和自我同一的存在,另一边是陷入于某个混乱的、变化的世界之中的存在。"③ 因此,自我意识不是抽象于社会现实之外的纯粹存在,诚如马克思所言:"所以一个人,只有当

---

① [德] 黑格尔:《法哲学原理》,范扬等译,商务印书馆2009年版,第23页。
② [德] 黑格尔:《精神现象学》(上卷),贺麟译,商务印书馆1979年版,第116页。
③ [加] 查尔斯·泰勒:《黑格尔》,张国清、朱进东译,译林出版社2002年版,第244—245页。

他与之发生关系的他物不是一个不同于他的存在,相反,这个他物本身即使还不是精神,也是一个个别的人时,这个人才不再是自然的产物。"①只有在与其他自我意识的关系中,自我意识本身才能成为自在自为的,即真正摆脱了存在和自然的束缚以及自身的无所依凭的自由状态。

自我意识虽然内隐于个体的意识活动,难以直接观察,但以其他方式渗透在个体其他心理活动中,弥漫在人的情绪、认知、态度中,最后影响自我的行动。因此,人的自我意识不仅仅在于人能意识到自己与自然界、与他人的不同,而且能超越外在规定性,创造性地实现自我。"自我心理学家们相信,人们关于他们自身的想法和感觉将决定他们的行为。"② 也就是说自我意识不仅使人能对自我有清晰的反映,而且通过对人的心理和行为的调控,使自我这一被意识的客体转化为意识的主体。

第二,丰富认同主体的自我体验。人们对自己的看法是一个复杂而又高度有组织的知识结构,个体以多种不同的方式来看待自己还是以有限的集中方式来看待自己造成了对自己看法的差异,林维尔(Linville,1985,1987)提出了自我复杂性理论,指出自我概念是由自我中的多个不同方面组成的,这些不同的方面被称为自我面,"用许多不同的方式看待自己的人被认为具有高自我复杂性,反之则被认为自我复杂性较低"③。个体自我复杂性程度会影响人们对积极事件、消极事件的反应,自我复杂性越低的人反应就越极端。林维尔以一个"诚实的律师"为例来说明差异:假设你的自我表征是一个诚实的律师,你的生活全部重心都围绕着这一点。赢了一场官司,你就会欣喜若狂,如果输了就会觉得受到了沉重打击,这是因为除了"诚实的律师"之外你没有其他的东西可依靠。相反,比如你的自我复杂性程度高,既是一个努力工作的律师又是一个善解人意的朋友、一个情意绵绵的爱人、一个

---

① 《马克思恩格斯全集》第1卷,人民出版社1995年版,第37页。
② [美]乔纳森·布朗:《自我》,陈浩莺等译,人民邮电出版社2004年版,第4页。
③ [美]乔纳森·布朗:《自我》,陈浩莺等译,人民邮电出版社2004年版,第94—95页。

充满爱心的家长等,在这样的情况下,输掉一场官司并不会让你有极端反应。当然,这种多重特征的高自我复杂性只有在彼此较好结合的前提下才是有益的,因此在丰富学生对自己的看法的同时,还要强调对每一种特征的体验,除了考虑这些自我表征的确定性,还要考虑这些自我表征的重要性。

自我体验的丰富性不仅包括当下的自我特征体验,还包括过往的被压抑的感觉知觉体验。自我还有一个不易察觉的维度——潜意识的自我。"潜意识中的自我意象是个体过往生活中不能被自我接纳的身体感觉、情绪知觉等自我经验,经由压抑的方式沉积在潜意识领域而形成的。"① 潜意识中的自我虽然不能作为自我被体现,真实的感受、知觉受到压抑,使得个体失去了感觉经验基础上的一部分自我体验,导致自我调节的功能也不健全,因此如若潜意识在意识松懈时突破界限就会以扭曲甚至带有破坏性的方式影响自我的思想和行为。因此丰富的自我体验还包括对过去被压抑的这部分感觉、知觉的洞察和接纳,接近于一种反思性的体验,这种"体验几乎完全摆脱了框架的束缚,变成了过程体验——就是说,生活情境不再被当作过去已经有的事物,而是以新颖性得到体验和解释。自我变成了当下主体性的反思性的意识体验。自我很少再被看作是一个认识的对象,而更多地成为变化过程中自觉的流动体验。"② 把身体当作自己的一部分来体验,接纳自身感觉经验,倾听身体的需要,不以外界的标准和规训来否定自我机体感觉,否则便会割断自己情感体验与整个身体感受的一致,将自我与身体分离,放弃自我统一的自主性,将自我暴露于各种精神与躯体疾病面前。加拿大学者马克斯·范梅南在《生活体验研究——人文科学视野中的教育学》中对开拓学生自我体验资源提出了几点建议:"(1)你要描述你正经历的(经历过的),尽可能地避免因果解

---

① 张贝拉:《自我的接纳与反思——论自我意识及其意义》,《北方论丛》2011年第2期。
② [美]卡尔·R.罗杰斯:《个人形成论:我的心理治疗观》,杨广学等译,中国人民大学出版社2004年版,第139页。

释、概括总结或抽象说明；（2）要按其本来面目对内部体验进行描述，基本上就像是对思想的陈述；（3）将焦点放在经验对象的特定案例或事件上和描述具体事件上；（4）尽力着重描述尤为生动鲜明的经验或第一次经历的事件；（5）注意身体的感受；（6）尽力避免用华丽的辞藻来美化你的叙述。"①

第三，促进认同主体的自我评价。"自我评价就是主体对自身的评价活动，可分为个体主体的自我评价活动和群体主体的自我评价活动。自我肯定以'我是什么'为前提，以'我对于我有什么意义'为基础。"②自我评价活动主体可划分为个体主体与社会主体，即个体主体对自身的评价与社会主体对自身的评价。个体自我评价与社会自我评价各有其展开的方式与特点，但从其具有的典型意义来看，个体自我评价更突出地反映了"主体把经过选择的主体需要与作为客体的主体属性之间所形成的价值关系反映到主体意识中来的过程"③。自我评价活动就是主体从自身需要出发看待作为客体的主体属性的过程。整个评价过程要经历两个基本环节，先是主体根据需要来选择价值评价标准，在此基础上，主体把经过标准选择的主客体之间的价值关系反映到主体意识中来。

"如果说，人们不仅在实践中把这类物当做满足自己需要的资料，而且在观念上和在语言上把他们叫做'满足'自己需要的物，从而也是'满足'自己本身的物……如果说，'按照德语的用法'，这就是指物被'赋予价值'，那就证明：'价值'这个普遍的概念是从人们对待满足他们需要的外界物的关系中产生的。"④ 价值固然不能脱离客体属性而存在，

---

① ［加］马克斯·范梅南：《生活体验研究——人文科学视野中的教育学》，宋广文等译，教育科学出版社2003年版，第82页。

② 陈新汉：《自我评价活动和自我意识的自觉》，《上海大学学报（社会科学版）》2006年第5期。

③ 陈新汉：《评价论导论——认识论的一个新领域》，上海社会科学院出版社1995年版，第286页。

④ 《马克思恩格斯全集》第19卷，人民出版社1963年版，第406页。

但也万不能离开人的需要谈价值,"'价值'是一个只与人类及其活动有涉的关系范畴,价值问题是一个专属人类生活中的问题"①。价值还要进一步进入人们的鉴别过程,例如人们往往用"有用"或"无用"等词语来界定价值,否则它就是未被发现的存在。正如杜威所说"价值就是价值,它们是直接具有一定内在性质的东西。仅就它们本身作为价值来说,那是没有什么话可讲的,它们就是它们自己"②。只有当价值进入评价的过程中,给出判断性的评价时,价值才能被发现。

评价既包括评价活动的过程,也包括评价的结果。评价活动的进行以评价结果的产生为暂时的完成,继而转入下一次的评价活动中。人的自我认同离不开对自己价值的回答,无法离开评价活动这个中介。"当代认同问题的核心是价值观认同问题,或更直接的说,所谓身份感本身就是一种价值认同。在'我是谁?'、'我在哪里?'和'我有什么用处'的追问中,真正明白自己的身份,意识到自己的价值。"③ 泰勒论证的自我认同形成过程中的一个核心概念"强势评估",实际上也是一种评价活动,没有评价活动将价值揭示出来,价值就无法反映到人作为主体的意识当中,"为了生活目的,你不得不求助于这些强势评价的善:深思、判断情境,决定你对人们的感受怎么样,以及诸如此类的事"④。

当代大学生要承担起自我评价的责任,明确评价目的,澄清评价标准,反馈评价结果,建立起一套有效的自我评价机制。首先,明确译价目的。评价的目的不仅仅是指出不足或是自我表演,而是要满足个体在成长过程中不断增长的需求,"我们不是为了批评而批评,我们是为了建立和保持更为持久和更为广泛的价值而进行批评"⑤。其次,要澄清评价标准。评价标准是评价活动差异的关键环节,评价标准不同意味着评价主

---

① 汪信砚:《马克思主义哲学与价值哲学》,《社会科学辑刊》2004 年第 2 期。
② [美] 杜威:《经验与自然》,傅统先译,江苏教育出版社 2005 年版,第 251 页。
③ 王成兵:《当代认同危机的人学解读》,中国社会科学出版社 2004 年版,第 16 页。
④ [加] 查尔斯·泰勒:《自我的根源:现代认同的形成》,韩震等译,译林出版社 2012 年版,第 88 页。
⑤ [美] 杜威:《经验与自然》,傅统先译,江苏教育出版社 2005 年版,第 256 页。

体试图通过评价活动达成取向或程度不同的结果，而评价标准的模糊不清则直接导致评价活动过程的混乱。评价标准必须紧扣需要来制定，例如主体需要属于专业学习领域，则应选择学习动机、学习方法、学习时间等进行评判，形成清晰、具有针对性和可操作性的评价标准。最后，评价结果需及时反馈。当一个评价活动完成时，根据评价结果的反馈，还需要更新完善评价标准，因为个体对自身的认识总是处于不断发展的过程中，每一阶段都可能呈现出新的优势或长处，也可能暴露出劣势或不足，评价标准固化不仅不能适应新变化继续发挥作用，而且会成为个人成长的束缚。

从学生作为自我认同主体的主体性培育角度反思目前的教育关系，向提高主体间性交往承认的教育关系转变势在必行。虽然对于主体间性的思想政治教育活动已多有提倡，但实施效果不尽如人意，关键在于未能正面认识主体间性关系中包含的"承认"关系。

霍耐特在其著作《为承认而斗争》中延续了黑格尔的"基于承认的自我意识"论题，阐述了现代社会承认的三种形式分别为爱、权利平等、团结，指出了承认与个体的自我认同及社会整合的相关性，强调通过争取"承认"而获得个体同一性和社会团结的内在统一。教育的主体间性关系不仅是以尊重和平等代替传统的控制和顺从，缺失了爱这一条件，尊重和平等将会面临形式化的危险，例如表面上学生表示尊重和理解，但行为上却未必如此，这是因为形式化导致了个体内在情绪的阻隔和自我感受的隐藏，这种模式下成长的大学生往往缺乏掌握人生的自信，无法获得真正的自由和独立。以爱为规定性的家庭是人类成长的第一个情境，在这个情境中，儿童因爱获得最初的独立性，因此爱是教育承认的第一种形式。儿童在家庭中的爱的承认关系中获得了自信，这是发展自主性的基础。在承认的教育关系中，爱让学生真切地感受到自己能够影响他人、能够行使自己的权利，从而产生一种基本的信任感，这种信任感不仅是对对方——老师的，也是对自己的，对自己能够承担相应责任的信任和力量。作为承认形式的教育爱也是教师与学生之间的情感关联，它不同于家庭爱的地方在于，不仅为学生个体提供安全感和经验的统一性，还包含着牵引关系，表达的是师生间的相互关心与给予，以及向善的指引和召唤。这种在承认的教育关系中获得的自信，关系着自我意识、自我体验、自我评价形成的自尊，正如大量教育学实践和心理学实验所表明的那样，自尊心对人的整个人格和全部行为起着调控作用。因此，教育必须保持和强化学生的自尊心，唯有如此，才能充分激发学生作为自我认同主体的主体性，发挥自我认同行为的调节功能。

二 创新教育方法：言语、叙事中的自我认同力量

根据前文的调研分析，当代大学生自我认同现状主要呈现出自我认同发展领域的不均衡性、自我认同发展过程的不稳定性，例如同一年级的大学生在个人认同与社会认同领域的认同度有差异，男生和女生在个人认同、社会认同、形象认同领域均有显著差异；在大学四年的成长过程中由大一到大四的自我认同发展并不是稳定上升的，呈现出自我认同发展的不稳定性。有效解决这些差异性问题就要求有强针对性、充分尊重个体自主性的自我认同教育方法，而在释义学方法论基础上的叙事取向的自我认同辅导恰好能有效满足这一需求。

（一）释义学方法论和叙事认同理论基础

"在当代社会，释义学主要是作为社会科学、艺术和语言哲学，文化哲学、教育哲学及文学批评理论出现的。它以研究意义把精神科学各学科的研究内容及最新研究成果统一起来，体现了当代社会科学研究领域中各门学科之间互相交流、渗透与融合的趋势。"[①] 它既是一种哲学，又是一种跨学科的研究方法。泰勒在分析人与其他自然存在物的本质性区别时，把目光转向了释义学，"根据哈曼和赫尔德等人的观点，人类的活动都是表现性的，人在表现自身的同时，也实现了自身，表现和实现是统一过程，是不可分离的。这种思想最早源于亚里士多德质料和形式不可分离的论题。泰勒继承和发展了表现主义人类学思想，从语言的表达

[①] 马庆发：《作为教育科学方法的释义学（上）》，《外国教育资料》1997年第6期。

与构成作用角度,重新阐释了人的存在方式——一种动态的、开放式的、螺旋式上升过程"①。人的自我理解并非是自明的,主体的情感是理解自我、形成自我认同的基础,而这些情感依赖于主体的言说实现,在此意义上,语言塑造了人的情感,是人理解自身存在的方式。同时,泰勒强调自我解释绝不可能是完全清晰的,语言使我们能够以更为丰富的方式来描述情感,但是不可能完全表达出我们被给定的内容,人的自我具有"内在深度":"不仅我需要时间和许多事变,以把我性格、气质和欲望中相对固定不变的东西,与那些尽管是真的但却变化不定的东西区别开来。而且,只有作为成长和生成的人,通过我的成熟和退化、成功或失败的历史,我才能认识我自己。我的自我理解必然有时间的深度和体现出叙述性。"② 因此,个体对自我经验和情感的新解释,并不只是一个不同的解释,往往是意味着更好的、更明晰的解释,通过不断寻找到这个"最佳论述"③,就能产生新的经验和新的理解,不是要否定过去,而是要在此基础上领悟更高的意义和价值,通过这种无止境的寻求,人得以不断超越自身。

"自我认同的支撑性的话语特征就是'主我/宾我/你'(或其对应物)的语言分化。"④ 自我的反思性理解从这一话语特征中自然显现,这种反思性理解的自我是具有连续性的,与个体的经历相联系。"'主体我'指从自我经验中建构自我的过程,'客体我'则指经过建构后的自我结果。'客体我'是否获得认同取决于个体整合生命事件的情况,当个体融合了自身价值观和生命意义,有目的性和意义感,并组织了一个包含过去、现在和未来有意义的叙事模式时,个体自我就有可能获得认同。"⑤ 自我

---

① 乔春霞:《查尔斯·泰勒的哲学人类学思想》,知识产权出版社2014年版,第89页。
② [加] 查尔斯·泰勒:《自我的根源:现代认同的形成》,韩震等译,译林出版社2012年版,第74页。
③ [加] 查尔斯·泰勒:《自我的根源:现代认同的形成》,韩震等译,译林出版社2012年版,第87页。
④ [英] 安东尼·吉登斯:《现代性与自我认同:晚期现代中的自我与社会》,夏璐译,中国人民大学出版社2016年版,第58页。
⑤ 何承林、郑剑虹:《叙事认同研究进展》,《中国临床心理学杂志》2016年第2期。

认同的形成意味着个体实际成为一个反思的行动者，在行动中将主我、客我与他人纳入自我认同的构建。自我认同的这一反思性特征在个体层面的认同与社会层面的认同形成过程中均有体现。正是因为这种反思性，人得以通过一次又一次的叙事构建意义，形成自我理解，"若要创造生活的意义，表达我们自己，经验就必须'成为故事'。'成为故事'这件事决定了我们赋予经验的意义"①。将经验叙述成故事能够帮我们达成意义与连续感，但是叙事无法涵盖整体丰富的活过的经验，因此要建立一个筛选的程序，从经验中剔除那些我们认为不符合主流故事要求的部分，慢慢地随着时间的消逝这些没有被表达出的故事也流失了。"故事总是有缺漏的，要实行故事，人就必须填补这些裂缝。这些裂缝需要人的生活经验与想象力。每一次实行，人们都重写了自己的生活。"② 人因把自己的经验说成故事赋予自己的生活和关系以意义，每一次通过"填补缝隙"的重说故事，这个故事都是新的，容纳且扩大了前一个故事。正因如此，生命故事有助于个体获得认同承诺，人得以在叙事中构建自我认同。

（二）叙事取向的大学生自我认同教育途径

"与叙事有关的自传记忆、自传推理（autobiographical reasoning）和叙事过程对叙事认同具有重要影响。"③ 通过语言、叙事来表达自我的过程中蕴藏着推动自我认同形成的力量，这里所指的"语言"正如泰勒所言，"是在非同寻常的广泛而包容的意义上被使用的"④，还包括了仪式、音乐、绘画等内在形式，当然最浅显的就是我们用于对话的语言和文字表达。将释义学方法论应用于当代大学生的自我认同教育当中，主要体

---

① ［澳］麦克·怀特、［英］戴维·爱普生：《故事、知识、权力：叙事治疗的力量》，廖世德译，华东理工大学出版社2013年版，第9页。
② ［澳］麦克·怀特、［英］戴维·爱普生：《故事、知识、权力：叙事治疗的力量》，廖世德译，华东理工大学出版社2013年版，第12页。
③ 何承林、郑剑虹：《叙事认同研究进展》，《中国临床心理学杂志》2016年第2期。
④ ［加］查尔斯·泰勒：《自我的根源：现代认同的形成》，韩震等译，译林出版社2012年版，第133页。

现为一系列叙事取向的活动、团体辅导和咨询。

第一，撰写自传。在新生入学时，新生为过往经历撰写自传，实际上是对自我经验的重新编排和整合，有利于大学生实现过去和现在的自我有机统一，并蕴含着对未来自我的指向。同时，以自传文本作为中介，实现个体与自我、老师之间的对话。撰写自传的过程是一个与自我对话的过程，对于经历的编排、筛选实际上是对自我选择的一次明晰；也可以为老师提供一个新的、更丰富和立体的视角来全面认知学生个体的特点。撰写自传操作便利，适用面较广，可以应用于新生入学教育或是毕业班教育活动中，也可以结合不同专业的特点以文字描述之外的形式来表达，例如绘画、制作小视频、演讲等。

第二，叙事取向的团体辅导。团体辅导被称为"神奇的圆圈"，团体成员经过几次团体辅导，都会产生一些积极的改变，"叙事取向团体辅导指在团体情境下，运用叙事治疗的理念和技术，通过团体内人际交互作用，促使成员在温暖、安全、尊重人的团体氛围下，把问题外化，从'欣赏'自身的生命经验出发，发掘成员的自我资源，协助成员回顾生命历程中重要事件对自己的影响，转化并丰厚生命中的美好经验，从而促使成员重写生命故事，进而认识自己、悦纳自己，带着积极的心态面对未来的生活挑战的助人过程。"[①] 团体辅导将有类似特征和需要的人组织在一起，使参与者容易找到共同性，更容易获得被接纳的感觉，从而获得情感支持和成长力量；与个别咨询和辅导相比，团体辅导能创设更为典型的社会现实环境，在团体中个体成员可以通过观察、分析、体验，去实验自己平常在社会环境中遇到的问题，与其他成员交换经验，获得直接或间接的帮助。从这个角度上说，叙事取向的团体辅导方式既契合自我认同中包含个人认同和社会认同的需要，又能够解决当代大学生的自我认同差异问题，应成为我们开展自我认同教育采用的主要方式。团

[①] 赵君等：《叙事取向团体辅导对大学生自我认同的干预研究》，《心理科学》2012年第3期。

体辅导的开展可以根据不同阶段或群体的自我认同需求设定不同主题,例如针对个人认同的"自我探索",针对加强认同体验并提升自我效能感的"我能做什么?",针对改善社会认同感的"打破'单一'故事"叙说,还有提升形象认同的大学生形象设计主题的团体辅导。

第三,叙事取向的咨询。通过"对话"构建自我认同是一个重要途径,在自我认同教育中,学生主动来访的咨询谈话是"对话"的主要方式,利用好咨询谈话能够促进学生自我认同感的形成和提升。在与来访学生的咨询谈话中要"帮助来访者丰富他们关于自我的词汇,这增强了他们讲述自己经历、理解自己是谁和表达自己寻求什么的能力。对自我的叙事增强了个体自身的理解性、一致性和连续性"①。在这个过程中,要掌握一些基本的叙事咨询技术:鼓励、倾听、提问、设定目标和推动行动。来访学生本身就是带着问题和故事来的,甚至还带来了答案,只是他们自己没有察觉到。"讲述故事可以让人们觉察到那些本来就存在的但可能模糊不清的意识。"② 为了增加可理解性,我们需要通过鼓励使他们的故事更加清晰、更加有说服力,在谈话前建立良好的互动关系,通过眼神、点头等回应鼓励学生继续叙述。在学生表述的众多小故事中内隐着一条贯穿叙事的线,这条反复出现的线,使看似零散的小故事紧紧靠拢,使叙事同一性变得可理解。这条线可以被称为"主题","通过一个明确表达生命目标的主题,个体表现出这种连续性。宏观叙事中的主题描绘了一个人如何与其自我一致,而在微观叙事中自我是多样性的。即使每一件事在表面上各不相同,但其主题仍然保持着一致"③。因此在倾听学生的小故事时,一定要集中注意力,帮助学生在叙事中找到这条主题线。总有生活经验被遗漏在故事之外,造成这种遗漏的原因是,"我

---

① [美]马可·L.萨维科斯:《生涯咨询》,郭本禹译,重庆大学出版社2015年版,第50页。

② [美]马可·L.萨维科斯:《生涯咨询》,郭本禹译,重庆大学出版社2015年版,第51页。

③ [美]马可·L.萨维科斯:《生涯咨询》,郭本禹译,重庆大学出版社2015年版,第34页。

们在动用语言的时候,我们并不是在进行中性的活动。有很多文化上的现成论述在我们看来都很适当,而且和经验的某些面向的表达或呈现有关"①。这种在文化上现成的论述就是存在于我们述说中的"主流故事",流失在"主流故事"之外的生活经验往往能够产生或重生不同的故事。进一步地将来访学生的问题"外化"(externalizing),将人与问题区分开,使问题由原本被看作属于人或关系内在而较不易改变的性质,变得比较容易改变而不束缚人。掌握一些提问的技术,将有助于问题的外化。"在和问题的外化有关的做法中,要注意的是必须以人对问题、问题对人的生活与关系的影响的描述为优先。问题一经描述,问题对人的生活与关系的影响一经厘清,很自然就会外化。"② 例如,"这个问题是什么时候产生的?""它给你带来了什么影响?""什么样的情况下这个问题对你的影响是比较小的?"都是可以在咨询中协助来访学生将问题外化的提问。把厘清问题之后,要帮助来访学生设定一个解决问题的目标,并协助他们调用自身资源,制定可行的行动方案,落实到可以实施的行动上。

三 丰富教育载体:文化载体建设与媒介素养培育

"所谓思想政治教育的载体,是指在实施思想政治教育的过程中,能够承载和传递思想政治教育的内容或信息,能为思想政治教育主体所运用,促使思想政治教育主客体之间相互作用的一种活动形式和物质实体。"③ 思想政治教育系统的构成要素包括思想政治教育主体、思想政治教育客体、思想政治教育载体,思想政治教育载体与思想政治教育方法都属于思想政治教育介体的重要组成部分。思想政治教育方法是教育主

---

① [澳]麦克·怀特、[英]戴维·爱普生:《故事、知识、权力:叙事治疗的力量》,廖世德译,华东理工大学出版社2013年版,第22页。
② [澳]麦克·怀特、[英]戴维·爱普生:《故事、知识、权力:叙事治疗的力量》,廖世德译,华东理工大学出版社2013年版,第40页。
③ 张耀灿等:《现代思想政治教育学》,人民出版社2007年版,第392页。

体客体之间相互作用的手段，载体则承载传递着思想政治教育内容，在思想政治教育过程中作为各要素相互联系的枢纽，协调各要素之间的关系，从而产生效果最好的总体合力。思想政治教育载体随着时代发展不断变化，形式不断增加，内涵也不断丰富。学者们对日益丰富的载体形式如何分类做了许多探索，有人根据载体的性质将其划分为物质载体和精神载体；有人根据载体的状态将其划分为静态载体和动态载体；有人根据载体发挥作用的过程将其划分为直接载体和间接载体；有人根据思想政治功能的不同呈现，将其划分为显性载体和隐形载体等等。

当我们讨论大学生自我认同教育载体的创新时，并不意味着对传统载体的抛弃，只是强调要明晰不同类型载体的特点，把握不同类型载体之间的作用关系，并根据自我认同的教育目标、教育对象，有针对性地选择、运用和开发各种载体。显性载体因其承载思想政治教育信息的直观性一直是思想政治教育使用的载体类型，特别有利于缺乏感性认识的受教育者加强对信息的理解，例如从古代文物中直接感知封建等级的森严，从祖国的壮丽山河中直接产生自豪感。人们对自己的自我理解也需要到人们所处的客观外界环境中、社会物质生活条件中去深入探寻，显性载体以其自身对事物本来面貌的再现补充着理论教授之不足。从自我认同运作机制的特征来看，人对自我的确知不仅仅来源于作为自然存在的生物性，更来源于在社会文化所展现的时空中自我实现、自我生成的过程。因此，相对于显性载体，以文化为代表的隐形载体为个体实现自我认同提供了一些新机制，尤其是在当今的大众传媒景观下，视觉文化作为一种多义性文化，"展现了以图像为能指的自由空间。这种自由颠覆了以往对印刷文字意义进行阅读的稳定性和可靠性，从而也潜在地颠覆了自我认同的稳定性"①。新时代的自我认同教育要充分认识到这一点，利用好文化生动形象、渗透性强、影响持久的特点。

第一，加强校园文化载体建设。相比于校园文化环境的外在性和独

---

① 孟鸣岐：《大众文化与自我认同》，江西教育出版社2005年版，第11页。

立性，校园文化载体是经过选择的，可控性和稳定性较强。校园文化载体运用得当，就能够传递主流价值观念、优化文化环境。建设校园文化载体一方面要处理好主流文化、大众文化、流行文化、传统文化之间的关系，另一方面还要建设好校园大众媒介（例如广播台、文学社、校报、公众号）等。警惕流行文化借助广告、大数据等手段刺激盲目消费，避免大学生在文化消费中被物化；警惕大众文化裹挟着的文化工业化、产业化陷阱，蚕噬大学生自我认同的精神追求。通过校园物质文化建设，设计等潜移默化地发挥作用的文化环境，例如提升校史馆的设计内涵，美化校园园林、建筑和文化艺术雕塑，引导校园环境注重生态美学。加强校园制度建设，建立完善的管理体制、组织机构和规章制度，确立主导价值取向，通过制度建设营造良好的校园风气和行为规范。重视大学精神和校训精神的育人功能，并同培育和践行民族精神结合起来，使其所蕴含的价值理念成为引领学生成长的指南。通过形式活泼的校园活动，融思想性、科学性、趣味性、娱乐性于一体，提升校园文化的吸引力和感染力。同时，要注重校园文化载体的现代化。当前随着移动通信技术的不断发展，网络、手机作为新兴的文化载体，深刻影响着人们的生活方式和社会交往，掌握网络文化、手机文化载体建设的主动性迫在眉睫。思想政治工作者必须更新观念，提高自身的信息素养和信息技术能力，主动介入信息网络空间，扩大主流文化的舆论场；紧跟社会热点问题，既要坚持主流文化的指导性、主动性，又要利用大众文化的形象性、生动性，依托信息传播技术，提高主流文化的生命力。

第二，加强大学生媒介素养培育。教育工作者一方面要充分利用传媒载体积极效应，强化校园文化载体的主动性、稳定性、系统性，另一方面要提高受教育者的媒介素养，引导他们成为文化载体的主人，正确发挥个人主体性，在浩瀚无垠的网络信息世界中辨别良莠，在虚拟空间与现实空间中统一个人同一性。欧美国家从20世纪七八十年代开始，就开展了一系列的媒介素养教育，形成了"校内教育、社会支持、制度保障"的基本格局，值得我们参考借鉴。美国媒介素养研究中心将媒介素养所包含的能力分解为选择能力、理解能力、质疑能力、评估能力、创造生产能力以及思辨的反应能力，这些能力对应了新兴媒介的社会化、交互性、及时性以及信息数量激增等特点。"在网络公共事件这个新的符号空间之中，各个社会主体的自我和身份皆得以重构，而其中自我呈现的新方式也为网络公共事件的建构提供了新的动力。"① 由于媒介景观的笼罩，给个体带来的不仅仅是格外丰富的讯息，更是交往关系的扩展和社会情境的重塑，如何管理和保持自我与外在身份的一致性成为一个日益迫切的课题。从这个角度看，媒介素养的培育实际上也是对当前不可避免的媒介景观下的自我呈现管理能力的培养。媒介素养包含了对媒介知识的学习、媒介批判意识的建立以及在媒介实践中的自省能力。通过掌握媒介传播理论与信息生产规律科学认识虚拟世界的本质。通过辩证把握媒介的双重属性、意义建构与解构、幻象与真实等获得媒介批判意识，最终在媒介使用实践中保持自省，为自己的选择与决策负责。

第三节　大学生自我认同教育的具体路径

人的实践性本质告诉我们，人永远是未完成的存在，在人类的实践活动中蕴藏着人发展诉求所包含的全部矛盾关系。自我认同教育就是在实践中促进主体不断生成的过程，具体路径明确的是实践方案指向的方向，即在"四个自信"的国家认同中确认自我；在信仰追求的过程中升华自我；在社会主义核心价值观的践行中肯定自我；在自我和他人的关系中理解自我；在广度、长度、深度、温度的立体空间中探索自我。

一　定位清晰：在"四个自信"的国家认同中确认自我

个体自我认同与其所属的集体密不可分，集体自我是个人自我扩张

---

① 李红：《网络公共事件：符号、对话与社会认同》，中国社会科学出版社 2015 年版，第 215 页。

的结果。如果说认同的向内维度表现出的是自我认同的深度感,那么向外维度就是社会认同,而社会认同的最集中体现就是国家认同。国家认同是公民个体自我认同的一部分,是对公民身份的确认,以个体的自觉意识为前提,以归属感、忠诚感、民族自豪感等为情感性表达,最后落实在有关国家公共生活的行动实践中。当代的认同研究视角多样,在对认同特性的表述方面有连续性、整合性、差异性、同一性,这些特性之间相互联系,形成内在张力维持稳定完整的认同概念。国家认同的整合性和同一性是个体认同的整合性和同一性的放大和提升,随着现代性席卷全球,在异质文化和多元思潮的冲击下实现国家认同的整合、维系、提升成为重要问题。

学者研究表明国家认同的形成过程"是个体自我成长和国家共同体构建双向互动的结果"[①],并将对国家认同的具体理解界定为制度、利益、文化、非国家共同体认同。我国在推进社会主义建设的实践中,始终着力发挥自身的道路、理论、制度、文化优势,形成了以"四个自信"为核心内容的国家共识,这一共识是在中国人民的持续奋斗中实践出来的、在与其他制度的比较优势中显现出来的。由此看来,当代大学生的国家认同具体可以从树立"四个自信"入手。

道路自信就是指要坚定走中国特色社会主义道路的信心。中国道路实质上是一个发展中的大国为实现生产力持续发展、人民生活水平不断提升、始终走向人类解放如何选择道路方向的问题。实践证明,从一穷二白到今天我国综合实力举世瞩目、人民的生活水平显著提高,中国特色社会主义道路走出了一条符合本国国情、始终践行中国共产党初心、不断地从人民需求实际出发的民族复兴之路。在现代化进程视野下,中国道路的成功也具有开创新型现代化道路的文明创新意义。中国在现代化进程中,摒弃资本主义现代化以资本为本的选择,以人民的利益为根

---

① 王卓君、何华玲:《全球化时代的国家认同:危机与重构》,《中国社会科学》2013 年第 9 期。

本，探索共同富裕的道路，证明了人类文明的多样性和现代化路径的多样化，遵循社会发展的客观规律，依据我国的实际情况和外部环境寻找汇入世界文明的关口。

理论自信就是指要坚持对中国特色社会主义理论体系的科学性、真理性、正确性的自信。理论自信来源于马克思主义的科学性和中国共产党百年来的践行与发展，中国特色社会主义理论体系是中国人民对马克思主义理论的发展和具体运用，并由中国社会主义现代化的实践不断证明其真理性。理论上的成熟是政治上坚定的基础，只有从马克思主义关于人类社会发展规律的高度来认识当今世界的变化及其趋势，才能把中国共产党人的理想信念建立在科学分析的理性基础之上，才能坚定中国特色社会主义信念和共产主义理想。坚持马克思主义理论的科学指导，同时也内在包含着不断推进马克思主义中国化的要求，这也是由马克思主义科学性与发展性的理论品质决定的。马克思主义是科学的理论，任何时候都要坚持，但也不能把马克思主义教条化，要把马克思主义基本原理与中国实际结合起来，实践上不断有新创造，理论上不断有新突破，永葆指导思想的旺盛生命力。

制度自信是指对中国特色社会主义制度的积极性认同和自信心。人民代表大会制度的根本政治制度，中国共产党领导的多党合作和政治协商制度等基本政治制度，以公有制为主体、多种所有制经济共同发展的基本经济制度，以及建立在这些制度基础上的经济体制、政治体制、文化体制、社会体制等各项具体制度，"是当代中国发展进步的根本制度保障，是具有鲜明中国特色、明显制度优势、强大自我完善能力的先进制度"[①]。正是由于有中国特色社会主义制度的保障，改革开放以来的中国经济才能实现高速增长，综合实力的增强使中国在世界舞台上发挥出前所未有的影响力。树立制度自信要防范西方中心主义和霸权思维，要在人类文明史的背景下来评价中国制度，正确认识中国特色社会主义制度

---

① 习近平：《习近平谈治国理政》第二卷，外文出版社2017年版，第51页。

汲取人类历史优秀文明成果的内涵，把握其独特价值和优势。面对那些以西方民主代替制度绩效作为形而上的评价标准，要清醒地认识到，对中国制度的认识不能落入西方话语体系中，评价社会制度是否科学、是否先进，主要看其是否符合国情，是否得到人民拥护。中国特色社会主义制度始终坚持人民当家作主，发展人民民主，密切联系群众，确保人民依法通过各种途径和形式管理国家事务，践行为中国人民谋幸福，为中华民族谋复兴的初心使命。

文化是一个国家、一个民族的灵魂，是最深层的精神追求，文化自信是更基本、更深层、更持久的自信。文化自信与个体发展动力、身心健康发展有密切关系，能够促进个体自我认同的构建。有学者就指出："文化自信与自我认同、自我想象是一体的，文化自信总是表现为对民族自我想象的确信，对自我认同的叙事的完整性充满信心。"[1] 中华文明作为人类历史上不曾中断的文明，有着博大精深的精神，具有厚重的历史文化，但我们也经历了近代文化自信遭受创伤的历史阶段，面对"救亡图存"的历史使命，觉醒的先辈开启了探寻救国之道，最终先进的中国知识分子选择了马克思主义，不仅为中国革命和建设指明了出路，也为海纳百川的中华文明注入了时代性、科学性的先进内涵，为中国人的精神追求带来了新的理想和价值观念。当今中国，在中国特色社会主义经济基础上的中国文化，是汲取了具有悠久历史的中华优秀传统文化、沉淀了中国人民在马克思主义理论的革命实践中形成的革命文化、汇聚了当代中国人民展现出的时代精神在内的文化体系，是足以令我们自信于世界的文化成果。当然，文化自信并不等同于对自身文化的孤芳自赏、夜郎自大，一方面是在与"他者"的映照中显示出比较优势，另一方面也需要将自己的文化自信作为一个客观对象，保持反思以批判性态度获得一种真理性评价。

当代大学生坚定"四个自信"就是要对中国特色社会主义道路、理

---

[1] 沈湘平：《关于文化自信的再思考》，《吉首大学学报（社会科学版）》2018年第4期。

论、制度、文化自觉加强内心认同感和自信心。在纷繁复杂的社会思潮和社会现象中保持清醒的头脑和理性的认知，切实提高自身的理论水平与辨别能力，从理论逻辑思辨以及对社会现实的观察中，真正体会到中国特色社会主义道路、理论、制度、文化的优越性。同时警惕以偏概全、虚无主义等不良舆论的影响。客观看待当前社会中出现的贪污腐败、违法犯罪等不良现象，辩证认识这些问题存在的阶段性，看到社会主义建设事业发展的曲折性和上升性；积极抵御历史虚无主义思潮的影响，避免在各种虚假信息的煽动下盲从一些违背客观历史事实的观点，避免将西方文明的历史进程当作公式来剪裁历史。在看待人类社会发展问题时，必须坚持唯物史观，科学把握历史客观性与主体性辩证统一的关系，树立历史主动意识，勇敢承担起历史主体责任。

二　意义澄明：通过马克思主义信仰教育升华自我

"我的理想和抱负是什么""我要成为怎样的人""我的人生意义是什么"对这些问题的回答都关乎对自我的觉悟，与精神世界的信仰相关。自我认同教育最直接的意义就是要教会学生追求崇高精神境界的自我塑造生成。"追求崇高精神境界的自我塑造生成，是具有主体意识的人所独有的一种观念状态。它是人与自然、社会发生关系过程中形成的一种稳态的精神态势。"① 社会在飞速发展的进程中丢失了精神性和信仰性的观照，现代人的自我认同危机实质上是一种精神危机，陷入虚无的、空白的、充满风险的不确定性之中。笔者曾在近年来的思想道德修养与法律基础课上的"追求远大理想，坚定崇高信念"专题中对学生做过"是否确定自己的信仰"以及"你的信仰是什么"的课堂调查，其中能够坚定回答自己有确定信仰的学生远远不到一半，选择"没有去考虑这个问题"的回答以及"什么是信仰？"反问的占了大多数。在那些回答确定自己有信仰的同学中，有很多将个人理想或者道德观等同于信仰，例如"事业成功/不断完善自

---

① 张澍军：《思想政治教育理论前沿论略》，人民出版社2015年版，第203页。

我""做一个善良/有用的人",甚至有些同学误认为只有宗教才能成为信仰。美国学者布热津斯基认为:"我们正处在全球政治觉醒的时代,因此,政治思想大概会越来越重要,它要么成为精神凝聚力的源泉,要么是混乱之源,要么成为达成政治共识的基础,要么就是冲突的祸根。"[1] 树立科学信仰,坚定信念在当今这个"全球政治觉醒"的时代显得愈加紧迫。

(一) 信仰的自我认同意义

当今社会思潮受到多元化文化的影响,信仰和精神联系被认为是私人事务,私人事务只要不涉及他人,都可以由个人来任意决定,道德并不能对个人施加特别要求,形成了一种认知潮流,即"正当优先于善"。"这样的分离式的自我(disengaged self)只是启蒙带来的一种幻象。我们每个人的自我都是在与他人的对话、交往中,是在某种外在的强评价的框架中形成的。如果自我是与强评价有关的,那么即使我们承认主流学说的社会观,优先的也应该是与自我相关的善,其次才是正当。"[2] 在多元论之下善与善的冲突确实存在,但是不能以"正当优先于善"的名义排斥善,一旦人们只讨论"正当"而不讨论"善",就有可能导致普遍赞同的善不能充分支持我们的生活,而充分支持我们生活的善又得不到普遍的赞同。

信仰具有终极指向性、超越性、实践性、排他性的特征,能够为人生赋予意义,注入价值确定性,指明发展方向。信仰是对人的存在意义的终极关怀,是人们对至真、至善、至美的追求和向往,是对人类自身、现实条件的超越,信仰的过程也就是对历史和现实的超越过程。对超越的需求是个体人格结构中必不可少的部分,尽管可能不是每个个体都能清楚地意识到这一点。"真正信仰是指那些超越物质性的超验层面的信

---

[1] [美] 布热津斯基:《大失控与大混乱》,潘嘉玢、刘瑞祥译,中国社会科学出版社1995年版,第2页。

[2] 马庆:《多元论下的本真性理想——查尔斯·泰勒现代性思想研究》,上海社会科学院出版社2015年版,第42页。

仰。"① 正是这种超越性把人从物质世界提升到精神领域，把人的存在由有限性变为无限性，把人的事实存在转变为价值存在，人类信仰生活的实质就成为一种"精神化"的生活。信仰虽然是关乎精神世界的，但它的产生是一个历史和实践的过程，是基于人类实践基础上对个人和社会生活最高境界的极度信奉，同时将在实践中以向更高层次的实践活动推进的方式表现出来。信仰是主体意志坚定性和意愿承诺性的表达，偶然情形下的理想化确信不是信仰，只有当这种确信具有连贯和恒久不变时，才能被视为信仰。信仰作为一种追求价值确定性的意向性活动，可以对人们的思想和行为提供价值支撑和方向引领。这种坚定性使得信仰同时具有了执着性和排他性，德国著名哲学家和伦理学家尼古拉哈特曼曾经深刻地谈及终身价值方向，认为一个人可以在其行动中追求并实现多种具体的价值，但他或她终身追求的价值方向和终极目的必须是统一的、一元的。

（二）马克思主义信仰的科学性

马克思主义是对人类历史的全面考察和对社会现实系统分析基础之上的科学理论，揭示了实现了人获得全面自由的共产主义社会的理想图景，为我们认识和改造社会提供了可靠的科学依据。"马克思主义首先是一种理论，一种科学的理论，同时又是一种信仰，一种科学的信仰。它不但给予无产阶级和先进人类以伟大的认识工具，而且赋予他们以伟大的历史使命，成为他们的精神支柱和奋斗旗帜。马克思主义信仰是一种崭新的信仰，它的产生是人类信仰史上的伟大变革。"② 作为科学信仰的马克思主义理论，相对于非马克思主义信仰对虚幻世界和脱离现实的彼岸世界的终极关怀，更关注人类理想秩序和人类命运，以对人类社会发展规律的科学理论为基础，并在实践中加以检验，因此马克思主义信仰不是虚无的，而是具有内在逻辑的完整知识体系和方法体系、立足于改

---

① 邓晓芒：《中西信仰观之辨》，《东南学术》2007 年第 2 期。
② 刘建军：《论马克思主义信仰》，《马克思主义研究》1997 年第 2 期。

变世界的科学信仰。同时，作为知识体系的马克思主义是开放的、与时俱进的，是不断实事求是地更新、丰富的理论体系，马克思主义中国化的发展历程和取得的巨大成果充分证明了这一点，马克思主义的科学性和发展性使其具有持久的生命力。毋庸置疑，当前受到各种社会思潮的影响，大学生群体信仰的对象和内容变得多样起来。

在理想信念教育中，首先要培养的是受教育者的理性能力，不仅要知道马克思主义是什么，还要知道为什么是马克思主义。从世界的物质性到人类社会历史发展规律，再到社会主义必然代替资本主义、最终实现共产主义，马克思主义揭示了自然、社会以及人的思维发展的一般规律；在与形形色色的社会思潮对比中，深刻领会马克思主义的实践性、人民性；时至今日，尽管世界发生了巨大的变化，但从人类历史发展的大视野来看，世界仍然处于马克思所指明的"人对物的依赖"阶段，马克思主义关于人类社会发展原理所揭示的资本主义基本矛盾仍然存在，并且在近年来西方的金融危机和社会危机中有激化的倾向，社会主义代替资本主义最终走向共产主义的历史趋势没有变也不会变。在复杂的世界形势中，科技发展推动了人类文明的进步，但同时也带来了生态恶化、恐怖主义、科技伦理、贫富差距等系列问题，人类社会应走向怎样的未来？马克思通过资本批判将现代性批判导向了历史唯物主义的批判路径，从哲学、政治经济学、社会学等多个角度来揭示现代性问题，并且以实践的方式消除资本的现实前提和存在基础，可谓是"对各种'极端'和'折中'立场的批判和超越"，人们还生活在现代性的种种矛盾之中，仍需要到马克思主义之中去寻找答案。马克思主义将个体置于现实的生活实践、社会交往中，并将个人与人类命运这一宏大的历史主题联系起来，使个人的自我意义得到升华。

（三）马克思主义信仰的培育

信仰的心理过程是包含认知、情感、意志、行为的，目前的状况是大学生对马克思主义信仰是什么这一基本的认知都不甚清楚，更不用说要上升到情感、意志的阶段。因此加强马克思主义信仰教育首先就要加强马克思主义理论知识教育,其次是将理论知识与社会现实特别是学生个人成长的实际联系起来,并在实践中形成坚定的意志和信念。马克思主义理论体系包括马克思主义哲学、马克思主义政治经济学和科学社会主义,比以往的任何哲学都更深刻、更全面地揭示了自然、社会和思维发展的普遍规律,要将这一庞大复杂的理论体系深入浅出地教授给大学生,对教育工作者提出了很高的要求,教育工作者要切实加强对马克思主义理论的专业学习,同时要结合当代大学生的认知特点和社会环境,不断创新教育方法。例如,可以采用"启发式"的教学方式,以生动的史实和时事增强说服力和感召力,结合"翻转课堂"、多媒体、互联网等教学手段增加学生学习的自主性和研究性,多采用学生喜闻乐见的演讲、论坛、辩论、焦点解答等互动教学方式。充分利用这些丰富的教学手段,可以最大限度地调动学生的感官感受和理性思考,进而淬炼马克思主义的理论价值,更深刻地领会马克思主义的精神实质和目标追求,将马克思主义的精神实质内化到自身的价值观当中。更重要的是,还必须通过社会实践形成坚定的意志,将理论上升到信仰。通过深入社会,客观体验我国社会经济的发展成就和存在的问题,并通过"三下乡"、社区服务等形式多样的实践活动领会马克思主义理论和中国特色社会主义理论体系的精神实质,增强使命感与责任感。从培育的具体路径来说,要从内容体系和保障机制两方面入手,保证马克思主义信仰教育的常态化。

第一,内容体系设计做到理论性、实践性与创新性的有效融合。在培育马克思主义信仰的内容体系设计上,要注重坚实的理论基础、知行合一的实际行动以及与时俱进的创新有效融合。注重学习马克思主义基本原理和马克思主义中国化最新理论成果,强化马克思主义理论的思维能力。必须将对马克思主义基本原理的学习掌握与研读马克思主义原著结合起来,马克思主义原著是马克思主义所构建的思想理论世界的最根本要素,是马克思主义理论最基本的载体,只有通过对原著的直接学习,才能从根本上领略马克思主义理论的精髓。从人才成长的规律看,仅有理论基础是远远不够的,一个人是否是一个真正的马克思主义者还是要靠社会实践的检验。只有在社会实践活动中,运用马克思主义立场、观点、理论,才能得到相应的意志磨炼,从而内化成青年马克思主义者的个人素养。要坚持学校阶段的培养和走向社会之后的培养相结合,积极探索学校与社会、课堂与生活实践之间融通的教学内容和设计,在各种形式的社会实践中,增强对国情和历史的了解,从对马克思主义的理论认同发展到对马克思主义的情感认同,进而在实践中内化成青年马克思主义者的人生品格。最后,要创新培养形式,充分利用新媒体和网络技术,打破时空藩篱,实现各时期历史资源与各地域社会现实的融会贯通。在教学方法上,积极采用团体辅导、翻转课堂、情景模拟等能够有效调动学生积极性的新方法,保障高涨的学习热情和良好的学习效果。

第二,保障机制做到制度化、系统化与科学性的共同支持。人的思想发展总是处在螺旋式上升的矛盾运动中,由"未知"到"认知",再由"认知"到"认同",最后到"养成",需要长时间的培养和巩固。因此,科学信仰的养成不可能一蹴而就,需要有制度化、系统化与科学性的保障机制。青年正处于思想走向成熟的转折阶段,呈现出多变性、不稳定的特点,加之正处于信息爆炸的时代,青年群体更容易获得不同话语体系的信息,势必会对理想信念的形成造成一定的冲击。这就需要将当代青年马克思主义者的培养作为一项长期而系统的育人工程来实施,将培育工程以制度化的方式固定下来,健全理论学习制度、组织管理制度、监督制度、激励制度和检查评估制度等制度化支持,例如目前的"青年马克思主义者培养工程",已有了较成熟的制度保障,也取得了良好的培育效果。培育当代大学生具备坚定的马克思主义信仰、扎实的马克思主义理论功底、深厚的科学文化基础和较高的综合能力素质是一个系统工程,要有系统性思维。充分调动校内各部门资源,将大课堂分化为小课堂,整合成系统化的育人环境;着力打造一支复合型的师资队伍,既有老教师的传、帮、带,又有青年教师的创新活力;既有理论导师的引领,又有实践导师的辅助。还要充分挖掘和利用社会教育资源,积极整合社会力量,共同建构一个培养青年马克思主义者的系统工程。

三 厘清标准：通过社会主义核心价值观教育肯定自我

在"老人倒地扶不扶"都成了问题的当今社会，隐藏着一种危险的信号：人们甚至在日常生活中失去了判断的标准，陷入了一种公说公有理、婆说婆有理的两难之中，使社会面临着滑入原子式个人主义的危险，即每个人都有自己的价值，且不可能进行论证。更为重要的是，这不仅是一种认识论立场，而且是一种道德立场——个人价值不应被挑战，个人的生活选择应当受到尊重。这种价值相对主义导致对任何道德争论的判断都成为不可能，致使"道德"完全失去了崇高的意义，而完全沦落为一种浅薄、自我放纵的生活享受。目标的丧失是与一种狭隘化相联系的，人们因为只顾自己的个人生活而失去了更宽阔的视野，进而形成了一种莫可名状的情绪和焦虑，逐渐在世界去幻和意义的消散中堕入虚无主义的深渊，处于无序、失序的混乱之中。

"彻头彻尾的主观主义将走向虚无：世界上没有什么算是实现的东西，照字义就是说，除自我实现外，没有什么重要的东西。"[①] 然而，看似将自我实现作为目标的这种"彻头彻尾的主观主义"却没有意识到其正在滑入自我迷失的危险——失去了一个能够取得自我理解的共同语境的背景。自由主义在"什么构成一种好的生活"这个问题上认为自由社会必须保持一种中立的态度，我们必须旗帜鲜明地反对这种看似中立实际消极的态度，要有对善的视野的表达，"说我应当不去操纵你的情绪或威胁你是一回事，因为那是尊重你作为人的权利所要求的。仅仅声称什么使人值得我们必须尊重，以及描述与认识到这点有关的高级的生活和情感方式，则是非常不同的另外一回事"[②]。

人们需要一种主导价值观来澄清什么才是重要的、有价值的。"所谓

---

① ［加］查尔斯·泰勒：《自我的根源：现代认同的形成》，韩震等译，译林出版社2012年版，第740页。

② ［加］查尔斯·泰勒：《自我的根源：现代认同的形成》，韩震等译，译林出版社2012年版，第740页。

主导价值观,就是在一个社会中占统治地位、对社会其他价值观及其发展方向和基本走向具有主导、引领和规范作用的价值观。"[1] 能够引领多元价值、多种思潮,为整个价值体系提供价值导向;能够规范和引导社会主体的思想和行为,使其在多元价值并存以及价值冲突中做出正确的价值选择与价值判断,从而将分散的社会主体团结在共同理想和共同利益之下,充分调动社会主体的积极性和创造性,形成社会发展和社会建设的凝聚力、向心力和主体合力,实现维持社会秩序与维护稳定的目的,为社会发展与人的发展提供不竭的精神动力。"马克思主义指导思想,中国特色社会主义共同理想,以爱国主义为核心的民族精神和以改革创新为核心的时代精神,社会主义荣辱观,构成社会主义核心价值体系的基本内容。"[2] 党的十八大报告首次提出了社会主义核心价值观"三个倡导"的基本内容:富强、民主、文明、和谐、自由、平等、公正、法治、爱国、敬业、诚信、友善。"社会主义核心价值观指明了我们在国家层面要追求的现实价值目标,社会层面要实现的理想价值属性,个人层面要遵循的基本价值要求。"[3] 将个人、社会、国家统一在和谐的"关系网"中,既促进了社会整体的和谐进步,又激发了多样主体的奋斗活力,使人们在纷繁多变的现代性洪流中有了一个清晰的方向,知道自己的位置在哪里,又将去到哪里。

"青年的价值取向决定了未来整个社会的价值取向,而青年又处在价值观形成和确立的时期,抓好这一时期的价值观养成十分重要。"[4] 大学阶段是人生价值观形成的重要阶段,同时也是面对复杂的社会情况和人

---

[1] 廖小平:《主导价值观与主流价值观辨证——兼论改革开放以来主流价值观的变迁》,《教学与研究》2008年第8期。

[2] 《中共中央关于构建社会主义和谐社会若干重大问题的决定》,人民出版社2006年版,第22页。

[3] 李毅弘等:《以社会主义核心价值观集聚高校网络舆论引导合力》,《思想理论教育导刊》2015年第11期。

[4] 习近平:《青年要自觉践行社会主义核心价值观——在北京大学师生座谈会上的讲话》,《人民日报》2014年5月5日第1版。

生选择的初始阶段,掌握明辨是非的能力和评判标准非常重要。当前高校思想政治教育十分重视社会主义核心价值观教育,尽可能地丰富教育内容,创新方式方法,取得了较丰富的成果,但是也仍然存在一些不足。第一社会主义核心价值观要求公民将国家层面的价值视为最高的价值,然而大学生群体往往容易将个人层面的价值视为最高的价值。第二,社会主义核心价值观要求公民关注更抽象的社会价值,而大学生群体往往更容易关注眼前的比较具体的价值。第三,大学生群体偏好多元化的价值观以及大学生群体的内部差异性有可能导致部分学生接受社会主义核心价值观,部分学生只能接受其中的一部分,而无法与社会主义核心价值观保持高度一致。培育和践行社会主义核心价值观的有效实施路径仍有进一步探索的空间。

第一,进一步凝练社会主义核心价值观深刻的思想内涵,以增强传播信效度。讲清楚国家、社会、个人三个层面关系,厘清社会主义核心价值观与社会主义核心价值体系的关系、社会主义核心价值观与中国特色社会主义的关系,以社会主义核心价值观引领社会思潮等,只有继续深入对这些问题的思考才能全面理解社会主义核心价值观的科学内涵,而不是仅仅将其作为背诵和记忆一种"口诀"。第二,在传播内容上要与受众日常生活融合,将"高深理论"转化为"具体案例",契合受众情感,潜移默化地渗透进大学生的日常行为,在落细、落小、落实上下功夫。第三,要注重差异,分类教育。根据大学生生源情况、教育背景、专业学科等各方面的差异,因材施教、分层提高。第四,创设良好的教育环境和氛围,通过潜移默化的隐性教育方式寓教于乐、寓教于情、寓教于境,使学生受到启迪。第五,适应新媒体信息时代的发展形势,主动占领网络传播阵地,打破时空限制、突破单向度的话语格局,以互动性、丰富性、开放性提高受众的接受程度。比如可以开拓青春榜样的直播访谈、在线视频、开设专题讨论等形式,培养网络主流"意见领袖",引领舆论正能量等。

四　共同体建设：在自我和他人的关系中理解自我

马克思在他的博士论文中借伊壁鸠鲁的原子理论来表达自己的个人观,在关注个人自我意识和自由意志的同时,提出"事实上,直接存在的个别性,只有当它同他物发生关系,而这个他物就是它本身时,才按照它的概念得到实现,即使这个他物是以直接存在的形式同它相对立的。所以一个人,只有当他与之发生关系的他物不是一个不同于他的存在,相反,这个他物本身即是还不是精神也是一个个别的人时这个人才不再是自然的产物"①。自我认同并非个体与生俱来的,而是每个人对自己经历进行反身性理解而形成的自我概念,不同的社会背景、文化场景的人对于"人""自我"的理解无疑是各异的,因此当代大学生自我认同的形成必须在共同体中的"对话"中实现。

自我认同是个体在与他人、集体、社会等外部世界的对话、交往中建构起来的,"人与社会的交往,不仅要满足谋生的需要,而且有更高的目的,即要实现人生的意义,实现一种责任,将他者纳入我的情感之网,建立一种彼此信赖的结合,这种重要的相互关系也是我一人的创造和唯一的责任,我负责使这种相互依赖保持生机"②。大部分大学生进入大学阶段后开始进入真正意义上的独立生活,脱离了家长、中学式管理的束缚,自我意识有了新的发展。对于自己将要扮演的社会角色和所在集体中的位置更加关注,通过扩大交往表达自我、分享情感体验的需求增强,但是并不是每一个学生都能在这个过程中顺利得到回应和满足,尤其是网络虚拟空间给人们的社会交往带来便利的同时也带来了隔阂,人们倾向于逃避现实中的各种约束而沉迷于虚拟空间中的"自由"。但这种"自由"只是一种假象,"现代技术发展和社会关系演变导致自我的物质异化并没有褪去,数字技术的发展和网络世界的扩张又使个体在虚拟世界中

---

① 《马克思恩格斯全集》第 1 卷,人民出版社 1995 年版,第 37 页。
② [波]齐格蒙·鲍曼:《生活在碎片之中——论后现代道德》,郁建兴等译,学林出版社 2002 年版,第 35 页。

沉沦以至'上瘾'（Hang），形成信息异化。在这双重以及多重异化之中，个体自我丧失了本真性的存在方式，处于碎片化的支离状态；个体与他者之间的'纯粹关系'早已无影无踪。失去自身确定性和明晰性的同时，个体对自身所处的关系和环境更是无从把握。"[1] 自我认同并不仅仅局限于个体自身的考虑，个人所属的共同体在一定程度上构成个人的自我认同，个体在把自我归类为某个社会共同体成员的基础上，把群体价值等进行内化，从而确认自身意义，为个体行为提供持续动力。

随着时代变迁，受到个人主义思潮的影响以及网络技术进步带来的新领域——虚拟空间的盛行，传统的大学生共同体例如党团支部、班级等的存在感在大学生群体中渐渐减退，这是值得思想政治教育工作者警惕的现象。这种共同体的虚化直接导致了大学生个体归属感的模糊，容易产生孤立感，本应得到发展的集体荣誉感、责任感也随之淡化，影响了大学生个体的自我定位，冲击确信的自我认同感。因此，在当代大学生自我认同教育中要加强培育大学生交往理性的共同体建设，"交往行为的目标是导向认同。认同归于相互理解、共享知识、彼此信任、两相符合的主体间的相互依存"[2]。也就是要建立一种新型的集体观，一种个体与集体、个体与个体之间相互承认、尊重平等、共同成长的关系，能够正确处理个体自我与集体自我的合理关系。宿舍、班级、党团组织、学生会、社团以及各种实践活动都是学生所在的共同体，在大学生自我认同教育中起着重要的促进作用。宿舍是大学生日常生活的主要空间，要教会学生与共处一室的舍友们互相尊重、互相包容，达成公约，营造出家的氛围，将其作为大学生在校生活情感栖息的港湾。可以通过建设宿舍文化，将宿舍文化与管理、教育、服务相结合，例如举办宿舍美化设计比赛、宿舍"百科知识"争霸赛、提供天气预报、紧急医药箱等活动。班级是大学生共同体的基本组织形式，要充分发挥班级建设在大学生集

---

[1] 黄全利：《个体自我认同危机及其在数字时代的凸显》，《学术探索》2015年第1期。
[2] ［德］哈贝马斯：《交往与社会进化》，张博树译，重庆出版社1989年版，第3页。

体归属感培育方面的作用，根据不同专业和不同年级的特点，定期举办主题班会、志愿服务、学习互助、心理疏导等系列活动，让每一个班级成员都轮流参与组织，班集体建设要做到有制度、有文化、有愿景、有行动，摒弃形式化、娱乐化，保证活动目标的明确性、内容的层次性及方法的科学性，让学生主动参与到班集体建设中，使班集体成员养成"主人翁"的身份意识，并在融入集体的过程中感受到自我的被接纳。学生党团组织、学生会是由大学生中的优秀分子组成的，要发挥他们的模范带头作用，尤其是在理想信念、思想政治素质等方面的辐射作用。学生会具有深厚的学生群众基础，通过调动学生干部的积极性，能够广泛联系起学校、老师与同学之间的关系，使大学生形成立体、多维的共同体归属感。社团以及各种实践活动能够很好地体现个体差异，是大学生们培养兴趣爱好、陶冶情操、提升专业技能的有效平台。例如舞蹈社、武术协会、书画协会、摄影协会、政治学社、历史瞭望社、天文爱好者协会等，还有社会服务类社团，大学生通过实践活动投入到广阔的社会中去，可以更深入地了解社会和国情，增强责任感和使命感，并且体验到自我价值在社会实践活动中的实现。

五 四维生涯：长度、广度、深度、温度中的自我探索

随着我国高等教育事业的快速发展，对大学生的生涯规划进行辅导、促进大学生就业已然成为高校的一项基本职能，并被逐渐纳入思想政治教育工作，《普通高等学校辅导员队伍建设规定》明确将"职业规划与就业创业指导"作为"辅导员主要工作职责"之一。生涯辅导成为了联结学生个体成长和社会发展需求的黄金桥梁，思想政治教育工作以生涯发展辅导为平台，引导学生从自我觉知到自我探索，构建相对稳定和系统的自我认同，既是对大学生个体成长需求的满足，又能推动大学生就业问题的解决，提升思想政治教育功能的实效性。经过多年的发展，我国高校在大学生生涯辅导方面不断进步，无论是课程体系的建立还是相关的主题活动、个性化服务都有了突破性的进展，但就思想政治教育视域

下的生涯辅导来说，仍然存在"短板"。尽管思想政治教育经历了从强调"大学生职业生涯规划"向"大学生生涯发展辅导"的转向，实现了从重"规划"到重"发展"的变革，但在实际工作中还存在不足，容易出现急于求成的说教，希望学生按部就班，遵从预先设定的计划。体现在生涯发展辅导的基础工作——自我认识上，则是缺乏系统和深度的探索，造成大学生自我认识不足、自我定位不准、自我肯定不够、自我发展行动力缺失。更为有效的自我探索应观照生涯的长度、广度、深度、温度，在立体的空间中勾勒完整的自我画像。

在长度中把握阶段性自我。英国诗人济慈有一首诗歌叫《人生的四季》，用四季比拟生命中每个阶段，每一个阶段有不同的任务和挑战。对于自我探索者而言，既不要在阶段性的仓促和有限中乱了阵脚，又要抓住当下阶段在整个生涯全局中的意义。舒伯（Super，1959）的生涯发展理论将生涯阶段分为成长期、探索期、建立期、维持期、退出期，大学生的年龄段基本上属于探索期，这一阶段的主要任务是在学校学习自我考察和职业探索，完成择业以及初步就业。因此在这一阶段激发学生的好奇心，并为他们的探索热情提供支持非常重要，所谓磨刀不误砍柴工，那些本应在探索阶段采取尝试行动却因急功近利希望有一条现成捷径可走的人，往往最终耗费的时间成本更高，甚至到大学毕业时才警觉自己并不知道自己的热情所在。在探索阶段，会经历一个从发散到收敛的过程，学生容易出现的问题除了希望走捷径而放弃发散的过程，也有一些发散过度、忘记初心和来路的同学，这时候就需要教育者予以引领、提示和推动学生进入收敛的过程，在多项尝试中筛选、排序，最终找到阶段性目标和任务。

在广度中开发可能性自我。随着时代进步，校园文化活动日益丰富，与社会的链接也更加开放和充分，当代大学生展现自我的舞台和机会更多了。但我们的教育制度仍然存在评价标准单一的问题，还是以考试成绩作为标准，这也是工业革命以来知性教育发展带来的弊端之一，忽略的是人的感性部分，个体的兴趣、价值观、能力、性格倾向被忽略了，导致学生在单一的标准下自我认同度偏低。只有整合个人的"我喜欢什么""我能做什么""我愿意为什么付出""我擅长什么"在内的自我探索，才能扩大一个人发展广度的可能性。同时，扩大对外在世界的探索，例如在职业生涯辅导中我们常用基于霍兰德职业兴趣理论的工作世界地图来辅助学生扩大对职业世界广度的探索。这种广度还包括对由时代变化带来的不确定的容纳，提姆·霍尔（Tim Hall，1976，2002）提出的"多变性职业生涯"概念，引用了"变形虫"的隐喻，用来形容当今快速变化的社会迅速创新的适应策略，在这种广度中保持自我探索的开放性，以个体的主体感为指针，提升适应性能力。

在深度中觉察隐蔽性自我。美国心理学家乔瑟夫（Joseph）和哈里（Harry）从自我概念的角度把人的心理分成公开我、背脊我、隐藏我、潜在我四个部分，由这四个部分构成的模型"乔哈里视窗"常常被用于指导人际沟通，也被用来训练个体自我意识的养成。在日常交往中，我们更多地是以"公开我"展现和认同自己，其他部分的自我就像在水平面下的冰山，不易察觉但实际上决定了露出水平面部分的高度。因此，在深度中觉察隐蔽性自我非常重要，那些看不到的部分往往才是决定我们行为选择的因素。相较于外显的专业、成绩和获奖经历等，个人的价值观——我愿意为之付出和坚守的部分是更不易挖掘的，需要我们引导学生去探索，可以善用价值观列表、决策平衡单等工具来实现。即便相对外显的个人能力，也会有一部分隐藏在深处，激发潜能是需要深度探索的，可以通过身边的亲友、师长等来充当伯乐，帮助个人发现"背脊我"的部分，挖掘被自己忽视的才干。

在温度中悦纳不完美的自我。我们都能直观地感受到，人在一生中需要扮演多种角色，这些角色跟"自我"之间有时候可能是冲突的。美国心理学家米德将角色的概念引入社会学，指个体在特定社会团体中所处的位置，每个角色同时也都关联着相应的行为及期望。当人们为了满足他人期望而扮演多种角色时，常会面临着如何接纳未达到期待的自我的问题。在自我认同构建的辅导工作中，引领者和陪伴者不能忽视温度维度，要帮助学生正确地处理好由于角色冲突带来的不完美感，真正地悦纳当下的自我。自我认同不是抽离情感的纯理性活动，面对受教育者，不以刻板单一的角色标准评判学生，做到尊重、信任、倾听、鼓励、陪伴。人并不是思辨抽象的存在，或者像经济学上的"经纪人假设"，将塑造人的动力简单地归为追求快乐、规避痛苦的本能，"这个简单的观念忽略了很多人类生活中曾经存在的因素：例如对失去荣誉、尊严、地位的恐惧，对变化的怀疑，对稳定安逸的向往。我们无法讨论和处理那些更加复杂的动力——虚荣、害怕展现脆弱，或'形象塑造'（image-making）"[1]。对构建自我深层动力的探究需要在悦纳不完美自我的前提下进行，温暖这一维度有利于为这种探究建立一种良好的安全感，以便探究工作能够顺利开展。

---

[1] ［德］海因里希·盖瑟尔伯格主编：《我们时代的精神状况》，孙柏等译，上海人民出版社2019年版，第171页。

结　　语

党的十九届五中全会提出，全面建成小康社会、实现第一个百年奋斗目标之后，我们要乘势而上开启全面建设社会主义现代化国家新征程，到本世纪中叶把我国建成富强、民主、文明、和谐、美丽的社会主义现代化强国。人的现代化是现代化建设的核心内容和本质表现，我们在推动物的现代化、制度现代化的同时，还需要推进人的现代化。物的现代化是实现人的现代化的有利条件，正如马克思所分析的："随着新生产力的获得，人们改变自己的生产方式，随着生产方式即保证自己生活的方式的改变，人们也就会改变自己的一切社会关系。"中国进入新时代，已经完成了第一个百年奋斗目标，消灭了绝对贫困，人民的获得感显著增强，推进人的现代化有了更加坚实的基础。实现现代化并不是只能走西方现代化的模式，没有统一标准，对于现代化进程中出现的现代性问题，各个国家都应结合本国的实际国情、历史文化、发展阶段来提出解答方案。人的发展反映着时代特征，自我认同问题作为现代性的核心问题是现代化的产物，对这一问题进行整体探析，既是现代化建设的实践需要，也是人的自由全面发展的根本要求。推动自我认同教育与时俱进，能够消解现代社会转型带来的种种病症，既有利于提升个体思想政治素质的内化效果，又能够促进思想政治教育的社会功能发挥，最终成为实现思想政治教育推动人的自由全面发展的终极追求的重要合力。

一 提升个体思想政治素质的内化效果

人的思想政治素质既不是仅起因于主体的自我意识，也不是客观外界因素在个体身上的消极反映，而是在主体实践过程中主客体相互作用的结果。这个过程包含了内化和外化两个方面的转化机制。内化是人对外部事物通过认知转化为内部思维的过程，法国社会学家迪尔克姆认为内化的基本过程是从"纪律"发展到"自主"的过程，"道德是一个命令的体系，而个人良心只不过是这些集体命令内化的结果"[①]。这是个人真正将社会发展所要求的思想、观念、规范纳入自己的态度体系，成为支配自己思想、情感、行为的内在力量的过程。内化是一个感受、分析、选择的过程。而外化是从内部思维向外部物质动作的转化，将已经内化的思想观点、价值观念、道德准则向自己的行为习惯转化的过程。从内化到外化的转化是思想政治教育中最基本也是最困难的一环，这一环顺利实现的关键在于受教育者作为教育客体的同时也要发挥自己作为教育主体的作用，积极主动地对教育影响进行理解、筛选和吸收，达到"教是为了不教"的理想效果。

良好的自我教育效果建立在受教育者具有良好的自我认同基础之上，只有对自我有一个清晰而全面的认知，在自我与他人、自我与社会、自我与自我的关系中达成对自我的认同，才能对社会要求的理想道德、信念准则有正确理解和积极吸收，从而成为自己情感、意志的一部分。总而言之，"思想政治教育作为一种以人的全面发展为根本目的的社会交往实践活动，既涉及教育主体外显的行为过程，又涉及主体内显的精神活动过程，其根本目的的最终实现既依赖于教育主体间性的对话交往和相互理解，又依赖于教育主体的反思性对话及自我理解"[②]，自我认同教育能够实现教育主体的反思性对话及自我理解，重申和彰显受教育者的主

[①] 转引自胡守芬主编：《德育原理》，北京师范大学出版社1989年版，第319页。
[②] 蒋平：《哲学解释学视域中的高校思想政治教育对话转型》，人民出版社2015年版，第20页。

体性地位，更符合思想政治教育理论联系实际的原则，观照思想政治教育对象的现实生活世界，增强高校思想政治教育的吸引力、感染力和针对性、实效性。

二　促进思想政治教育社会功能的发挥

从思想政治教育的本质上看，"思想政治教育这一人类社会的实践活动，从产生起就把进行意识形态教育作为终极的主要任务。社会主导意识形态的灌输与教化，是思想政治教育的本质"。从某种意义上讲，思想政治教育的过程就是教育者实施社会主导意识形态的灌输、受教育者接受这种灌输并将这种社会认同纳入自我认同的过程。正如吉登斯所言："在现代性的情境下，自我之改变则必须被视为个人变迁和社会变迁两者相连的反身性过程的一部分来供人们探求和构建。"① 自我认同包含着社会认同的实现，必须建立在个体理性和反思能力基础上。"意义系统同社会认同的关系最为密切，甚至可以说，在今天几乎每一个民族国家都高度重视意识形态建设的语境下，建构社会认同—民族国家认同——实质上就表现为国家层面的意识形态如何为理性和反思能力日益提高的民众接受并内化。"② 通过个人的理性批判和反思机制达成个人的社会认同，既可以维护社会的稳定和谐又能增强个人和整个社会的活力。

中国正处在社会发展的快车道上，思想政治教育的各项要素都在发生着极大的变化，其中之一就是教育对象的不同。当代大学生思维活跃，乐于探索，求知欲强，主体意识和个性特征凸显。如何既尊重学生主体性和个性特征的差异性，又能够发挥灌输社会主导意识形态的功能，促进社会和谐稳定发展，是新时代如何提升影响思想政治教育实效性面临的难题。自我认同包含的个体与社会之间不可脱嵌的紧密联系和内在张力，与马克思主义理论中个人与社会的辩证统一关系相契合，自我认同

---

① ［英］安东尼·吉登斯：《现代性与自我认同——晚期现代中的自我与社会》，夏璐译，中国人民大学出版社2016年版，第30页。

② 李友梅等：《社会认同：一种结构视野的分析》，上海人民出版社2007年版，第27页。

教育则为协调个体的个性发展与社会全面发展提供了一种行之有效的实现路径。

三 合力于人的自由全面发展的终极追求

思想政治教育的本质决定了思想政治教育不仅要面向人，而且要面向社会。思想政治教育既受其所处的社会政治、经济、文化的影响和制约，同时又必须超越社会的客观条件，服务于社会的政治、经济、文化进步，因此思想政治教育与社会的各个领域、各项工作有着广泛而深刻的联系。社会生活领域是思想政治教育运行的客观基础，实现个体思想行为与社会现实的统一是思想政治教育活动的旨趣，同时也是个体形成自我认同必不可少的重要内容。思想政治教育以实现人的全面发展为终极追求，"以一种全面的方式，也就是说，作为一个完整的人，占有自己的全面的本质"[1]。就是要拥有生存与发展的物质条件、丰富的社会关系、充实的精神生活，并在这几个方向的发展取向上，既坚持全面又有所侧重，既发展特色又不互相替代，按照人的属性实现人的物质与精神、科技与人文、政治与道德、生理与心理、理论与实践等方面的全面发展。实现人的全面发展实际上也是人的主体性的最充分发挥，人的内在潜能的最大限度发掘，使人成为独立的人，摆脱人对人、人对物的消极依赖。自我认同的达成不仅包含过去和现在的时间维度，也包含着个体对未来的追寻，思想政治教育以实现人的全面发展为终极目标，可以使自我认同教育帮助个体整合过去的经验，立足于现实世界，完成对人生意义与生命价值"共在性"和"同时性"的共享，更进一步使个体不断在新的历史条件下更新对自我的理解，实现精神世界的拓展，给未来的体验和理解提供无限可能性。

在现代性条件下，时空分离的虚空化、信息爆炸的碎片化使人们的生活陷入了片段式的、一系列不连贯的事件中，消解着自我认同的整体

---

[1] 《马克思恩格斯文集》第 1 卷，人民出版社 2009 年版，第 189 页。

性和统一性。作为一门以人为本的学科,对抗虚空化、碎片化的消解即是社会发展变化对思想政治教育提出的时代要求。"中国社会阶层、群体和组织上的新变化已经彻底改变了思想政治教育实践的社会生态,面对崭新的发展空间和际遇,思想政治教育再也不能局限于对个体思想和行为的约束与规范,它不仅要服务于党和国家的发展大计,服务于个体需要的现实满足,还要服务于各类社会实践主体的生存和发展。"[①] 当代大学生的自我认同教育研究可以说是推动思想政治教育现代转型、提升其回应时代需求实效性的一种有益尝试。

---

① 孙其昂等:《思想政治教育现代转型研究》,学习出版社 2015 版,第 81 页。

参考文献

著作类

［德］马克思、恩格斯：《马克思恩格斯全集》第 1 卷，人民出版社 1995 年版。

［德］马克思、恩格斯：《马克思恩格斯全集》第 19 卷，人民出版社 1963 年版。

［德］马克思、恩格斯：《马克思恩格斯全集》第 23 卷，人民出版社 1972 年版。

［德］马克思、恩格斯：《马克思恩格斯全集》第 30 卷，人民出版社 1995 年版。

［德］马克思、恩格斯：《马克思恩格斯全集》第 47 卷，人民出版社 1979 年版。

［德］马克思、恩格斯：《马克思恩格斯文集》第 1—9 卷，人民出版社 2009 年版。

［德］马克思、恩格斯：《马克思恩格斯选集》第 1 卷，人民出版社 2012 年版。

［德］马克思、恩格斯：《马克思恩格斯选集》第 4 卷，人民出版社 2012 年版。

习近平：《习近平谈治国理政》第二卷，外文出版社 2017 年版。

陈飞：《回归生活世界》，人民出版社 2014 年版。

陈万柏：《思想政治教育学原理》，中国人民大学出版社 2013 年版。

陈先达：《走向历史的深处——马克思历史观研究》，中国人民大学出版社 2010 年版。

陈新汉：《评价论导论——认识论的一个新领域》，上海社会科学院出版社 1995 年版。

陈学民：《痛苦中的安乐：马尔库塞、弗洛姆论消费主义》，云南人民出版社 1998 年版。

丰子义：《走向现实的社会历史哲学》，武汉大学出版社 2010 年版。

冯钢：《转型社会及其治理问题》，社会科学文献出版社 2010 年版。

冯友兰：《中国哲学简史》，北京大学出版社 1985 年版。

冯友兰：《中国哲学史新编》（中），人民出版社 2001 年版。

贺照田主编：《后发展国家的现代性问题》，吉林人民出版社 2002 年版。

黄书光：《价值观念变迁中的中国德育改革》，江苏教育出版社 2008 年版。

菅志祥：《群族归属的自我认同与社会定义——关于保安族的一项专题研究》，民族出版社 2006 年版。

蒋平：《哲学解释学视域中的高校思想政治教育对话转型》，人民出版社 2015 年版。

李大钊：《李大钊文集》（下册），人民出版社 1984 年版。

李红：《网络公共事件：符号、对话与社会认同》，中国社会科学出版社 2015 年版。

李颖：《基于哲学解释学视角的思想政治教育接受研究》，浙江大学出版社 2013 年版。

李友梅等：《社会认同：一种结构视野的分析》，人民出版社 2007 年版。

梁漱溟：《中国文化要义》，上海世纪出版集团 2005 年版。

刘芳：《"制造青春"：当代流行文化与青少年的自我认同》，中国社会科学出版社 2015 年版。

刘同舫：《理想与现实之间的人类解放境界》，人民出版社 2013 年版。

刘同舫:《马克思的解放哲学》,中山大学出版社2015年版。

马庆:《多元论下的本真性理想——查尔斯·泰勒现代性思想研究》,海社会科学出版社2015年版。

孟鸣岐:《大众文化与自我认同》,江西教育出版社2005年版。

彭运石:《人的消解与重构——人本主义心理学方法论研究》,吉林大学出版社2000年版。

钱穆:《从中国历史来看中国民族性及中国文化》,九州出版社2011年版。

钱穆:《中国思想史》,九州出版社2012年版。

乔春霞:《查尔斯·泰勒的哲学人类学思想》,知识产权出版社2014年版。

沙莲香:《中国民族性(贰)——1980年代中国人的"自我认知"》,中国人民大学出版社2012年版。

沙莲香:《中国民族性(壹)——百五十年中外"中国人像"》,中国人民大学出版社2012年版。

孙其昂等:《思想政治教育现代转型研究》,学习出版社2015版。

田鹏颖、赵美艳:《思想政治教育哲学》,光明日报出版社2010年版。

王成兵:《当代认同危机的人学解读》,中国社会科学出版社2004年版。

王宁:《消费社会学》,社会科学文献出版社2001年版。

吴继霞、黄辛隐主编:《大学生心理健康学》,北京学林出版社2007年版。

吴励生:《思想中国——现代性民族国家重构的前沿问题》,商务印书馆2011年版。

谢放:《中外文化发展历程》,长春出版社2013年版。

许倬云:《许倬云说历史:现代文明的成坏》,上海文化出版社2012年版。

许倬云:《中国文化与世界文化》,广西师范大学出版社2006年版。

张容南:《一种解释学的现代性话语:查尔斯·泰勒论现代性》,上海世纪出版集团2011年版。

张澍军:《思想政治教育理论前沿论略》,人民出版社2015年版。

张耀灿等:《现代思想政治教育学》,人民出版社2006年版。

朱经明:《教育及心理统计学》,五南图书出版社2007年版。

胡守芬主编:《德育原理》,北京师范大学出版社1989年版。

(汉)许慎撰、(清)段玉裁注:《说文解字注》,上海古籍出版社1988年版。

[英]安东尼·吉登斯:《现代性与自我认同:晚期现代中的自我与社会》,夏璐译,中国人民大学出版社2016年版。

[德]尤尔根·哈贝马斯:《交往行为理论》第1卷,曹卫东译,上海人民出版社2004年版。

[法]让·鲍德里亚:《符号政治经济学批判》,夏莹译,南京大学出版社2009年版。

[法]让·鲍德里亚:《消费社会》,刘成富、全志钢译,南京大学出版社2008年版。

[美]杜威:《经验与自然》,傅统先译,江苏教育出版社2005年版。

[美]诺伯特·威利:《符号自我》,文一茗译,四川教育出版社2011年版。

[澳]麦克·怀特、[英]戴维·爱普生:《故事、知识、权力:叙事治疗的力量》,廖世德译,华东理工大学出版社2013年版。

[澳]麦克·怀特、[英]戴维·爱普生:《故事、知识、权力:叙事治疗的力量》,廖世德译,华东理工大学出版社2013年版。

[澳]约翰·特纳等:《自我归类论》,杨宜音等译,中国人民大学出版社2011年版。

[波]齐格蒙·鲍曼:《生活在碎片之中——论后现代道德》,郁建兴等译,学林出版社2002年版。

[德]费尔巴哈:《费尔巴哈哲学著作选集》(上),荣震华等译,商务印书馆1984年版。

[德]哈贝马斯:《交往与社会进化》,张博树译,重庆出版社1989年版。

[德]海德格尔:《海德格尔选集》(下),孙周兴选编,上海三联书店1996年版。

[德]海因里希·盖瑟尔伯格主编:《我们时代的精神状况》,孙柏等译,

上海人民出版社 2019 年版。

［德］黑格尔:《法哲学原理》,范扬等译,商务印书馆 2009 年版。

［德］黑格尔:《精神现象学》(上卷),贺麟译,商务印书馆 1979 年版。

［德］黑格尔:《小逻辑》,贺麟译,商务印书馆 1995 年版。

［德］胡塞尔:《欧洲科学的危机与超越论的现象学》王炳文译,商务印书馆 2001 年版。

［德］康德:《道德形而上学原理》,苗力田译,上海人民出版社 1986 年版。

［德］康德:《历史理性批判文集》,何兆武译,商务印书馆 1990 年版。

［德］尼采:《快乐的知识》,黄明嘉译,中央编译出版社 2001 年。

［德］雅斯贝尔斯:《什么是教育》,邹进译,生活·读书·新知三联书店 1991 年版。

［德］尤尔根·哈贝马斯:《对话伦理学与真理的问题》,沈清楷译,中国人民大学出版社 2005 年版。

［德］尤尔根·哈贝马斯:《重建历史唯物主义》,郭官义译,社会科学文献出版社 2000 年版。

［法］米歇尔·福柯:《什么是批判?自我的文化——福柯的两次演讲及问答录》,潘培庆译,重庆大学出版社 2017 年版。

［古希腊］柏拉图:《理想国》,郭斌和等译,商务印书馆 1986 年版。

［古希腊］亚里士多德:《尼各马可伦理学》,廖申白译,商务印书馆 2003 版。

［古希腊］亚里士多德:《政治学》,吴寿彭译,商务印书馆 2013 年版。

［加］查尔斯·泰勒:《本真性的伦理》,程炼译,上海三联书店 2012 年版。

［加］查尔斯·泰勒:《黑格尔》,张国清、朱进东译,译林出版社 2002 年版。

［加］查尔斯·泰勒:《自我的根源:现代认同的形成》,韩震等译,译林出版社 2012 年版。

[加] 查尔斯·泰勒:《本真性的伦理》,程炼译,上海三联书店 2012 年版。

[加] 马克斯·范梅南:《生活体验研究——人文科学视野中的教育学》,宋广文等译,教育科学出版社 2003 年版。

[捷克] 丹尼尔·沙拉汉:《个人主义的谱系》,储智勇译,吉林出版集团有限责任公司 2009 年版。

[美] 阿拉斯戴尔·麦金太尔:《追寻美德》,宋继杰译,译林出版社 2003 年版。

[美] 艾伦·布卢姆:《美国精神的封闭》,战旭英译,译林出版社 2007 年版。

[美] 布热津斯基:《大失控与大混乱》,潘嘉玢、刘瑞祥译,中国社会科学出版社 1995 年版。

[美] 布瑞·格特勒:《自我知识》,徐竹译,华夏出版社 2013 年版。

[美] 杜威:《经验与自然》,傅统先译,江苏教育出版社 2005 年版。

[美] 弗里德里克·詹姆逊:《詹姆逊文集》,王逢振译,中国人民大学出版社 2004 年版。

[美] 赫伯特·马尔库塞:《爱欲与文明》,黄勇、薛民译,上海译文出版社 2008 年版。

[美] 赫伯特·马尔库塞:《单向度的人》,刘继,上海译文出版社 2016 年版。

[美] 卡尔·R. 罗杰斯:《个人形成论:我的心理治疗观》,杨广学等译,中国人民大学出版社 2004 年版。

[美] 孔飞力:《中国现代国家的起源》,陈兼等译,生活·读书·新知三联书店 2013 年版。

[美] 罗洛·梅:《人的自我寻求》,郭本禹等译,中国人民大学出版社 2013 年版。

[美] 马可·L. 萨维科斯:《生涯咨询》,郭本禹译,重庆大学出版社 2015 年版。

［美］马克·波斯特：《信息方式：后结构主义与社会语境》，范静哗译，商务印书馆 2000 年版。

［美］马斯洛：《人性能达到的境界》，林方译，云南人民出版社 1987 年版。

［美］尼尔·波兹曼：《娱乐至死》，章艳译，广西师范大学出版社 2011 年版。

［美］尼葛洛庞帝：《数字化生存》，胡泳等译，海南出版社 1997 年版。

［美］欧文·戈夫曼：《日常生活中的自我呈现》，冯钢译，北京大学出版社 2008 年版。

［美］乔纳森·布朗：《自我》，陈浩莺等译，人民邮电出版社 2004 年版。

［美］塞缪尔·亨廷顿：《文明的冲突与世界秩序的重建》，周琪等译，新华出版社 1999 年版。

［印］阿玛蒂亚·森：《身份与暴力——命运的幻象》，李风华等译，中国人民大学出版社 2009 年版。

［英］M. C. Lemon：《历史哲学：思辨、分析及其当代走向》，毕芙蓉译，北京师范大学出版社 2009 年版。

［英］安东尼·吉登斯：《社会学》，李康译，北京大学版社 2009 年版。

［英］安东尼·吉登斯：《现代性与自我认同：晚期现代中的自我与社会》，夏璐译，中国人民大学出版社 2016 年版。

［英］梅因：《古代法》，沈景一译，商务印书馆 1997 年版。

期刊类

蔡璐：《从自我同一性视角探讨青少年的心理健康发展》，《社会工作》，2006 年第 10 期。

陈独秀：《东西民族根本思想之差异》，《青年杂志》1915 年第 1 期。

陈坤虎等：《不同阶段青少年之自我认同内容及危机探索之发展差异》，《中华心理学刊》2005 第 3 期。

陈廷湘：《中国文化核心价值观"人"的观念的近代转型》，《史学月刊》

2008年第12期。

陈新汉：《自我评价活动和自我意识的自觉》，《上海大学学报（社会科学版）》2006年第9期。

邓晓芒：《中西信仰观之辨》，《东南学术》2007年第2期。

郭金山：《西方心理学自我同一性概念的解析》，《心理科学进展》2003年第2期。

郭斯萍、林蓉：《中国人自我观理性分析——基于儒家伦理文化的视角》，《研究报告及述评》2012年第7期。

韩升：《现代性启蒙与中国的社会转型》，《华南农业大学学报（社会科学版）》2010年第2期。

韩震：《现代性与认同问题的思考》，《学习与探索》2004年第6期。

何承林、郑剑虹：《叙事认同研究进展》，《中国临床心理学杂志》2016年第2期。

何怀宏：《学以成人，约以成人——对新文化运动人的观念的一个反省》，《安徽大学学报（哲学社会科学版）》2016年第1期。

黄全利：《个体自我认同危机及其在数字时代的凸显》，《学术探索》2015年第1期。

黄禧祯：《思想政治教育的话语困境片论》，《学术研究》2007年第8期。

瞿秋白：《自由世界与必然世界》，《新青年》季刊1923年第2期。

李里峰：《"东方主义"与自我认同——梁启超中西文化观的再阐释》，《福建论坛（人文社会科学版）》2005年第1期。

李芒：《对教育技术"工具理性"的批判》，《教育研究》2008年第5期。

李祥俊：《儒学的人伦关系规范与自我认同》，《中国哲学史》2005年第2期。

李毅弘等：《以社会主义核心价值观集聚高校网络舆论引导合力》，《思想理论教育导刊》2015年第11期。

廖小平：《主导价值观与主流价值观辨证——兼论改革开放以来主流价值观的变迁》，《教学与研究》2008年第8期。

林孟涛：《马克思主义人学理论及其当代实践——从育人的角度看》，《中国特色社会主义研究》2013年第4期。

刘建军：《论马克思主义信仰》，《马克思主义研究》1997年第2期。

刘思达：《职业自主性与国家干预——西方职业社会学研究述评》，《社会学研究》2006年第1期。

刘同舫：《启蒙理性及现代性：马克思的批判性重构》，《中国社会科学》2015年第2期。

鲁洁：《人对人的理解：道德教育的基础——道德教育与当代转型的思考》，《教育研究》2000年第7期。

马庆发：《作为教育科学方法的释义学（上）》，《外国教育资料》1997年第6期。

孟新丹、孔秀娥：《大学教师的非权力影响力与管理效能》，《教育科学》2008年第8期。

任剑涛：《现代性、历史断裂与中国社会文化转型》，《厦门大学学报（哲学社会科学版）》2001年第1期。

沈湘平：《关于文化自信的再思考》，《吉首大学学报（社会科学版）》2018年第4期。

石立春：《流行语呈现的青年网络狂欢及潜藏的思想动向研究》，《中国青年研究》2019年第12期。

汪信砚：《马克思主义哲学与价值哲学》，《社会科学辑刊》2004年第2期。

汪信砚：《全球化中的价值认同与价值观冲突》，《哲学研究》2002年第11期。

王虎学：《当代中国社会转型及其价值意蕴》，《甘肃社会科学》2016年第4期。

王坤庆：《当代西方精神教育研究述评》，《教育研究》2002年第9期。

王梅：《自我认同迷失：成长中的烦恼》，《中国青年研究》2003年11期。

王学川：《马克思主义历史哲学的学科性质、对象和任务》，《东岳论丛》

2008 年第 3 期。

王艺璇、安真真：《注意力经济：电商直播中消费者注意力的生产与控制》，《中国青年研究》2021 年第 2 期。

王卓君、何华玲：《全球化时代的国家认同：危机与重构》，《中国社会科学》2013 年第 9 期。

吴育林：《西方本真的个人主义及其现代嬗变的文化成因》，《云南社会科学》2006 年第 3 期。

杨国强：《论新文化运动中的个人主义（上）》，《探索与争鸣》2016 年第 8 期。

杨国强：《新文化运动中的个人主义（中）》，《探索与争鸣》2016 年第 9 期。

张贝拉：《自我的接纳与反思——论自我意识及其意义》，《北方论丛》2011 年第 2 期。

张奎良：《人的本质：马克思对哲学最高问题的回应》，《北京大学学报（哲学社会科学版）》2005 年第 1 期。

张汝伦：《理解：历史性和语言性——哲学释义学简述》，《复旦学报（社会科学版）》1984 年第 6 期。

张彦昌：《马克思关于语言发展的理论》，《吉林大学社会科学学报》1983 年第 3 期。

张永青、李允华：《浅析工具理性和价值理性的分野与整合》，《东南大学学报（哲学社会科学版）》2008 年 12 期。

赵君等：《叙事取向团体辅导对大学生自我认同的干预研究》，《心理科学》2012 年第 3 期。

赵政一：《论青年学生的自我实现》，《思想教育研究》2008 年第 6 期。

郑杭生：《改革开放三十年：社会发展理论和社会转型理论》，《中国社会科学》2009 年第 2 期。

郑兴刚：《当代中国意识形态转型研究述评》，《上海行政学院学报》2011 年第 2 期。

查尔斯·泰勒、陶庆:《现代认同:在自我中寻找人的本性》,《求是学刊》2005年第9期。

［荷］沃特·阿赫特贝格:《民主、正义与风险社会:生态民主政治的形态与意义》,《马克思主义与现实》2003年第3期。

Fielding Kelly S, McDonald Rachel, Louis Winnifred R., "Theory of planned behaviour, identity and intentions to engage in environmental activism" *Journal Of Environmental Psychology*, Vol. 28. No. 4.

工具书

《简明不列颠百科全书》第3卷,中国大百科全书出版社1985年版。

报刊

习近平:《青年要自觉践行社会主义核心价值观——在北京大学师生座谈会上的讲话》,《人民日报》2014年5月5日第1版。